AF334508

FEMMES ET PRISON

MONIQUE HAMELIN

préface de Marie-Andrée Bertrand

FEMMES ET PRISON

HV
9509
Q4
H35
1989

Méridien

ÉDITIONS DU MÉRIDIEN

Données de catalogage avant publication (Canada)

Hamelin, Monique, 1945-
Femmes et prison
Bibliogr. : p. 245
ISBN 2-920417-54-1

1. Prisonnières — Québec 2. Emprisonnement — Aspect social — Québec (Province) I. Titre.
HV8738.H35 1989 365.43'09714 C89-096134-4

COUVERTURE : Plan de la façade principale de la prison des femmes sur le Chemin Gomin réalisé par Raoul Chenevert (1930).

Conception graphique: Daniel Huot

Directeur de la collection : Jean-Claude Bernheim

Tous droits de reproduction, d'édition, d'impression, de traduction, d'adaptation et de représentation, en totalité ou en partie, réservés en exclusivité pour tous les pays. La reproduction d'un extrait quelconque de cet ouvrage, par quelque procédé que ce soit, tant électronique que mécanique, en particulier par photocopie ou par microfilm, est interdite sans l'autorisation écrite des Éditions du Méridien, Division de Société d'information et d'affaires publiques (SIAP) Inc., 1980 rue Sherbrooke ouest, bureau 520, Montréal (Québec) H3H 1E8

©Éditions du Méridien — 1989
Dépôt légal 1er trimestre 1989 — Bibliothèque nationale du Québec

Imprimé au Canada

À Jacques, Julie et Bertrand.

REMERCIEMENTS

L'auteure désire exprimer sa reconnaissance aux femmes qui ont accepté de la rencontrer pour lui parler d'expériences lourdes de souffrance. Il lui faut seulement espérer ne pas avoir trahi la confiance qu'elles ont eue.

Quant à celui qui a accepté de diriger cette recherche[*], Pierre Landreville, l'auteure savait trouver chez lui non seulement une ouverture d'esprit quant à certaines de ses idées, mais également un esprit critique assuré. Pour ses conseils, sa disponibilité et son amitié, merci.

Même s'il est impossible de nommer chacun et chacune, on ne peut passer sous silence le support moral qu'amis et collègues ont démontré au fil des ans. Leur oreille attentive, leurs sages conseils comme leur patience dans l'attente de la fin étaient un réconfort. Quelques-unes, telles Colette, Françoise, Line et Judith, sont intervenues plus directement; leur aide et leurs critiques constructives furent grandement appréciées. À Tina, la complice dans le travail et la fête, merci d'avoir si consciencieusement traduit toutes les citations anglaises de ce volume. Quant à Lorraine, son efficacité et sa disponibilité aux heures d'urgence ont grandement contribué à apaiser la fébrilité qui accompagnait la fin de cette recherche.

Il faut aussi beaucoup de patience et la collaboration incessante de tous les membres d'une famille pour qu'advienne une telle entreprise. À Jacques, le compagnon dévoué et patient, ma reconnaissance t'accompagne. À toi Julie, fidèle

---

[*] Ce volume, à part l'introduction, le chapitre I, une partie de la conclusion et la bibliographie sur les femmes en prison, est le texte d'un mémoire de maîtrise présenté à l'École de criminologie de l'Université de Montréal.

lectrice, comme à toi Bertrand, cette mère, peut-être plus souvent absente que présente, tient à dire combien vous lui avez facilité la tâche.

Finalement, l'auteure remercie l'administration de la prison Tanguay pour lui avoir accordé l'autorisation de photographier certains secteurs de l'établissement. Merci aussi aux femmes incarcérées qui ont accepté que des photos soient prises de leur cellule.

PRÉFACE

Je salue avec bonheur la parution de l'étude de Monique Hamelin, *Femmes et prison*, un livre qui vient nous parler, à partir des difficultés d'ex-détenues, de la complexité du cheminement professionnel des femmes, de toutes les femmes.

Par son objet particulier, l'œuvre est unique au Québec. Par son cadre général, elle appartient à deux ensembles dont il est peut-être utile de rappeler ici l'origine et les tendances.

Femmes et prison vient rejoindre et prolonger les travaux sur la trajectoire post-pénale et les coûts sociaux de l'emprisonnement entrepris notamment par Pierre Landreville et Alvaro Pires. On ne saurait trop remercier et supporter les chercheurs, les praticiens, les bénévoles qui, s'intéressant aux ex-détenus, viennent nous rappeler les avatars de leurs cheminements à la sortie de prison. Nous oublions les aléas de la vie «après», non pas la vie éternelle mais celle, bien temporelle, qui a ses exigences socio-économiques, affectives et professionnelles difficiles à affronter avec un casier judiciaire et les «trous» dans un curriculum que provoquent les périodes d'incarcération. Certes, il faut continuer à parler de la prison. Mais l'institution pénale est là, bien présente avec ses murs et sa population captive. C'est un monde concret, un lieu dramatique, un espace fini dont il est devenu plus facile de parler, ici, en tout cas, au Québec. Il semble plus difficile et il m'apparaît plus important — et peut-être serait-ce un acte socialement plus responsable au sens où il risque de nous engager immédiatement — de porter attention à ce qui se passe après la prison, non seulement à cause du nombre des ex-détenus (sans doute un million au Canada), mais surtout parce que nous pouvons modifier quotidiennement le cours de leur vie post-pénale. Nous le pouvons comme parents, comme employeurs, comme médecins, comme voisins, comme professeurs, comme intervenants (policiers, juges, avocats, directeurs de centres de transition, etc.). Un jeune homme condamné au pénitencier après les événements de 1970, me disait en 1980: «Ce qui est difficile, c'est de «rentrer dehors». J'ai été en dedans depuis que j'ai 17 ans. Je sors demain, j'ai 27 ans. Il s'est passé tellement de choses dehors!»

Par sa perspective, l'œuvre de Monique Hamelin appartient à un grand courant sociologique qui réunit les partisans de la théorie interactioniste et ceux qui croient au pouvoir de l'étiquetage négatif, tous ces humanistes qui, s'inspirant de la phénoménologie, estiment que notre identité se forme dans nos rapports à autrui et que la réaction sociale à nos attitudes, à nos comportements, à notre histoire, détermine puissamment notre capacité d'appartenir au groupe social. Les pères de ce courant de pensée ont admirablement démontré l'effet de marquage des institutions pénales et psychiatriques (Goffman, Becker, Lindesmith). C'est de Goffman que s'inspire surtout l'auteure de *Femmes et prison*.

Cette perspective, on le conçoit, ne peut s'alimenter aux méthodes qui «objectivent» le sujet à l'étude. C'est la perception même de ce dernier qu'il est important d'entendre, c'est son discours qui doit retenir notre attention, et voilà bien la méthode que Monique Hamelin a choisie dans sa démarche empirique.

Il est rare que la perspective interactioniste et tout spécialement celle de Goffman ait été utilisée dans des études sur les femmes déviantes. Aussi faut-il saluer avec plus de joie encore l'œuvre de Monique Hamelin. Il est temps que ce riche courant explicatif trouve son utilité chez les femmes, et les lecteurs se réjouiront d'apprendre que presqu'au moment où paraît *Femmes et prison* on a vu au Québec arriver une autre œuvre qui décrit bien le poids de la stigmatisation dans la marginalisation des femmes[*].

La méthode qui procède par entrevues qualitatives a ses limites. Par exemple, elle ne saurait fonder à elle seule la

---

[*] Jean Guy Nadeau, *La prostitution, une affaire de sens*, Fides, 1987.

critique des institutions pénales. Celle-ci doit s'appuyer sur une solide analyse des programmes, des structures et de la culture institutionnelle. Bien que ce ne fût pas là son propos, l'auteure de *Femmes et prison* a senti qu'il fallait aborder ce sujet et elle l'a fait à l'intérieur de la recension des écrits (chapitre 2), rapportant et commentant quelques œuvres bien pertinentes sur l'histoire et le programme de la Maison Tanguay. Le vieux dessein traditionnel, patriarcal, de contrôler la sexualité des femmes et de les réformer moralement par la prison apparaît bien dans les œuvres recensées et dans le commentaire de l'auteure; il est d'ailleurs abondamment illustré dans les propos des détenues, aux chapitres 5, 6 et 7.

Mais si l'œuvre de Monique Hamelin appartient à un ensemble par son objet et sa perspective, elle est unique à plusieurs égards. Elle est unique parce qu'elle s'intéresse à la trajectoire post-pénale de femmes et non d'hommes, comme l'ont fait Landreville et Pires. Elle est unique surtout parce que l'auteure a réussi à faire la critique, une critique résolument féministe, des concepts et de la grille d'analyse de ses devanciers: les cheminements professionnels, la trajectoire post-pénale, les coûts sociaux de l'emprisonnement — et à utiliser ces instruments pour chercher la signification des propos de ses sujets, des femmes. De plus, s'appuyant sur les travaux d'autres féministes, Anne Légaré et Céline Saint-Pierre, elle décape les généralisations hâtives de la sociologie des classes sociales qui s'imagine avoir décrit et expliqué la stratification «humaine» alors qu'elle ne parle que des hommes.

Ainsi, l'œuvre de Monique Hamelin témoigne en plusieurs endroits des progrès du féminisme et de la théorie féministe, autre source de réjouissance.

Les plus démunies des ex-détenues, nous dit Monique Hamelin, ce sont les mères de jeunes enfants, sans conjoint. Leur trajectoire socio-professionnelle est gravement handica-pée par leur réalité parentale, bien que celle-ci, d'une certaine façon, les «stabilise».

C'est là un constat qu'il faut bien étendre à toutes les femmes. La maternité, dans notre société, spécialement sans conjoint, constitue un handicap majeur sur le plan éducationnel et professionnel car nous ne nous sommes jamais donné le système et les services qui permettraient aux mères de jeunes enfants de continuer des études sérieuses ou de gagner honorablement leur vie. D'autre part, tant que les femmes dépendront affectivement des hommes sans que la réciproque soit vraie, on verra des conjointes attendre «leur homme» à la sortie de prison et garder «ses enfants» pendant qu'il est en dedans, alors que bien peu de conjoints se retrouvent à la porte de Tanguay quand les détenues sont libérées et peu de pères gardent les enfants pendant que les mères sont en dedans.

Ces constatations sur la condition affective et parentale des femmes ne dispensent pas Tanguay d'organiser des programmes de formation et du travail rétribué dans une mesure au moins égale à celle qui a cours dans les institutions pour hommes, et l'auteure de *Femmes et prison* a raison de croire que l'absence de tels programmes est en partie responsable de l'impréparation des ex-détenues et vient compliquer leur réinsertion sociale.

Les cinq recommandations sur lesquelles débouche l'étude de Monique Hamelin méritent toute notre attention et celle des responsables de nos institutions carcérales pour femmes au Québec. Bien que les résistances institutionnelles soient ici séculaires, on peut espérer que dans une société de droits il sera possible de faire cesser les inutiles détentions préventives s'appliquant à des personnes qui ne constituent pas un danger social réel et les fouilles humiliantes quand la vie d'autrui ne saurait être menacée.

Marie-Andrée Bertrand

INTRODUCTION

La prison est la peine la plus sévère que notre société se donne. Malgré tout, chaque année, nos prisons québécoises comptabilisent quelque 35 000 admissions dont 7 % de femmes.

La question de la délinquance des femmes est donc marginale par rapport au phénomène plus vaste de la criminalité. Dans le passé, toutes sortes d'hypothèses ont circulé quant à l'explication de ce fait. De notre côté, c'est la situation spécifique vécue par les femmes criminalisées et emprisonnées qui nous intéressait.

Quelle est l'expérience des femmes avec l'appareil de justice? et comment cela se passe-t-il une fois qu'elles ont eu ce contact avec la justice? Voilà les questions auxquelles nous avons cherché réponse.

L'étude des conséquences, tant d'ordre social que psychologique ou juridique, produites par la procédure pénale, est un domaine peu exploré et les recherches sur les femmes restent les parents pauvres de la criminologie. Dans ces circonstances, il nous semblait important de nous attarder non seulement aux coûts sociaux du système pénal pour les femmes qui ont subi l'enfermement, mais aussi aux mécanismes de production et de neutralisation de ces coûts comme à l'impact différentiel de cette distribution de biens négatifs sur la trajectoire sociale et professionnelle de ces dernières.

Afin de déterminer l'impact différentiel d'un passage dans le système pénal sur la trajectoire professionnelle des femmes ayant été incarcérées, il a fallu examiner les différents modes d'insertion des femmes dans la société. Habituellement, avec la fin des études, ces dernières s'inséreront dans une production de type marchande. Avec la venue des enfants, elles se dirigeront soit vers la production domestique, soit vers les productions domestique et marchande, cumulant alors la double tâche. L'analyse des coûts sociaux du système pénal pour les femmes devra donc tenir compte de ces divers modes d'insertion.

Pour cerner cette question, quinze femmes, sorties depuis au moins trois mois et certaines depuis deux, trois et même cinq ans de la «Maison»[*] Tanguay (une prison pour femmes), ont été interviewées. Les entretiens rétrospectifs, de type non directif, étaient enregistrés et retranscrits intégralement. Le discours de ces femmes a donc servi de matériau de base pour ce travail. Pour l'analyse, la méthode qualitative a été privilégiée.

La présentation du matériel se divise en deux parties. D'abord, quatre chapitres font le point sur divers aspects de la réalité des femmes criminalisées et des femmes en général, tout comme sur notre objectif et la démarche suivie. Dans un deuxième temps, quatre autres chapitres présentent d'un côté la situation spécifique vécue par ces femmes et de l'autre notre analyse en terme de coûts sociaux.

Ainsi, pour cerner la question de la place des femmes aux différentes étapes de la prise en charge par le système pénal, nous avons cru utile de présenter quelques données statistiques. Afin de ne pas trop rebuter d'éventuelles lectrices ou lecteurs, nous avons essayé de dégager les principaux éléments des tableaux présentés. Celles et ceux qui voudront creuser plus avant les données se référeront aux tableaux. De notre côté, nous mettrons l'emphase sur la description des femmes gardées en détention.

Également, afin de mieux saisir la dynamique chez les femmes arrêtées, emprisonnées et libérées de prison, il a fallu examiner huit facettes de la réalité de ces femmes, comme des

---

[*] Nous attirons l'attention de la lectrice ou du lecteur sur le fait que pour les hommes, les autorités nomment le lieu où ils sont gardés «établissement», alors que pour les femmes, ce lieu devient une «maison»! À Montréal, il y a la «Maison» Tanguay et à Québec, la «Maison» Gomin.

femmes en général. Ce chapitre permet aussi de situer le cadre global dans lequel s'insère notre analyse.

Le chapitre 3 présente la problématique de notre étude et les ajouts conceptuels que nous avons dû y apporter pour traiter de la question des femmes détenues.

Une brève description est aussi donnée de notre démarche de recherche avec une présentation des participantes.

Les chapitres sur l'arrestation, l'emprisonnement, la sortie de prison et la trajectoire sociale des femmes présentent d'un côté ce que ces femmes ont vécu, pensé et ressenti et de l'autre l'analyse des coûts sociaux d'un passage dans le pénal.

Pour conclure, nous présentons une synthèse des principaux éléments ainsi que les questions qui ont surgi suite à l'analyse du matériau recueilli. C'est là que sont décrites nos recommandations.

Finalement, dans le but de faciliter la tâche aux futurs chercheurs et chercheuses, nous avons pensé ajouter, non seulement la liste des références, mais une bibliographie séparée, ayant comme thème la femme et la prison. Madame Jacqueline De Plaen a fait les recherches nécessaires et a compilé la bibliographie présentée à la fin.

Chapitre I

Quelques données statistiques

Quelle est l'importance numérique des femmes qui sont gérées par le système pénal? Quelles sont leurs caractéristiques? Quels sont les motifs qui justifient l'intervention du système d'administration de la justice? Quels types de peines encourent les pénalisées du Québec et du Canada?

À partir de ces questions, nous dégagerons un portrait de la femme contrevenante au Québec et au Canada.

Remarques générales

D'abord, un mot sur le statut des données officielles à partir desquelles nous allons travailler. Contrairement à toutes attentes, le volume de la criminalité réelle demeure difficile à chiffrer bien que la police soit officiellement chargée de l'enregistrement de tous les délits. Le chiffre noir de la criminalité, i.e. l'évaluation des infractions connues et tolérées tout comme de celles qui sont inconnues, pose un problème majeur dans toute tentative de cerner quantitativement le phénomène de la criminalité réelle. En fait, des études ont démontré qu'en milieu urbain, moins de 50 % de la criminalité réelle est signalée à la police, et cela tant pour des délits contre la personne que pour des délits contre les biens. Les motifs peuvent varier, mais c'est la population qui exerce un premier filtrage en ne rapportant qu'un certain nombre de ces infractions.

De plus, ce n'est pas parce qu'un délit est rapporté aux divers corps policiers qu'une contrevenante ou un contrevenant sera identifié et poursuivi en justice. Le taux d'élucidation des infractions enregistrées par la police varie grandement selon que l'on parle de tentatives de meurtre (plus de 80 %) ou d'infractions contre la propriété (moins de 20 %).

Par la suite, les tribunaux exerceront un autre filtrage. Que ce soit par directives administratives ou par manque de preuves, les procureurs ne poursuivront pas tous les dossiers qui leur sont soumis. Outre cela, pour les infractions mixtes, la décision est leur quant au type de poursuite à entreprendre. Pour la contrevenante ou le contrevenant, l'impact de cette décision est non négligeable.

En effet, pour les infractions punissables sur déclaration sommaire de culpabilité, la peine sera l'amende dans plus de 90 % des cas. D'un autre côté, si la poursuite se fait par acte d'accusation, advenant un plaidoyer ou un verdict de culpabilité, la sentence sera dans un tiers des cas l'amende, dans l'autre tiers la probation et finalement dans un dernier tiers l'emprisonnement.

Ce bref survol du flux de la criminalité et des personnes criminalisées montre bien, selon nous, le caractère tout à fait aléatoire de la prise en charge par le système pénal. D'un autre côté, les personnes sur qui s'abat le couperet de dame justice subissent une distribution de biens négatifs dont les conséquences seront fort importantes. Cependant, n'anticipons pas trop sur la discussion de notre exposé et revenons au portrait quantitatif des contrevenantes.

Femmes accusées

Sur une période de 20 ans, soit de 1965 à 1985, la proportion de femmes accusées d'infractions au Code criminel a pour ainsi dire doublé, passant de 7,4 % à 13,8 % (Tableau 1). Cependant, comme le rappelle Johnson (1987), ce sont principalement des infractions contre les biens qui sont responsables de cette hausse (Tableau 2).

TABLEAU 1

Nombre et pourcentage de personnes accusées
d'infractions au Code criminel
selon le sexe pour les années 1965, 1975, 1985

	1965		1975		1985	
	Nombre	%	Nombre	%	Nombre	%
Hommes	175 402	92,6	411 514	90,2	447 873	86,2
Femmes	13 991	7,4	44 918	9,8	71 437	13,8
Total	189 393	100,0	456 432	100,0	519 310	100,0

Avertissement: Puisque nous avons arrondi les pourcentages pour certains tableaux, il peut arriver que la somme de ceux-ci ne totalise pas exactement 100,0 %.

Source: Johnson, H. (1987). «Getting the facts straight: a statistical overview», *in* E. Adelburg, C. Currie, *Too few to count, Canadian women in conflict with the law* (pp. 27,32). Vancouver: Press Gang Publishers.

TABLEAU 2

Nombre et pourcentage de femmes[1] accusées d'infractions au Code criminel selon la nature des infractions pour les années 1965, 1975 et 1985

Type d'infractions	1965		1975		1985	
	Nombre	% femmes	Nombre	% femmes	Nombre	% femmes
Infractions de violence						
. meurtre et homicide involontaire	22	0,2	71	0,2	81	0,1
. tentative de meurtre, blessures, voies de fait	1 006	7,2	2 942	6,6	6 168	8,6
. agression sexuelle, autres infractions sexuelles	23	0,2	44	0,1	168	0,2
. vol à main armée	125	0,9	398	0,9	474	0,7
Total des infractions de violence	1 176	8,4	3 455	7,7	6 891	9,6
Infractions contre les biens						
. introduction par effraction	303	2,2	1 098	2,4	1 732	2,4
. vol de plus de 200 $	894	6,4	1 405	3,1	3 942	5,5
. vol de moins de 200 $	3 857	27,6	17 426	38,8	24 897	34,9
. recel	275	2,0	1 056	2,4	1 574	2,2
. fraude	984	7,0	3 954	8,8	9 387	13,1
Total des infractions contre les biens	6 313	45,1	24 939	55,5	41 532	58,1
Autres infractions						
. prostitution	1 274	9,1	2 372	5,3	566	0,8
. conduite avec facultés affaiblies[2]	754	5,4	5 148	11,5	9 956	13,9
. autres infractions relatives à la circulation[3]	434	3,1	1 345	3,0	812	1,1

TABLEAU 2 (SUITE)

Nombre et pourcentage de femmes[1] accusées d'infractions au Code criminel selon la nature des infractions pour les années 1965, 1975 et 1985

Type d'infractions	1965		1975		1985	
	Nombre	% femmes	Nombre	% femmes	Nombre	% femmes
Autres infractions au Code criminel[4]	4 040	28,9	7 659	17,1	11 680	16,4
Total des infractions au Code criminel	13 991	100,0	44 918	100,0	71 437	100,0

1. La même personne peut être comptée plusieurs fois si elle est accusée de plus d'un incident dans la même année.

2. Comprend la conduite avec facultés affaiblies ou le refus du test de l'ivressomètre.

3. Comprend la négligence criminelle, le délit de fuite, la conduite dangereuse, la conduite sans permis.

4. Comprend les jeux et paris, la possession d'armes offensives, l'incendie criminel, l'enlèvement, le vandalisme, le rapt et les autres infractions au Code criminel.

Source: Johnson, H. (1987). "Getting the facts straight: a statistical overview", in E. Adelburg, C. Currie, *Too few to count, Canadian women in conflict with the law* (p.27). Vancouver: Press Gang Publishers.

Si en 1965 les infractions contre les biens étaient responsables de 45 % des accusations chez les femmes, en 1985, la proportion a augmenté à près de 60 %. En ventilant encore plus les données, il ressort que les plus grands changements sont principalement dus aux vols de moins de 200 $ — en grande partie du vol à l'étalage — et aux délits de fraude.

Johnson (1987) attribue l'augmentation du nombre de femmes accusées dans ce secteur au fait qu'on retrouve de plus en plus de femmes chefs de famille monoparentale. La grande précarité dans laquelle vivent ces femmes ferait que, de plus en plus, elles se retrouvent accusées de vols à l'étalage, de fraudes par chèques et à l'aide sociale.

Il est un autre secteur qui depuis 20 ans a connu des modifications profondes dans l'utilisation du pénal pour solutionner les situations problématiques qui surviennent; nous nous référons ici à la conduite automobile. En 1965, 800 femmes étaient accusées de conduite avec facultés affaiblies. En 1985, elles sont 10 000. La proportion passe de 5 à 14 %. Peut-être que Johnson (1987) a raison de croire que de plus en plus de femmes cherchent un échappatoire du côté de l'alcool devant la futilité de leur vie et des difficultés qui les assaillent, mais selon nous, une partie importante de cette augmentation peut s'expliquer par le fait que notre société a modifié sa façon de percevoir la situation, pénalisant de plus en plus des comportements qui, hier encore, étaient «bien vus».

Quant aux infractions de violence (Tableau 2), nous ne saurions dire avec certitude si la proportion de ce type d'accusations offre une variation à la hausse qui soit significative. Ayant seulement trois points de chute, soit 1965, 1975 et 1985, l'information n'est pas assez détaillée pour permettre de conclure. En fait, si nous avions une longue série, 1975 pourrait ressortir comme étant très atypique. Voilà souvent le problème avec les données statistiques, à moins de fort longues séries, il faut souvent être prudent dans les conclusions.

Les peines

L'amende

Il a été dit qu'une partie des peines imposées sont des amendes. En cas de non-paiement de ces dernières, pour les infractions au Code criminel, la personne sera incarcérée. Ainsi, même si à l'origine le juge trouvait que le délit reproché ne posait aucun danger pour la société, en cas de défaut de paiement, et quel que soit le motif, la personne subira l'enfermement. Lorsqu'il s'agit d'infractions aux lois et règlements du Québec, au Code de la sécurité routière ou aux règlements municipaux, depuis 1983, la situation diffère. Une personne qui, en raison de sa situation financière, ne peut s'acquitter de ses amendes pourra, si elle le désire, faire des heures de travail non rémunérées dans un organisme à but non lucratif. L'équivalence est calculée selon un tarif horaire de 10 $ l'heure. En cas d'échec, l'emprisonnement attend la personne.

Malheureusement, cette solution de rechange à l'incarcération ne semble pas avoir eu tous les effets escomptés. Cousineau, Laberge et Théorêt (1986) rapportent que pour les années 1983 et 1984, le non-paiement d'amendes est responsable de 58,1 % et 52,3 % des admissions chez le groupe des détenues.

La probation

La probation est une mesure de surveillance qui est imposée par la cour. Nous retrouvons aux alentours de 8 % de femmes qui tombent sous le coup de cette mesure. Du côté des femmes, dans plus de 50 % des cas, les motifs principaux de condamnation à la probation sont la fraude et le vol (voir tableaux 3 et 4).

L'emprisonnement

Finalement, il faut s'arrêter au phénomène de la détention. Tout d'abord, il est nécessaire de définir les termes employés car la réalité qu'ils cachent varie grandement.

Des personnes pourront être gardées dans un établissement de détention sous juridiction provinciale en attendant l'issue des procédures judiciaires intentées contre elles. Ce sont les personnes prévenues.

Quant aux personnes condamnées à une sentence d'emprisonnement, il sera question d'admissions provinciales si la peine est de moins de deux ans et d'admissions fédérales si la sentence a une durée de deux ans ou plus. Règle générale, chaque palier de gouvernement gère «ses» détenues-us dans des établissements différents. Habituellement, on parle de prisons dans le cas des établissements québécois et de pénitenciers dans le cas des établissements fédéraux. De plus, au Québec, suite à une entente entre les gouvernements fédéral et provincial, les femmes sont incarcérées, quelle que soit la durée de leur peine, dans une institution provinciale. Ce n'est qu'exceptionnellement, comme dans le cas des sentencées à vie, avec éligibilité après 25 ans, que les autorités chercheront, et cela malgré les objections que peuvent poser certaines femmes, à les envoyer dans le seul pénitencier pour femmes au Canada, soit la Prison des femmes à Kingston, en Ontario.

TABLEAU 3

Nature des infractions classées par ordre décroissant de fréquence pour les hommes en probation au Québec de novembre 1981 à décembre 1982

Catégorie d'infractions	Nombre de cas et %
Vol avec effraction	1088 (28,3)
Vol	557 (14,5)
Vol qualifié	464 (12,1)
Stupéfiants	317 (8,3)
Méfait, dommage et incendie	257 (6,7)
Fraude	243 (6,3)
Complot et complicité	126 (3,3)
Autres infractions sexuelles et tentative de viol	125 (3,3)
Possession de biens volés	115 (3,0)
Blesser	82 (2,1)
Non indiqué	80 (2,1)
Absence illégale et désobéissance à la cour	79 (2,1)
Circulation - Code de la route	77 (2,0)
Autres (16 catégories d'infractions)	230 (6,0)
Total	3 840 (100,1)

TABLEAU 4

Nature des infractions classées par ordre décroissant de fréquence pour les femmes admises en probation au Québec de novembre 1981 à décembre 1982

Catégorie d'infractions	Nombre de cas et %
Fraude	82 (25,0)
Vol	76 (23,2)
Stupéfiants	36 (11,0)
Vol avec effraction	32 (9,8)
Vol qualifié	26 (7,9)
Méfait, dommage et incendie	23 (7,0)
Non indiqué	16 (4,9)
Possession de biens volés	8 (2,4)
Blesser	7 (2,1)
Autres (12 catégories d'infractions)	22 (6,7)
Total	328 (100,0)

Source: Québec. Ministère de la Justice du Québec. Direction de la probation, mars 1983 (données non publiées), *in* Hamelin, M. (1985). *Les Québécois et Québécoises pénalisés*. Cahier no 18. Montréal: École de criminologie, Université de Montréal.

Les sentencées provinciales

Au Canada

En 1985-86, pour une troisième année d'affilée, le total des admissions de personnes condamnées dans tous les établissements provinciaux, à travers le pays, a baissé. D'un autre côté, la proportion de femmes admises a augmenté de 1 % par rapport à 1984-85. Elle est de 7 %. Cependant, encore une fois, nous avons peut-être là une variation normale. La série de données de 1981-82 à 1985-86 (Tableau 5) n'est pas très longue, mais elle permet de constater une légère oscillation du pourcentage de femmes gardées pour des sentences dont la durée est de moins de deux ans.

On constate aussi que le pourcentage de femmes incarcérées diffère grandement d'un bout à l'autre du pays. Si à Terre-Neuve, au Labrador et à l'Île-du-Prince-Édouard on ne retrouve que 3 % de femmes, au Manitoba, c'est 10 %.

De plus, tant dans les rapports annuels du Solliciteur général que dans l'article de Johnson (1987), on souligne la surreprésentation des femmes autochtones dans la population féminine de certains établissements provinciaux. Dans plusieurs provinces de l'Ouest canadien, plus de 20 % des femmes qui sont emprisonnées sont des autochtones.

Au Québec

Les admissions dans les établissements de détention du Québec se chiffraient à 35 856 en 1985-86. Cette population se divise en deux groupes fort inégaux: on note 7 % de femmes et 93 % d'hommes (Tableau 6).

Des 2 353 admissions de femmes, 51 % avaient un statut de détenue et 49 % de prévenue.

TABLEAU 5

Nombre des admissions de personnes condamnées dans les établissements provinciaux et pourcentage de femmes admises de 1981-82 à 1985-86

Province	1981-82		1982-83		1983-84		1984-85		1985-86	
	Total des admissions personnes condamnées	% femmes	Total	% femmes	Total	% femmes	Total	% femmes	Total	% femmes
Terre-Neuve et Labrador	1978	4	2261	4	2602	3	2439	3	2286	3
Île-du-Prince-Édouard	941	2	790	6	808	3	1046	3	893	3
Nouvelle-Écosse	3026	4	3285	4	3825	3e	4123	3e	3090	4
Nouveau-Brunswick[1]	5664	4	6215	5	4768	5	4397	3	3692	4
Québec	21620	6	26741	6	24888	6	17267	6	18437	7
Ontario	44867	7	52491	6	50248	7	49682	6	47792	7
Manitoba	3547	9	4152	9	4457	9	4916	10	5314	10
Saskatchewan	5923	8	6634	8	7305	8	7712	8	7121	8
Alberta	15253	7	15755	6	17113	8	18885	8	19080	9
Colombie-Britannique	8401	4	11702	5	12483	5	12111	5	10523	5
Yukon	453	7	434	6	454	8	484	6	554	7
Territoires du Nord-Ouest	785	4	831	6	797	14	914	4	847	6
Canada	112458	6	131291	6	129748	7	123976	6	119629	7

1. Nouveau-Brunswick - toutes les caractéristiques des personnes admises ne sont fondées que sur les contrevenants admis et libérés au cours de l'année civile.

Légende: e   estimation

Source: Canada (1986). Statistique Canada. *Services correctionnels pour adultes au Canada 1985-86*. Approvisionnements et services.

TABLEAU 6

Admissions des personnes prévenues et condamnées
dans les établissements de détention
du Québec selon le statut et le sexe,
1985 - 86

Statut	Hommes	Femmes	Total
Prévenu-e	16258	1161	17419
Condamné-e	17245	1192	18437
Total	33503	2353	35856
	(93%)	(7%)	(100%)

Source: Québec. *Statistiques correctionnelles du Québec 1985-86.*

Lorsque nous examinons les longues séries de données sur la distribution de la population féminine en détention provinciale québécoise (Tableau 7), nous constatons que c'est le nombre de femmes admises directement comme détenues qui a connu les plus fortes variations entre 1977 et 1984. Selon Cousineau, Laberge et Théorêt (1986), la forte baisse enregistrée en 1984 serait en partie imputable au programme des travaux compensatoires. Cette solution de rechange à l'incarcération aurait permis à bon nombre de femmes de s'acquitter de leurs amendes en faisant des heures de travail non rémunérées, dans des organismes à but non lucratif. Ces chercheurs ajoutent qu'au moment de l'analyse, toutes les données pour l'année 1984 n'étaient pas nécessairement disponibles.

En 1985-86, les *personnes* sentencées, admises en détention provinciale (Tableau 8), l'ont d'abord été pour des infractions reliées à la circulation (40,3 %) et dans une proportion moindre pour des infractions contre la propriété (22,3 %). Il est important de noter que les infractions contre la personne comptent pour moins de 5 % du total.

En 1982, les motifs principaux d'emprisonnement chez les *femmes* sont les infractions en matière de circulation (code de la route et règlements municipaux) et le vol (Tableau 9). Les pourcentages sont respectivement de 16,93 %, 14,50 % et 14,43 %. La fraude vient en quatrième place avec 5,21 % des cas. La première infraction de violence, le vol qualifié, est en douzième place. Chez les hommes, ce sont les délits en matière de circulation qui occupent les trois premières places (Tableau 10).

Par ailleurs, l'analyse globale de la détention provinciale québécoise entre 1977 et 1984 montre que ce sont d'abord les infractions contre les biens qui amènent les femmes en détention (39,3 %), et quel que soit le trajet suivi. Les infractions reliées à la circulation sont, quant à elles, responsables de 21,0 % des admissions (Tableau 11). Considérant que les valeurs manquantes représentent plus du tiers des cas, nous utiliserons ces données avec beaucoup de circonspection.

TABLEAU 7

Détention provinciale québécoise
Distribution de la population féminine
par type de trajet par année

	1977	1978	1979	1980	1981	1982	1983	1984	Total
Prévenue	732	734	731	824	764	791	854	771	6201
	(11,8)	(11,8)	(11,8)	(13,3)	(12,3)	(12,8)	(13,8)	(12,4)	(39,7)
Prévenue et	129	130	143	200	262	213	185	161	1423
détenue	(9,1)	(9,1)	(10,0)	(14,1)	(18,4)	(15,0)	(13,0)	(11,3)	(9,1)
Détenue	699	784	862	1039	990	1357	1335	928	7994
	(8,7)	(9,8)	(10,8)	(13,0)	(12,4)	(17,0)	(16,7)	(11,6)	(51,2)
Total	1560	1648	1736	2063	2016	2361	2374	1860	15618
	(10,0)	(10,6)	(11,1)	(13,2)	(12,9)	(15,1)	(15,2)	(11,9)	(100,0)

Source: Cousineau, M.-M., Laberge, D., Théorêt, B. (1986). *Prisons et prisonniers. Une analyse de la détention provinciale québécoise durant la dernière décennie.* Montréal: Université du Québec à Montréal.

TABLEAU 8

Personnes sentencées dans les établissements
de détention du Québec selon le délit
pour l'année 1985-86

Type de délit	Nombre	%
Infractions contre la personne	871	4,7
Infractions contre la propriété	4 110	22,3
Autres infractions Code criminel	2 979	16,2
Stupéfiants, aliments et drogues	1 076	5,8
Divers	623	3,4
Autres règlements municipaux	751	4,1
Circulation	7 438	40,3
Non indiqué	589	3,2
Total	18 437[*]	100 %

[*] Ont aussi été admises 17 419 personnes ayant un statut de "préve-
nu-e". Pour l'année, il y a donc eu 35 856 admissions dans les
établissements de détention du Québec.

Les femmes condamnées étaient au nombre de 1 192 (7 %).

Source: Québec. *Statistiques correctionnelles du Québec 1985-86.*

TABLEAU 9

Nature des infractions classées par ordre décroissant
de fréquence pour les femmes sentencées placées dans des
établissements de détention au Québec en 1982

Catégorie des délits	Nombre	%
Circulation - Code de la route	244	16,93
Circulation - Règlements municipaux	209	14,50
Vol	208	14,43
Fraude	75	5,21
Non indiqué	66	4,58
Stupéfiants	61	4,23
Autres règlements municipaux sauf circulation	56	3,89
Moeurs - paris et prostitution	53	3,68
Immigration	49	3,40
Circulation - Code criminel	48	3,33
Absence illégale et désobéissance à la cour	47	3,26
Vol qualifié	40	2,78
Ivresse	37	2,57
Flânerie	36	2,50
Inconduite	23	1,60
Vol avec effraction	22	1,53
Méfaits, dommages et incendies	18	1,25
Autres lois québécoises sauf circulation	17	1,18
Autres - Code criminel	16	1,11
Possession de biens volés	14	0,97
Assurance-chômage	14	0,97
Complot et complicité	13	0,90
Désordre	11	0,76
Blesser	10	0,69
Chasse, pêche - conservation de la faune	10	0,69

TABLEAU 9 (SUITE)

Nature des infractions classées par ordre décroissant
de fréquence pour les femmes sentencées placées dans des
établissements de détention au Québec en 1982

Catégorie des délits	Nombre	%
Voies de fait	9	0,63
Tapage	8	0,56
Nuisance	7	0,49
Armes à feu	5	0,35
Homicide involontaire	3	0,21
Tentative de meurtre	3	0,21
Homicide	2	0,14
Autres statuts fédéraux sauf circulation	2	0,14
Viol	1	0,07
Autres infractions sexuelles et tentative de viol	1	0,07
Négligence criminelle sauf circulation	1	0,07
Aliments et drogues	1	0,07
Main-d'oeuvre	1	0,07
Total	1441	100,02

Source: Québec (1983). Ministère de la Justice. Direction de la détention, (données non publiées), in Hamelin, M. (1985). *Les Québécois et Québécoises pénalisés*. Cahier no 18. Montréal: École de criminologie, Université de Montréal.

TABLEAU 10

Nature des infractions classées par ordre décroissant
de fréquence pour les hommes sentencés placés dans des
établissements de détention au Québec en 1982

Catégorie des délits	Nombre	%
Circulation - Code de la route	5629	23,44
Circulation - Règlements municipaux	3321	13,83
Circulation - Code criminel	2766	11,52
Vol	1895	7,89
Vol avec effraction	1877	7,82
Stupéfiants	1019	4,24
Absence illégale et désobéissance à la cour	964	4,01
Fraude	726	3,02
Vol qualifié	612	2,55
Méfaits, dommages et incendies	549	2,29
Autres règlements municipaux sauf circulation	512	2,13
Possession de biens volés	426	1,77
Ivresse	382	1,59
Complot et complicité	339	1,41
Chasse, pêche, conservation de la faune	326	1,36
Non indiqué	307	1,28
Assurance-chômage	246	1,03
Autres lois québécoises sauf circulation	220	0,92
Voies de fait	209	0,87
Main-d'oeuvre	195	0,81
Blesser	175	0,73
Armes à feu	151	0,63
Désordre	150	0,62
Autres - Code criminel	141	0,59

TABLEAU 10 (SUITE)

Nature des infractions classées par ordre décroissant
de fréquence pour les hommes sentencés placés dans des
établissements de détention au Québec en 1982

Catégorie des délits	Nombre	%
Tapage	140	0,58
Flânerie	135	0,56
Inconduite	128	0,53
Autres infractions sexuelles et tentative de viol	119	0,50
Immigration	116	0,48
Autres statuts fédéraux sauf circulation	72	0,30
Viol	34	0,14
Aliments et drogues	26	0,10
Moeurs : paris et prostitution	25	0,10
Nuisance	21	0,09
Extorsion	17	0,07
Négligence criminelle sauf circulation	17	0,07
Tentative de meurtre	14	0,06
Homicide	6	0,03
Homicide involontaire	3	0,01
Vagabondage	2	0,01
Total	24012	99,98

Source: Québec (1983). Ministère de la Justice. Direction de la détention, (données non publiées), *in* Hamelin, M. (1985). *Les Québécois et Québécoises pénalisés*. Cahier no 18. Montréal: École de criminologie, Université de Montréal.

L'étude des trajets suivis par les femmes admises en détention (Tableau 11) montre qu'en matière de circulation routière, pour toute la période analysée (1977 à 1984), dans les groupes de prévenues et prévenues-détenues, bien peu de femmes ont connu la détention préventive. En effet, 96,7 % (2 020) ont directement été admises comme détenues.

Nous avons vu que chez les femmes, pour la période de 1977 à 1984, les motifs principaux d'admissions dans les prisons québécoises sont pour des infractions contre les biens et en matière de circulation (Tableau 11). Ce sont là des délits mineurs. D'un autre côté, pour la même période, le groupe des prévenues représente près de 40 % des admissions (Tableau 7) et encore en 1985-86, la proportion est très élevée (Tableau 6). Tels Cousineau et al. (1986), nous trouvons que ce groupe est extrêmement important. Considérant que la privation de la liberté de circuler est la peine la plus sévère que notre société se donne et considérant que nos élites gouvernementales ont comme politique de réduire au minimum l'incarcération, nous ne pouvons que rester perplexe devant l'importance quantitative qu'a prise la détention préventive, surtout que les femmes sont admises pour des délits mineurs.

Selon nous, une étude plus approfondie des pratiques de détention préventive s'imposerait.

TABLEAU 11

Détention provinciale québécoise
Nature des délits par trajet pour les femmes
de 1977 à 1984

	Prévenue	Prévenue - détenue	Détenue	Total
Contre la personne violence	83 (53,9) (3,1)	35 (22,7) (4,0)	36 (23,4) (0,6)	154 (1,5)
Autres, contre la personne	276 (45,8) (10,2)	108 (17,9) (12,4)	218 (36,2) (3,4)	602 (6,0)
Contre les biens	1242 (31,8) (45,9)	390 (10,0) (44,8)	2275 (58,2) (35,7)	3907 (39,3)
Autres, Code criminel	468 (41,1) (17,3)	205 (18,0) (23,6)	466 (40,9) (7,3)	1139 (11,4)
Règlements municipaux	139 (18,2) (5,1)	8 (1,0) (0,9)	615 (80,7) (9,6)	762 (7,7)
Nature administrative	85 (17,1) (3,1)	36 (7,3) (4,1)	375 (75,6) (5,9)	496 (5,0)
Drogues	350 (43,5) (12,9)	83 (10,3) (9,5)	372 (46,2) (5,8)	805 (8,1)
Circulation routière	63 (3,0) (2,3)	5 (0,2) (0,6)	2020 (96,7) (31,7)	2088 (21,0)
Total	2706 (27,2)	870 (8,7)	6377 (64,1)	9953 (100,0)

Valeurs présentes: 63,7 %

Source: Cousineau, M.-M., Laberge, D., Théorêt, B. (1986). *Prisons et prisonniers. Une analyse de la détention provinciale québécoise durant la dernière décennie.* Montréal: Université du Québec à Montréal.

Règle générale, on n'est pas incarcéré très longtemps dans les prisons québécoises. En 1982, les deux tiers des femmes ont des peines dont la durée ne dépasse pas 15 jours et les trois quarts, un mois (Tableau 12).

Avec l'analyse de la durée effective des séjours — et non des peines — confirmation est donnée du peu de jours effectivement passés en milieu fermé (Tableau 13). Il ressort que quelque 40 % des femmes incarcérées sont là pour un séjour de 2 jours ou moins. Lorsque nous ventilons selon la juridiction des délits, nous découvrons que 65,1 % des infractions aux Lois du Québec et 47,2 % des infractions aux règlements municipaux sont responsables de ces courts séjours. Les plus longues peines sont reliées aux infractions au Code criminel et aux divers statuts fédéraux, mais la proportion de celles-ci est fort réduite.

À partir de l'analyse de la détention provinciale québécoise faite par Cousineau, Laberge et Théorêt (1986), nous esquisserons un portrait des femmes incarcérées. Elles sont plutôt jeunes. Quelque 10 % ont 18 ou 19 ans et 30 %, entre 20 et 24 ans. Les 45 ans et plus ne comptent que pour 10 % de la population des femmes.

Ces femmes sont majoritairement célibataires (62 %). Elles sont aussi plus nombreuses à être divorcées ou séparées que mariées (21 % contre 14 %). Les chercheurs précités trouvent que le statut civil de ces femmes reflètent leur jeune âge; nous croyons qu'il est aussi le reflet d'un changement sociétal plus profond: les femmes vivent beaucoup plus des unions libres qu'auparavant et les statistiques ne peuvent refléter cela.

Il a malheureusement été impossible de déterminer la proportion de femmes qui ont des personnes à charge. Les données ne seraient pas compilées de façon à différencier les cas où l'information est absente des cas où il n'y a aucune personne à charge. Nous pouvons ajouter que, de façon générale, les diverses études qui se sont attardées à cette question estiment que de 50 à 75 % des femmes incarcérées ont, ou à tout le moins ont eu, au moins un enfant.

TABLEAU 12

Nombre et pourcentage des peines d'emprisonnement
imposées dans les établissements de détention du Québec
selon le sexe en 1982

Durée de la peine	Hommes	Femmes	Total	% Cumulatif
1 jour	1 137	142	1 279	
	4,6	9,5	4,9	4,9
2 - 5 jours	5 557	425	5 982	
	22,4	28,3	22,8	27,7
6 - 10 jours	4 891	260	5 151	
	19,7	17,3	19,6	47,3
11 - 15 jours	3 029	161	3 190	
	12,2	10,7	12,1	59,4
16 - 20 jours	521	35	556	
	2,1	2,3	2,1	61,5
21 - 30 jours	1 894	96	1 990	
	7,6	6,4	7,6	69,1
31 - 40 jours	868	41	909	
	3,5	2,7	3,5	72,6
41 - 50 jours	223	12	235	
	0,9	0,8	0,9	73,5
51 - 60 jours	418	23	451	
	1,7	2,2	1,7	75,2
61 - 70 jours	513	37	550	
	2,0	2,5	2,1	77,3
71 - 80 jours	70	4	74	
	0,3	0,3	0,3	77,6
81 - 90 jours	535	26	561	
	2,2	1,7	2,1	79,7
3 mois	1 002	72	1 074	
	4,0	4,8	4,1	83,8
4 - 5 mois	509	17	526	
	2,1	1,1	2,0	85,8
6 - 11 mois	1 721	55	1 776	
	6,9	3,7	6,8	92,6

TABLEAU 12 (SUITE)

Nombre et pourcentage des peines d'emprisonnement imposées dans les établissements de détention du Québec selon le sexe en 1982

Durée de la peine	Hommes	Femmes	Total	% Cumulatif
12 - 17 mois	869	27	896	
	3,5	1,8	3,4	96,0
18 - 23 mois	856	18	874	
	3,5	1,2	3,3	99,3
24 mois	177	40	217	
	0,7	2,7	0,8	100,1
ABS	—	—	—	
Total	24 790	1 501	26 291	
	100,0	100,0	100,1	

Source: Québec (1983).Ministère de la Justice. Direction de la détention, (données non publiées), *in* Hamelin, M. (1985). *Les Québécois et Québécoises pénalisés*. Cahier no 18. Montréal: École de criminologie, Université de Montréal.

TABLEAU 13

Détention provinciale québécoise
Durée de séjour selon la juridiction des délits
pour la population féminine (1977 à 1984)

	Code criminel	Statuts fédéraux	Lois du Québec	Règlements municipaux	Total
1 jour	907	102	388	332	1 729
	(52,5)	(5,9)	(22,4)	(19,2)	(17,8)
	(14,3)	(11,0)	(38,2)	(22,6)	—
2 jours	1 151	174	273	361	1 959
	(58,8)	(8,9)	(13,9)	(18,4)	(20,2)
	(18,3)	(18,7)	(26,9)	(24,6)	—
5-7 jours	1 513	266	252	437	2 468
	(61,3)	(10,8)	(10,2)	(17,7)	(25,5)
	(24,1)	(28,6)	(24,8)	(29,8)	—
8-14 jours	866	101	67	178	1 212
	(71,5)	(8,3)	(5,5)	(14,7)	(12,5)
	(13,8)	(10,8)	(6,6)	(12,1)	—
15-30 jours	570	64	15	85	734
	(77,7)	(8,7)	(2,0)	(11,6)	(7,6)
	(9,1)	(6,9)	(1,5)	(5,8)	—
1 mois	441	81	12	43	577
	(76,4)	(14,0)	(2,1)	(7,5)	(6,0)
	(7,0)	(8,7)	(1,2)	(2,9)	—
2 mois	270	44	5	21	340
	(79,4)	(12,9)	(1,5)	(6,2)	(3,5)
	(4,3)	(4,7)	(0,5)	(1,4)	—
3-5 mois	301	45	1	2	349
	(86,2)	(12,9)	(0,3)	(0,6)	(3,6)
	(4,8)	(4,8)	(0,1)	(0,1)	—
6-11 mois	173	38	1	4	216
	(80,1)	(17,6)	(0,5)	(1,9)	(2,2)
	(2,8)	(4,1)	(0,1)	(0,3)	—

TABLEAU 13 (SUITE)

Détention provinciale québécoise
Durée de séjour selon la juridiction des délits
pour la population féminine (1977 à 1984)

	Code criminel	Statuts fédéraux	Lois du Québec	Règlements municipaux	Total
12-17 mois	47	8	1	2	58
	(81,0)	(13,8)	(1,7)	(3,4)	(0,6)
	(0,7)	(0,9)	(0,1)	(0,1)	—
18-23 mois	22	3	—	1	26
	(84,6)	(11,5)	—	(3,8)	(0,3)
	(0,4)	(0,3)	—	(0,1)	—
24-47 mois	13	5	1	—	19
	(68,4)	(26,3)	(5,3)	—	(0,2)
	(0,2)	(0,5)	(0,1)	—	—
Total	6 274	931	1 016	1 466	9 493[*]
	(64,7)	(9,6)	(10,5)	(15,1)	(100)

[*] Six cas étaient enregistrés comme ayant plus de 48 mois de séjour; nous les avons retirés du tableau.

Valeurs présentes: 60,8 %

Source: Cousineau, M.-M., Laberge, D., Théorêt, B. (1986), *Prisons et prisonniers. Une analyse de la détention québécoise durant la dernière décennie*. Montréal: Université du Québec à Montréal.

Le niveau de scolarité des femmes n'est pas très élevé. Presque 20 % ont arrêté leurs études au moment du cours primaire. Comme le notent ces chercheurs, c'est là un handicap important lors de la recherche d'emploi. Près de 72 % déclarent avoir soit commencé, soit terminé leur scolarité avec le cours secondaire, 8 % le niveau collégial et 3 % le post-collégial.

Les sentencées fédérales

Au Canada

Pour l'année 1985-86, au Canada, le nombre des admissions en vertu d'un mandat d'incarcération dans les établissements fédéraux était de 4 076 (Tableau 14). Ces personnes étaient toutes condamnées à des peines de deux ans ou plus. De ce nombre (4 076), 3 % étaient des femmes.

La proportion de femmes incarcérées est nulle ou presque à l'Île-du-Prince-Édouard, au Yukon et dans les Territoires du Nord-Ouest. En Colombie-Britannique, elle sera du double de celle du pays. Proportionnellement, l'Ouest canadien incarcère beaucoup plus qu'ailleurs au pays et c'est aussi une région où les femmes autochtones sont surreprésentées.

À dix ans d'intervalle, la proportion de femmes admises pour des sentences de 2 ans ou plus est passée de 2,3 % à 2,9 % (Tableau 15).

Si la proportion de femmes ayant été admises pour des délits reliés aux drogues a baissé, passant de 37,1 % à 28,6 %, celles impliquant des délits contre la personne ont connu une légère hausse à l'exception du vol qualifié qui est resté stable (Tableau 15).

Nombre total des admissions en vertu d'un mandat d'incarcération dans les établissements fédéraux et pourcentage de femmes admises selon la province où la peine a été infligée de 1983-84 à 1985-86

	1983-84		1984-85		1985-86	
Province	Nombre total	% femmes	Nombre total	% femmes	Nombre total	% femmes
Terre-Neuve et Labrador	84	1	70	-	97	4
Île-du-Prince-Édouard	17	-	21	-	9	-
Nouvelle-Ecosse	267	2	231	2	252	3
Nouveau-Brunswick	112	-	126	4	135	2
Québec	1022	2	1104	1	1208	2
Ontario	1016	2	974	3	930	3
Manitoba	176	3	182	2	207	2
Saskatchewan	121	4	121	2	155	4
Alberta	638	2	585	3	534	4
Colombie-Britannique	473	2	514	3	512	6
Yukon	4	-	7	-	3	-
Territoires du Nord-ouest	24	-	14	-	25	-
Extérieur du Canada	47	15	-	-	3	-
Non déclaré	58	8	7	-	6	-
Total	4059	2	3956	2	4076	3

Légende: -   néant ou zéro

Source: Canada (1986). Statistique Canada. *Services correctionnels pour adultes au Canada 1985-86*. Approvisionnements et services.

TABLEAU 15

Nombre et pourcentage de personnes
admises dans les pénitenciers fédéraux
selon le motif à l'admission pour chaque sexe
pour les années 1975 et 1985

Type d'infractions	1975 hommes nombre	%	1975 femmes nombre	%	1985 hommes nombre	%	1985 femmes nombre	%
Meurtre et homicide involontaire	231	6,1	10	11,2	283	6,0	20	14,2
Tentative de meurtre	150	3,9	5	5,6	334	7,1	10	7,1
Aggression sexuelle et autres infractions sexuelles	226	5,9	0	0	132	2,8	2	1,4
Vol qualifié	980	25,7	11	12,4	1 051	22,2	18	12,9
Introduction par effraction, vol et fraude	1 498	39,3	15	16,9	1 833	38,8	29	20,7
Lois sur drogue	334	8,8	33	37,1	374	7,9	40	28,6
Autres infractions au Code criminel et aux lois fédérales	389	10,2	14	16,8	720	15,2	21	15,0
Total	3 808	100,0	88	100,0	4 727	100,0	140	100,0

Source: Johnson, H. (1987). "Getting the facts straight: a statistical overview", in E. Adelburg, C. Currie, *Too few to count, Canadian women in conflict with the law* (p. 37). Vancouver: Press Gang Publishers.

Les motifs d'incarcération à l'admission offrent un portrait beaucoup moins violent de la population carcérale que les motifs d'incarcération des personnes détenues à un moment quelconque. La situation s'explique par le fait que pour les délits mineurs, plusieurs personnes ayant de courtes sentences entrent et sortent pendant que peu de personnes ayant de longues sentences occupent la place longtemps.

Prenons l'exemple de trois délits mineurs comme l'introduction par effraction, le vol et la fraude. En 1985, ces motifs comptent pour 20,7 % des admissions chez les femmes (Tableau 15). Dans l'analyse du profil de la population, en 1985, ces trois types d'infractions totalisent 13,2 % (Tableau 16). L'inverse se passe pour les cas de meurtre et d'homicide involontaire. Alors qu'en 1985, ils sont responsables de 14,2 % des admissions, en 1985, lors du profil de la population féminine, ils comptent pour 27,9 % de la population.

On se souviendra qu'en 1984, les admissions de femmes sous juridiction provinciale avaient connu une forte baisse. L'examen des profils de la population féminine sentencée à des peines de deux ans ou plus démontre une même tendance (Tableaux 16 et 17). Entre 1983 et 1987, tant au Canada qu'au Québec, 1984 est l'année où l'on compte le moins de femmes en détention au 31 décembre. L'explication de cette baisse, pour les sentencées fédérales, ne peut être fournie.

Tant au Canada qu'au Québec, l'année 1985 semble avoir été marquée par une entrée massive de femmes sentencées pour des affaires de drogues (Tableaux 16 et 17).

L'homicide a aussi connu depuis 1986 une forte hausse et cela tant au Québec qu'au Canada. Johnson (1987) rappelait qu'il y a un manque évident d'information sur les femmes accusées de délits de violence. Le peu de données disponibles indiquent cependant que, souvent, ce sont des actes de rébellion ou de vengeance suite à de longues situations d'abus physique et mental dans le milieu familial.

TABLEAU 16

CANADA

Profil de la population féminine sentencée à des peines
de deux ans ou plus au registre le 31 décembre
1983, 1984, 1985, 1986
et le 30 septembre 1987 selon le motif à l'admission

Motif à l'admission	31 déc. 1983		31 déc. 1984		31 déc. 1985		31 déc. 1986		30 sept. 1987	
	nombre	%	nombre	%	nombre	%	nombre	%	nombre	%
Meurtre (1e et 2e degré)	38	16,7	44	20,5	46	17,3	48	16,0	48	17,0
Tentative de meurtre	10	4,4	8	3,7	8	3,0	9	3,0	4	1,4
Homicide	35	15,4	26	12,1	28	10,6	46	15,3	51	18,0
Viol	1	0,4								
Autres infractions sexuelles			1	0,5	2	0,8	3	1,0	2	0,7
Enlèvement et rapt	1	0,4	2	0,9	2	0,8	3	1,0	3	1,0
Lésions corporelles	5	2,2	2	0,9	2	0,8	2	0,7	3	1,0
Voies de fait	3	1,3	6	2,8	10	3,8	13	4,3	13	4,6
Vol qualifié	38	16,7	35	16,3	36	13,6	43	14,3	37	13,0
Armes offensives	4	1,8	3	1,4	4	1,5	3	1,0	2	0,7
Bris de prison	1	0,4	2	0,9	2	0,8	1	0,3	1	0,3
Intro. par effraction	10	4,4	9	4,2	7	2,6	9	3,0	5	1,8
Vol	3	1,3	6	2,8	6	2,3	9	3,0	15	5,3
Possession de biens volés	1	0,4	2	0,9	1	0,4			1	0,4
Fraude	12	5,3	11	5,1	22	8,3	24	8,0	21	7,4
Négligence criminelle	2	0,9			1	0,4	3	1,0	2	0,7
Tentative acte cr.*							5	1,7	5	1,8
Incendie*							8	2,7	6	2,1
Conspirer*							18	6,0	11	3,8
Autres infrac. - Code cri.	24	10,6	20	9,3	27	10,2	3	1,0	5	1,8
Lois sur les stupéfiants	37	16,3	35	16,3	60	22,6	51	16,9	45	15,9
Lois sur les aliments et drogues	1	0,4	1	0,5	1	0,4			2	0,7
Autres infractions	1	0,4	2	0,9						
Total	227	99,7	215	100,0	265	100,2	301	100,2	282**	99,4

* nouvelle inscription en 1986

** 1 valeur manquante

Source: Canada. Service correctionnel. Rapport du profil de la population féminine. Population au registre.

TABLEAU 17

QUEBEC

Profil de la population féminine sentencée à des peines
de deux ans ou plus au registre le 31 décembre
1983, 1984,1985, 1986
et le 30 septembre 1987 selon le motif à l'admission

Motif à l'admission	31 déc. 1983		31 déc. 1984		31 déc. 1985		31 déc. 1986		30 sept. 1987	
	nombre	%	nombre	%	nombre	%	nombre	%	nombre	%
Meurtre (1e et 2e degré)	4	8,7	6	15,0	5	8,9	3	5,3	4	8,1
Tentative de meurtre	3	6,5	2	5,0	2	3,6	2	3,5		
Homicide	8	17,4	5	12,5	7	12,5	10	17,5	12	24,4
Viol										
Autres infractions sexuelles										
Enlèvement et rapt	1	2,2	1	2,5	2	3,6	2	3,5		
Lésions corporelles	1	2,2								
Voies de fait	1	2,2	1	2,5	1	1,8	1	1,7	1	2,0
Vol qualifié	9	19,6	8	20,0	6	10,7	6	10,5	5	10,2
Armes offensives	1	2,2								
Bris de prison					1	1,8				
Intro. par effraction	2	4,3	3	7,5	1	1,8	1	1,7	1	2,0
Vol	1	2,2			1	1,8	2	3,5	2	4,0
Possession de biens volés										
Fraude					5	8,9	5	8,7	1	2,0
Négligence criminelle										
Tentative acte cr.*							1	1,7	2	4,0
Incendie*									1	2,0
Conspirer*							5	8,7	3	6,1
Autres infrac. - Code cri.	5	10,9	7	17,5	8	14,3				
Lois sur les stupéfiants	10	21,7	7	17,5	17	30,4	19	33,3	17	34,6
Lois sur les aliments et drogues										
Autres infractions										
Total	46	100,1	40	100,0	56	100,1	57	99,6	49	99,4

* Nouvelle inscription en 1986

Source: Canada. Service correctionnel. *Rapport du profil de la population féminine. Population au registre.*

Entre 1975 et 1985, le nombre de femmes admises au pénitencier pour des peines de 10 ans et plus est passé de 9 à 15. De plus, le groupe de femmes réadmises au pénitencier suite à une révocation de leur libération conditionnelle ou de leur surveillance obligatoire, et pour une peine de moins de 2 ans, a plus que triplé entre ces dix années, passant de 5 à 18. Proportionnellement, cette catégorie a pris de l'ampleur aussi. Alors qu'en 1975, seulement 5,6 % des femmes admises l'étaient pour cette période de temps, en 1985, elles sont 12,8 % (Tableau 18).

La catégorie des 2 ans à 3 ans moins un jour a perdu de son importance. De 33,7 % qu'elle était en 1975, soit la catégorie la plus importante, elle n'est plus que de 23,4 % en 1985.

En 1985, ce sont les peines de 3 à 5 ans moins un jour qui comptent le plus grand nombre de cas.

Au Québec, tant en 1983 qu'en 1987, le nombre de femmes incarcérées pour des sentences de deux ans ou plus dans des institutions provinciales n'a pas changé. Il est de 49 (Tableau 19).

On notera que la catégorie 6 ans et moins de 10 ans, est très importante — 14 femmes sur 49. Il faut garder en tête que ce groupe comprend les peines minimales de 7 ans pour importation de stupéfiants.

En résumé

Comparativement aux hommes, peu de femmes sont accusées d'infractions au Code criminel et cela même si, en 20 ans, la proportion de ces dernières a presque doublé, passant de 7,4 % à 13,8 %.

Par ailleurs, les motifs d'accusation chez les femmes sont avant tout reliés aux infractions contre la propriété. Entre 1965 et 1985, la proportion de cette catégorie est passée de 45,1 % à 58,1 %.

Reflet des préoccupations changeantes d'une société, le nombre de femmes accusées de conduite avec facultés affaiblies est passé de 750 à près de 10 000 en 20 ans.

TABLEAU 18

Nombre et pourcentage de personnes admises dans les pénitenciers fédéraux selon la durée de la peine pour chaque sexe pour les années 1975 et 1985

Durée de la peine	1975 hommes nombre	%	1975 femmes nombre	%	1985 hommes nombre	%	1985 femmes nombre	%
Moins de 2 ans[1]	473	12,3	5	5,6	835	16,3	18	12,8
2 à 3 ans moins 1 jour	1313	34,3	30	33,7	1602	31,2	33	23,4
3 à 5 ans moins 1 jour	1097	38,6	26	29,2	1540	30,0	42	29,8
5 à 10 ans moins 1 jour	618	16,1	19	21,3	783	15,3	33	23,4
10 à 20 ans moins 1 jour	169	4,4	3	3,4	169	3,3	6	4,3
20 ans à sentence vie ou indéfinie	163	4,3	6	6,7	202	3,9	9	6,4
Total	3833	100,0	89	100,0	5131	100,0	141	100,0

[1] Les sentences fédérales de moins de 2 ans surviennent au moment de recompter les peines suite à une révocation de libération conditionnelle, ou lors d'évasion, ou de réadmissions suite à une révocation de la libération conditionnelle ou de la surveillance obligatoire avec une nouvelle infraction.

Source: Johnson, H. (1987). "Getting the facts straight: a statistical overview", *in* E. Adelburg, C. Currie, *Too few to count, Canadian women in conflict with the law* (p.38). Vancouver: Press Gang Publishers.

TABLEAU 19

Durée de la peine pour les femmes incarcérées pour des
sentences de deux ans ou plus dans des institutions
provinciales au Québec le 30 septembre 1983[*] et le
30 septembre 1987

Durée des sentences	1983 nombre	%	1987 nombre	%
2 ans et moins de 3 ans	8	16,3	10	20,4
3 ans et moins de 4 ans	12	24,5	10	20,4
4 ans et moins de 5 ans	4	8,2	2	4,1
5 ans et moins de 6 ans	4	8,2	4	8,2
6 ans et moins de 10 ans	12	24,5	14	28,4
10 ans et moins de 15 ans	4	8,2	4	8,2
15 ans et moins de 20 ans	0	0,0	0	0,0
Perpétuité	5	10,2	5	10,2
Indéfinie	0	0,0	0	0,0
Total	49	100,1	49	99,9

[*] Au Québec, suite à une entente entre les divers paliers de gouvernement, les femmes sont incarcérées, quelle que soit la longueur de
leur sentence, dans une institution provinciale.

Source: Canada. Service correctionnel. *Rapport du profil de population féminine - population au registre au 30 septembre 1983 et au 30
septembre 1987.*

Chaque année, au Québec, plus de 35 000 personnes sont admises dans les établissements de détention provinciaux et on y retrouve 7 % de femmes. Cette proportion est la même que pour le Canada.

Entre 1977 et 1984, le groupe des prévenues comptait pour 40 % des admissions.

Les principaux motifs conduisant à l'emprisonnement sont la circulation routière et la fraude.

La durée des peines dans les établissements de détention est souvent très courte; les trois quarts du temps, elle ne dépasserait pas un mois.

La durée effective du séjour montre que dans plus de 75 % des cas, elle est de moins de 15 jours.

Pour le Canada, parmi les personnes admises en vertu d'un mandat d'incarcération dans les établissements fédéraux, 3 % sont des femmes.

Au Québec, la proportion de femmes sous juridiction fédérale baisse à 2 %.

Les principaux motifs d'incarcération dans les pénitenciers sont les affaires de drogues et la catégorie qui regroupe l'introduction par effraction, le vol et la fraude.

Quant à la durée de la peine, la catégorie la plus importante est celle qui englobe les peines minimales de 7 ans pour importation de stupéfiants: 6 ans et moins de 10 ans.

Chapitre II

Revue des travaux antérieurs

Le travail entrepris, soit l'étude des coûts sociaux du système pénal pour les femmes justiciables, englobe plusieurs facettes de la réalité de ces femmes et des femmes en général.

Afin de bien saisir toutes les dimensions du problème à analyser, il nous faut d'abord procéder à un examen de huit aspects, tous différents mais en rapport avec notre sujet.

Aucun auteur ni aucune auteure, à notre connaissance, n'a examiné de façon globale les conséquences de l'intervention du pénal pour les femmes justiciables. Quant à nous, c'est de façon *segmentée* que nous allons procéder à cette étape de défrichage.

Nous verrons donc

1) la place accordée aux femmes dans les études sur la criminalité;

2) les conditions de détention pour les femmes et, principalement, le cas de la *Maison Tanguay*, prison québécoise où toutes les femmes interviewées avaient déjà séjourné;

3) le rite d'entrée, une cérémonie de dégradation, et la stigmatisation causée par la marque indélébile que laisse le casier pénal, aussi appelé casier judiciaire ou criminel;

4) la notion de coûts sociaux et son application dans le domaine pénal;

5) les multiples discours quant à la place des femmes dans la structure de classes;

6) la problématique propre aux femmes mères qui sont incarcérées, situation qui pousse à l'avant-scène la question des enfants de ces femmes;

7) la problématique des femmes au travail; ici il sera question tant des problèmes que rencontrent les personnes criminalisées lors d'un retour au travail, que de la formation et/ou de la situation du double emploi que doivent vivre les femmes qui ont des enfants;

8) et finalement, l'état précaire des femmes au foyer chefs de famille monoparentale.

Femmes et criminalité

Les données décrites au chapitre premier montrent que ces dernières années, le nombre de femmes criminalisées, l'ampleur et la gravité des délits reprochés sont des quantités négligeables du problème que pose la criminalité. En fait, c'est de tout temps que les femmes et la question criminelle ont été vues comme étant sans grande importance. Voilà aussi ce que nous rappellent Collette-Carrière et Langelier-Biron (1983) dans un article qui situe les principaux aspects de la délinquance et de la criminalité des adolescentes et des femmes adultes.

Chercheuses et chercheurs, jusqu'à un passé encore tout récent, s'attardaient rarement à étudier, en soi, cette question de la criminalité des femmes. De plus, le manque de réflexion théorique était flagrant. D'ailleurs, Parent (1986), intéressée plus particulièrement par l'hypothèse du traitement préférentiel des femmes devant la justice, déplore, suite à l'analyse faite des études recensées, la piètre qualité théorique de ces recherches. Cette auteure souligne aussi la nécessité d'études portant sur le traitement spécifique des femmes par le système de justice. Cette attitude nous semble fort juste car les femmes ont une réalité propre et la norme n'est pas le traitement subi par les hommes.

Les études et travaux consacrés à la femme criminalisée, quoique plus rares hier qu'ils ne le sont aujourd'hui, ont débuté dès la fin du 19e siècle. Lombroso (1893) serait l'auteur du premier traité portant exclusivement sur la femme dite criminelle. Dans ce livre, nous disent entre autres Klein (1976) et Bertrand (1979), sont présents non seulement l'influence de la pensée positiviste, axée sur une criminalité du passage à l'acte, mais aussi tous les stéréotypes quant au biologisme et au psychologisme qui détermineraient l'agir féminin. Ce biais sexiste reste présent dans la plupart des rares écrits sur les femmes jusque vers 1960. Par la suite, nous retrouvons toujours des études influencées par ces premiers travaux, mais en sociologie, divers courants, tel celui de la réaction et du contrôle social de la déviance, ont permis un changement de paradigme. De plus, avec la place croissante de l'analyse féministe dans d'autres domaines, la recherche en criminologie présente enfin un regard plus critique sur cette question des femmes et de la criminalité. Indépendamment du fait que ce courant positiviste, cherchant une explication de type étiologique à la criminalité, n'ait pas de lien direct avec notre sujet d'étude, soit les femmes justiciables et les coûts sociaux du système pénal, nous croyons qu'il est pertinent de souligner, même brièvement, l'histoire, somme toute récente, de l'intérêt porté par les chercheuses et les chercheurs sur cette question des femmes et de la criminalité, tout comme les problèmes qu'elle soulève.

Au Québec, les premiers travaux sur les femmes et la criminalité sont surtout le fruit de personnes œuvrant dans les domaines du service social et de la psychologie. Par exemple, en 1953, Sœur Marie-de-Saint-Benoît fait une étude sur la Maison Sainte-Darie, la prison pour femmes catholiques à Montréal de 1876 à 1952.

Quelque vingt-cinq ans plus tard, il y a comme une éclosion de nouveaux écrits par des criminologues cette fois. Nous assistons donc à la publication de *La femme et le crime* de M.-A. Bertrand (1979). Ce livre est consacré au «non-phénomène» ou «l'absence des femmes de la scène de la criminalité officielle» (p. 9) et évalue d'un point de vue critique le biais sexiste existant dans les recherches antérieures.

Femmes et incarcération

Berzins et Collette-Carrière (1979) retracent l'histoire de l'incarcération des femmes québécoises depuis les premiers temps de la colonie. À l'époque, disent-elles, «asile et prison... ne faisaient qu'un». La population de ces établissements était mixte. C'est en 1871 que les religieuses du Bon Pasteur cèdent au gouvernement du Québec un terrain, rue Fullum, afin d'y construire une prison provinciale pour femmes. La construction se termine en 1876 et les religieuses en assument la garde jusqu'en 1960, date à laquelle les autorités gouvernementales québécoises reprennent la direction de l'établissement. Au ministère de la Justice, à Québec, il est alors décidé de construire, près de l'établissement de détention de Montréal (aussi connu sous le nom de Bordeaux), une nouvelle prison pour femmes, la «Maison» Tanguay. En 1974, 10 ans après son inauguration, une entente fédérale-provinciale permet aux femmes sentencées, et cela indépendamment de la durée de la peine, de rester dans leur province de résidence. Il faut aussi souligner que dans la ville de Québec, on trouve une petite prison pour femmes, la «Maison» Gomin. Les auteures précitées s'attardent également à démontrer la conception paternaliste qui préside toujours dans le traitement des femmes incarcérées.

Dans cette même lignée, Berzins, avec cette fois Cooper (1982) donnent un bref aperçu historique de l'incarcération des femmes au Canada et plus particulièrement à Kingston. Au début des années vingt, avant même qu'on construise un établissement central pour l'incarcération des sentencées fédérales, i.e. les femmes dont la durée de la peine est de deux ans et plus, il y a eu de nombreuses recommandations favorisant une politique de décentralisation. Malgré tout, en 1934, la Prison des femmes de Kingston est terminée et on y garde toutes les Canadiennes sentencées à une peine dont la durée est de 2 ans et plus. En 1938, le rapport Archambault condamne cet établissement, recommandant que les femmes soient incarcérées plus près de leur lieu de résidence (ce n'est que 36 ans plus tard qu'on donnera suite à cette recommandation). Il a fallu, nous rappellent les auteures, attendre 1981 et une plainte à la Commission canadienne des droits de la personne pour que les besoins des femmes incarcérées soient vraiment l'objet d'investigations.

En 1980, Watson publie une étude comparative de deux établissements de détention pour femmes au Canada, soit: la «Maison» Tanguay et la Prison des femmes. À Tanguay, un établissement provincial québécois, depuis 1974, deux populations de femmes y sont gardées: les détenues provinciales, i.e. celles dont la durée de la peine est inférieure à deux ans, et les détenues fédérales. La Prison des femmes à Kingston, Ontario, est un établissement qui reçoit les détenues fédérales de tout le Canada.

Pour Watson le modèle pénitentiaire à Tanguay, axé sur la nécessité de changer le caractère moral des femmes qui y sont gardées, rend le lieu particulièrement oppressant pour celles-ci. À Kingston, l'administration, beaucoup plus préoccupée par le souci de gérer les femmes, tolérera une certaine déviance aux règles, sachant qu'elle peut la contenir, mais non totalement la supprimer. Contrairement à l'administration de Tanguay qui est obsédée par les questions de drogues, de lesbianisme et d'agressions, l'administration de Kingston a une attitude beaucoup plus permissive. Ces différences entre les deux régimes de vie font que certaines Québécoises demanderont un transfert en Ontario, préférant vivre éloignées des leurs plutôt que dans un climat où le respect de l'intégrité de la personne est continuellement mis en brèche. Selon Watson, les tribulations auxquelles l'administration de Tanguay se bute découleraient de cet entêtement à vouloir non seulement tout connaître du caractère et de la conduite des femmes incarcérées, mais surtout à vouloir les réformer. Parlant de la situation en France, Groman et Faugeron (1970) ont noté que

> le rôle de la femme se perpétue même derrière les barreaux; la «resocialisation» a, chez la détenue, une signification simple: il faut lui inculquer certains standards de moralité (surtout sexuelle) et la préparer à reprendre son rôle de mère de famille dans la société. (p. 368)

Bertrand (voir Boyle et al., 1985) souligne de son côté le fait que les résultats de nombreuses recherches sur l'incarcération des femmes mentionnent le traitement discriminatoire des institutions pour femmes et la «peine additionnelle et cruelle» que constitue la séparation mère-enfant (p. 134).

La prégnance du thème de l'incarcération dans le discours des femmes rencontrées nous a obligée à examiner ce passage en institution de façon plus détaillée que nous ne l'avions d'abord envisagé, et c'est pourquoi nous avons tracé à travers différents écrits, tant étrangers que québécois, ce qu'il en est des prisons pour femmes et surtout de celle que l'on nomme la *Maison* Tanguay.

Rite d'entrée et stigmatisation

Reliée à l'incarcération mais présentant une problématique qui lui est propre, la cérémonie de dégradation, qui tient lieu de rite d'entrée dans le système pénal, pousse certaines femmes interviewées à tenir un long discours sur le sujet. Lors de leur admission, les femmes, comme les hommes d'ailleurs, sont dépouillées de leur identité en tant que sujet. Avoir à se déshabiller devant des inconnus, prendre sa douche avec des produits désinfectants, se donner un shampooing anti-poux, perdre le droit de porter ses bijoux, etc., voilà quelques-uns des éléments qui marquent l'entrée en prison.

L'analyse théorique, nous la devons à Garfinkel (1956). Il est le premier à avoir décrit de façon générale les conditions requises afin que la perte de statut à laquelle un individu est soumis soit un succès. Les huit conditions requises s'appliquent bien au rite de mortification que vivent les nouvelles et nouveaux incarcérés. Le tout commence lors de l'arrestation. La personne inculpée et l'incident reproché sont perçus comme étant différents. Ils sont typés et le côté accidentel de la situation est réfuté. La dénonciation de l'événement se fait au nom des valeurs d'un groupe et l'individu qui dénonce l'incident ne le fait pas en son nom personnel, mais au nom du groupe. Tous les témoins, comme la personne qui dénonce l'incident, doivent se sentir solidaires en se distançant le plus possible de ce type de personnes qui seront éventuellement désinvesties de leur identité. Comme dernière étape, il est nécessaire, lors d'un rituel approprié, de marquer la séparation entre ce qui est extérieur au groupe et ce qui en fait partie.

Ce dépouillement de statut est assez marquant pour que nous en retrouvions souvent des descriptions dans le discours des gens ayant subi l'incarcération. Ainsi, dans «toutes ces femmes... une caricature: la prison», l'auteure Diana (*in Partisans*, 1972) raconte le caractère implacable de cette cérémonie:

> dès qu'on a son numéro, l'appareil se met en marche. Dépossession par le passage au greffe: plus de fric, de bijoux, de montre, de papiers, la moitié des poches y passe. Humiliation, par le passage à la fouille, particulièrement minutieuse et pénible la première fois. Dès cet instant, la détresse de chaque femme est d'autant plus grande que tout le système vise à briser l'initiative et à isoler l'individu. (p. 108)

Pour Ariane Gransac (1982):

> tant qu'on est entre les mains de la police, on croit, on peut croire encore, qu'on a la possibilité de décider pour soi, qu'on est encore considéré comme une personne distincte (...) Quand vous entrez dans le fourgon cellulaire qui vous transporte à la prison vous n'êtes déjà plus une personne. Et dès la porte de la prison refermée, le processus de dépersonnalisation est enclenché: on vous donne un numéro et pas à pas on vous dicte chaque geste: «Déshabillez-vous, lavez-vous, venez ici, levez la jambe...» Vous êtes fouillée, scrutée, dépossédée, et pour un temps dont vous ne savez pas la limite. Vous n'êtes plus «vous-même» mais la personne en face de vous n'est plus «l'autre» non plus. La surveillante est anonyme. Vous êtes une action réprimée en face d'une fonction. (pp. 18-19)

Si l'entrée en prison est caractérisée par cette cérémonie de dégradation, à la sortie, il n'est pas si simple de reprendre son identité car le passage dans le pénal laisse sa marque, ce stigmate de l'ère moderne qui prend la forme du casier pénal aussi appelé casier judiciaire ou criminel (Pires, 1983).

Goffman (1963) nous décrit le stigmate comme cette «situation de l'individu que quelque chose disqualifie et empêche d'être pleinement accepté par la société» (p. 7).

Par le passage dans le pénal et la trace qui en reste, la personne reste discréditable et n'a pas de contrôle sur l'information qui circule. Pires (1983), dans son analyse du casier pénal, retrace son histoire et y décrit non seulement les éléments théoriques, mais aussi certaines des conséquences négatives qui découlent de son utilisation.

Ainsi,

> les casiers — en tant que «feuilles de route» d'un individu — introduisent donc une formidable économie dans les mécanismes d'exclusion, aussi bien que la possibilité d'une distribution et d'un usage parcimonieux de l'information discréditrice. (p. 320)

Le casier fabrique une minorité, nous dit Pires, et cette minorité est un groupe socialement vulnérable. De plus, comme ce sont les infractions des couches les plus défavorisées de la société qui sont gérées par ce système de justice, cette situation ne fait qu'accentuer leur «état de moindre pouvoir» — pour reprendre l'expression de Guillaumin (1981).

Coûts sociaux

La notion de *coûts sociaux du système pénal* s'applique à des individus, des personnes qui subissent les conséquences négatives du *système pénal* lui-même. Les personnes ainsi affectées sont principalement les justiciables mais l'analyse des coûts sociaux pour certains types de «professionnels» du système peut et a aussi été faite. Nous devons à Demers (1985) une étude sur les gardiens de prison et leurs problèmes. Ce groupe, tout comme l'ensemble des personnes pénalisées, subit les effets de son association avec le système de justice.

Dans leur étude sur les conséquences sociales d'une condamnation pénale, Martin et Webster (1971) énoncent dès le début que leur intérêt portera sur les incidences qui découlent du prononcé d'une sentence mais qui n'en sont pas parties prenantes.

Ces auteurs ne se sont donc pas intéressés au séjour en milieu carcéral comme tel, mais ils se sont plutôt appliqués à étudier avec quelle facilité la personne détenue refera son cercle de relations sociales à la sortie. De plus, ces chercheurs ont aussi voulu évaluer l'impact qu'une condamnation et/ou qu'une incarcération peuvent avoir sur la carrière professionnelle d'un individu. Étude longitudinale et principalement quantitative où les personnes sont rencontrées au moment de la condamnation, au début de leur liberté et un an après la sortie. Les auteurs entreprennent une recherche portant sur plusieurs dimensions, soit la famille, les relations sociales, les loisirs, l'emploi, les services sociaux et les médias. Malheureusement, chaque dimension est vue de façon unidimensionnelle et le traitement des données ne permet pas de comprendre l'interaction existant entre ces diverses facettes. L'exemple le plus frappant reste sans doute l'analyse de la question des médias. Pour Martin et Webster, la publication dans les journaux non seulement des détails entourant le délit, mais également de l'identité de la personne accusée a un effet limité. Ils reconnaissent que cette diffusion plus étendue de l'incident peut faire en sorte que la situation sera plus stressante, surtout si la personne est connue, mais ils n'entrevoient pas d'autres retombées.

Les auteurs notent aussi que la famille d'origine ne retirera son support que si l'histoire des comportements problématiques est très longue. De plus, le mariage est vu comme une variable importante. Les hommes sans relation de couple avaient un taux de reprise du double de ceux qui étaient mariés et vivaient avec une femme au moment du délit. En fait, disent Martin et Webster, «l'impact de la condamnation est directement relié à la qualité de vie qui existait avant» (p. 203).

Précisant que l'étude a été faite lors d'une période de plein emploi, les auteurs soulignent que le casier judiciaire n'était pas un obstacle majeur pour trouver un emploi, mais que malheureusement, pour les personnes occupant des postes au dessus de la moyenne, les difficultés rencontrées peuvent être différentes.

Martin et Webster ont eux-mêmes identifié la faiblesse de leur méthode quantitative pour analyser un matériel fort diversifié et changeant telles les relations sociales. C'est un matériel qui aurait eu avantage à être traité différemment. Cependant, cette recherche, une des premières à s'attarder de façon plus globale aux conséquences de l'intervention du pénal, a jeté les bases permettant à d'autres chercheurs d'élargir la perspective et d'utiliser une méthode plus appropriée pour analyser ce type de matériel.

Un autre auteur, Schneller (1978), se basant sur le principe de pénologie selon lequel la peine doit être spécifique à celui qui la reçoit, s'interroge sur «la légalité et la constitutionnalité d'un système pénal qui punit des citoyens innocents» (p. 1), soit les membres d'une famille d'une personne incarcérée. Pour l'auteur, la spécificité de la punition ne s'applique pas seulement aux hommes mariés qui sont incarcérés car la famille subit les contrecoups de cet emprisonnement. Cela demeure une approche intéressante pour examiner les conséquences négatives de l'incarcération.

Landreville et al. (1981) et Pires et al. (1981) ont appliqué à l'appareil de justice cette notion de coûts sociaux à partir de la perspective du contrôle social. Ces auteurs ont étudié l'impact différentiel de cet appareil sur les conditions de vie et de devenir des justiciables de sexe masculin. «La distribution de biens négatifs» est fonction des conditions et des mécanismes de production et de neutralisation des coûts sociaux. Cette étude, sur l'*après*-pénal, implique qu'il y a eu contact et qu'un individu en a subi le contrecoup. Chaque personne s'insère cependant à l'intérieur d'un système de classes et l'impact sera plus ou moins fort selon les moyens dont elle dispose pour neutraliser les différents effets.

Lors de l'examen de l'impact différentiel sur les conditions de vie et de devenir des justiciables, les auteurs ont montré comment des personnes provenant de classes ou fractions de classes différentes ont pu être affectées de façon différentielle par le passage dans le pénal. Pour analyser cet impact, les chercheurs ont eu recours à la notion de trajectoire sociale, c'est-à-dire, le parcours individuel et aussi le parcours d'un membre d'une classe, couche ou fraction de classe.

Il est rare que des fils de prolétaires puissent accéder à un autre statut que celui de prolétaires, cependant le contact avec le système pénal

ne pourra que contribuer à déclassifier d'un marché primaire
à un marché secondaire ceux qui avaient déjà un emploi sur
le marché primaire. Aux autres, il fera perdre à peu près tout
espoir d'accéder à ce marché primaire et très souvent il les
mettra en position d'infériorité sur le marché déjà difficile.
(Landreville et al., 1981: 92)

Les jeunes bourgeois ayant commis des délits jugés graves,
s'ils ne sont pas condamnés à une longue peine d'incarcération, ne subiront que

peu ou pas d'impact négatif à long terme sur la trajectoire
sociale (...) L'on remarque ordinairement une reprise, même
accélérée de la trajectoire sociale après une chute momen-
tanée, qui avait même parfois précédé le contact avec le
système. (Landreville et al., 1981: 105)

Dans ce dernier cas, la famille comme les individus ont des
moyens importants pour neutraliser l'impact du passage dans
le pénal.

Les diplômés sont généralement déjà insérés dans la production de type marchande et l'impact d'une condamnation
pénale peut entraîner la perte du droit de pratiquer une
profession si un diplôme y donne accès. La mobilité professionnelle et même sociale peuvent être descendantes, mais la
formation scolaire acquise donne des outils pour reprendre
une deuxième carrière. Il n'en demeure pas moins que les
effets peuvent être importants car le processus peut être long.

Les individus de la classe bourgeoise coupables de délits
économiques peuvent subir, quant à eux, une chute sociale
importante, surtout au moment de l'arrestation. Cependant, la
reprise a lieu avant même que la sentence ne soit prononcée.
Landreville et al. (1981) ont trouvé que les mécanismes de
neutralisation sont surtout reliés à l'aisance financière, l'éducation, les aptitudes, les habitus sociaux ou le réseau de
relations.

Les laissés-pour-compte, ce sont ces individus qui sont hors
du circuit du marché du travail et qui vivent habituellement de
prestations sociales de quelque sorte. La maladie ou un accident sont les causes du changement de trajectoire. Le point de
départ dans la structure de classe n'est cependant pas des plus

favorisé et un incident de parcours plus ou moins sérieux en fait la catégorie la plus démunie. Même si ces personnes ont peu à perdre au plan de l'emploi et des relations personnelles, il reste qu'elles sont souvent privées de «leur liberté pour des durées démesurément longues» (Landreville et al., 1981 : 132).

L'impact d'un passage dans le système de justice est on ne peut plus différent selon la classe ou fraction de classe à laquelle un individu appartient.

C'est en élargissant la problématique des coûts sociaux du système pénal que Pires (1983) a pu élaborer son analyse sur le casier pénal. Cette «étiquette permanente» permet que le «criminalisé» soit toujours discréditable. L'emploi n'annihile pas ses effets car même après l'embauche, la surveillance de l'ex-détenu sera souvent plus étroite et les promotions bloquées à cause du dossier antérieur. De plus, sur cette question du casier judiciaire, l'écart observé entre les finalités avouées et la pratique font que le devenir social est marqué et là, surtout pour les membres du prolétariat. Selon l'auteur, il est plus difficile d'évaluer ces pertes peut-être bien parce que nous sommes plus éloignés de la condition des membres de cette classe et que, de ce fait, elles nous sont moins familières. Du côté des femmes, Poisson (1987) vient de terminer une étude portant sur l'impact du casier judiciaire chez ces dernières.

Comme Martin et Webster (1971), Pires (1983) note l'importance du support affectif d'une femme lors de la mise en liberté.

L'analyse par Landreville et al. (1981), Pires et al. (1981) et Pires (1983) des conséquences de l'intervention du pénal en ce qui concerne les justiciables de sexe masculin nous permet d'asseoir notre travail sur les coûts sociaux du système pénal pour les femmes criminalisées d'une manière très solide, mais nous devons aussi garder un esprit critique. En effet, *a priori*, aucune théorie ou explication qui concerne les hommes ne peut s'appliquer aux femmes sans un examen critique préalable. Ce regard critique permet de dépister toute incidence de sexisme qui pourrait être présent. De plus, pour analyser la situation des femmes, le point de départ doit être la réalité de ces femmes. Il peut exister des cas où la théorie explicative s'appliquera indifféremment aux femmes et aux hommes néanmoins, il est des situations où les changements paradigmatiques sont majeurs car certains paradigmes ne concernent qu'un sexe. Ainsi, ce n'est qu'après examen de la situation des femmes justiciables que nous pourrons dire si la problématique des coûts sociaux développée pour leurs vis-à-vis masculins peut s'appliquer de façon générale dans leur cas.

Femmes, classes et trajectoire sociales

Est-il possible de parler des femmes à l'intérieur de la problématique des classes sociales? Que voilà une question qui a fait couler beaucoup d'encre, surtout dans les milieux féministes, et le débat n'est pas clos. Cependant, avant de plonger dans un tel débat, il faut s'attarder à cette notion de trajectoire sociale parce que sous certains aspects la classe sociale et la trajectoire sociale sont interreliées. Par trajectoire sociale, nous entendons le parcours que suit une personne, parcours qui démontre et la présence ou l'absence de mobilité professionnelle selon les époques et la présence ou l'absence de mobilité sociale.

Bertaux (1977), dans *Destins personnels et structures de classe*, élabore la problématique de la distribution des personnes et de la mobilité sociale et professionnelle des individus en se basant sur le cas de la France. Il ressort à la lecture de ce livre que c'est la famille d'origine, une famille qui s'insère dans une certaine classe ou fraction de classe, qui marquera l'individu, et de manière fort différente selon qu'il appartiendra à l'une ou l'autre des différentes classes sociales. Le parcours type d'une personne variera selon la classe ou fraction de classe à laquelle elle appartient. Les familles d'ouvriers reproduiront massivement des ouvriers comme les familles de propriétaires de capitaux reproduiront des fils propriétaires de capitaux. L'héritage de classe — tant l'éducation que les habitus de classe, les biens économiques ou de position professionnelle — ne permet pas à tous les individus les mêmes conditions de départ. Cet auteur a peu à dire sur la trajectoire sociale des

Françaises car la majorité d'entre elles (55 %) n'ont pas de profession hors du foyer et ont-elles un emploi que celui-ci n'a pas une «signification de positionnement social». C'est ainsi que

> pour connaître la position sociale d'une femme il convient en général de connaître celle de son mari, si elle est mariée (ce qui est le cas de plus de 90 % des femmes adultes). Cela est évident pour les femmes qui n'exercent pas de profession rémunérée; mais c'est vrai aussi de beaucoup de femmes qui sont employées et dont l'emploi n'a pas une signification de positionnement social. (Bertaux, 1977: 13)

Donc, pour Bertaux, préalablement à tout discours sur la classe sociale d'une femme, il y a nécessité de connaître la position sociale du mari. Par la suite, peut être considéré le métier ou la profession de cette dernière. En fait, les femmes ont en commun la production directe d'énergie humaine — les enfants — mais les conditions objectives dans lesquelles cela se produit sont radicalement différentes selon la classe du mari.

Céline Saint-Pierre (1973), dans un article qui se veut «une mise en place des concepts fondamentaux qui interviennent directement dans la production du concept des classes sociales» (p. 9), parle du cas des femmes comme d'un «ensemble» non compris par le concept de classe. Les motifs étant reliés au fait que cet «ensemble» et quelques autres auxquels elle assimile les femmes «ne se définissent pas d'abord et avant tout par les rapports qu'ils entretiennent avec la production de type capitaliste» (p. 12). Même si Saint-Pierre élabore peu sur ces «ensembles», elle laisse entrevoir qu'il est possible de concevoir «la formation sociale comme une matrice où s'articule plusieurs modes de production dont l'un est dominant» (p. 12). La porte est ouverte à une articulation du mode de production qui est propre aux femmes.

Légaré (1977), dans son analyse des classes sociales au Québec, s'intéresse au travail ménager, lieu de production et de reproduction de la force de travail des diverses classes sociales. Cette production, basée sur une division sexuelle du travail, fait des femmes une catégorie sociale.

Quant aux femmes qui occupent deux places dans la division sociale du travail, soit dans la «production familiale» *et* dans la «production sociale capitaliste», elles sont en

> *rupture* avec la forme dominante de la division sexuelle du travail telle qu'encore articulée au capitalisme d'aujourd'hui qu'est leur assignation à la famille. (Légaré, 1977: 49)

Cependant, il faut se rappeler que

> les femmes qui participent à la production sociale (...) voient leur appartenance de classes définie par cette pratique principale. (p. 49)

L'auteure s'élève contre cette pratique de la tradition marxiste qui associe la femme mariée à la classe sociale du mari constituant

> les femmes au foyer en «appendices» de leur mari. Cette association est aberrante d'un point de vue matérialiste car comment peut-on dire que l'appartenance de classe d'un agent est défini *par la pratique de quelqu'un d'autre?* Seul le sexisme dans la théorie peut conduire à de pareils énoncés. (p. 50)

Il nous faut cependant reconnaître, comme le souligne Légaré, que si

> elle [la femme mariée et mère] trouve son appartenance de classe en tant que propre *producteur*, d'un autre côté, cette place lui est assignée sous la *dominance de la classe du mari*. (p. 52)

En résumé, sur cette question des classes sociales et des femmes, nous pouvons dire que la famille d'origine a une grande influence sur le devenir social des femmes comme des hommes mais que, par la suite, plusieurs facteurs doivent être pris en considération si nous voulons parler de la position des femmes dans la société. En effet, les femmes ayant plusieurs modes d'insertion, la dynamique des conditions et mécanismes de production et de neutralisation des coûts sociaux, suite au passage dans le pénal, s'en trouvera alors d'autant complexifiée.

Femmes, mères et incarcérées

Bertrand (voir Boyle et al., 1985) considère que le droit criminel présente des problèmes d'équité pour les femmes, et cela pour trois motifs principaux dont celui

> que la majorité des femmes qui entrent en contact avec le système de justice criminelle sont jeunes et sont mères de jeunes enfants. Ce statut social a des implications considérables sur la façon dont est ressentie la peine d'emprisonnement qui se double alors de la séparation de leurs enfants puisque la majorité des institutions pénales n'ont pas de service de garderie. Ce statut parental vient aussi compliquer le paiement d'amende dans le cas de femmes à statut socio-économique et éducationnel peu élevé et portant seules la responsabilité des enfants. (pp. 5-6)

Ces dernières années, les recherches et les travaux entrepris sur le thème «femmes incarcérées, mères et enfants» sont nombreux mais ne s'appliquent souvent qu'à un aspect de la situation sans englober un questionnement plus large de cette pratique de l'incarcération. La responsabilité du système pénal face aux enfants des parents incarcérés, que voilà une idée tout à fait étrangère à chaque instance du pénal, nous rappellent McGowan et Blumenthal (1978).

Baunach (1985) et McGowan et Blumenthal (1978a, 1978b) notent dans leur revue des travaux que de 50 à 70 % des femmes incarcérées ont de jeunes enfants et qu'une forte proportion en avaient toujours la responsabilité au moment de leur entrée en prison. De plus, dit Baunach, ces femmes sont issues de milieux défavorisés, de groupes minoritaires ayant peu de formation scolaire, peu de compétences spécifiques et elles sont sans formation professionnelle. Quant à leur relation avec leur-s enfant-s, indépendamment de ce qu'elle pouvait être avant l'incarcération, l'emprisonnement complique encore la situation car il engendre des sentiments de perte et d'échec pour la femme. En effet, tant dans son rôle de femme que dans celui de mère, la femme incarcérée se perçoit comme un échec.

De plus, selon Lundberg (voir Baunach, 1985), si les femmes ne peuvent au moment de la sortie assumer à nouveau la responsabilité et la charge que représente l'éducation des enfants, la faute en est sûrement due à l'état de dépendance dans lequel les femmes sont gardées au temps de l'incarcération, conditions vraiment à l'opposé des responsabilités que la mère doit généralement assumer.

Baunach (1985) a voulu connaître les conséquences psychologiques de la séparation mère-enfant. Le découragement et la culpabilité sont le propre de ces femmes parce que c'est leur conduite qui a amené une telle situation.

Baunach soulève aussi des questions intéressantes quant à tous ces programmes que l'on propose où la mère et l'enfant vivraient ensemble en prison. Ici, l'auteure croit que pour le nouveau-né, les retombées positives du développement de la relation mère-enfant annihileraient l'effet négatif du milieu carcéral, le cas n'est pas aussi évident lorsqu'il s'agit d'enfants plus vieux. Déjà en 1977, cette auteure avait soulevé le problème de «l'administration qui a toujours raison» et qui sait ce qui est le mieux pour le bien de l'enfant et qui refuse les placements faits par la mère. Cette attitude devrait être revue, nous assure-t-elle.

Selon Sœur Marie-de-Saint-Benoît (1953), au Québec, en 1880, 34 enfants sont inscrits au registre de la prison pour femmes. En 1896, l'auteure de cette étude note qu'une politique est émise à l'effet de ne plus admettre d'enfants ayant plus de 18 mois, mais en 1915, il y a nécessité de faire un rappel quant à cette loi de 1896 car des enfants de tout âge sont admis. À partir de quelle période exactement les femmes ayant charge d'enfants ne purent garder ces derniers avec elles, l'auteure n'en dit mot.

En France, Duché et Gransac (1982) parlent de l'incarcération à la Maison d'Arrêt des femmes du Centre pénitentiaire de Fleury-Mérogis. C'est une prison où dès 18 heures, les femmes sont enfermées dans leur cellule, sans possibilité de sortir. Suite à la lecture des chapitres consacrés aux «femmes enceintes et nourrices» et aux visites des enfants, nous croyons, contrairement à ce que laisse supposer Baunach (1985), qu'il n'est pas évident que le monde de privation dans lequel vivent les personnes détenues et qui devient aussi celui de très jeunes enfants, lorsqu'il y a cohabitation, soit une bonne chose pour ces derniers. En effet, il est dit que de la naissance jusqu'à l'âge de dix-huit mois, l'enfant vit en symbiose totale avec la mère et cela, dans le plus grand dénuement, pour en arriver à la séparation brutale et sans appel pour toutes celles qui ne sont pas libérables. Voilà ce qu'est la vie commune mère-enfant dans cette prison française. On peut aussi y lire:

> les enfants élevés en prison sont la plupart du temps plus capricieux, plus apathiques et en même temps plus nerveux que des enfants vivant en liberté. (p. 137)

La distribution de biens négatifs se fait sur les enfants comme sur les femmes incarcérées, sans discrimination.

Quant aux visites des enfants à leur mère détenue, elles sont difficiles à planifier, onéreuses pour plusieurs et souvent fort insatisfaisantes car les retrouvailles d'un après-midi peuvent faire passer par toutes les émotions. L'enfant peut arriver en pleurant ou bien en se fâchant de retrouver cette femme qui l'a abandonné. La peur de la reperdre peut aussi lui faire faire des gestes de rejet. Maintes fois, la mère attendait de toucher l'enfant et celui-ci veut aller jouer et il n'y a que quelques heures... D'un autre côté, que dire aussi de ces institutions dont parle Lehtinen (1977) qui ne permettent même pas aux mères de toucher leurs enfants en visite? Comme on peut le voir, aucune solution n'est satisfaisante et les problèmes sont immenses.

Une question demeure: est-ce que cette sentence de prison ne s'attaque pas plutôt aux enfants et non à la mère ou au père comme le faisait remarquer Lanctôt (1981)? Les enfants, ajoute-t-elle, n'oublient pas les problèmes de leur enfance. Lors de la discussion du matériel recueilli auprès des femmes ex-détenues, il faudra se rappeler ces paroles de Foucault (voir Perrot, 1980) à l'effet que «pour mieux comprendre ce qui est puni et pourquoi on punit, [il faut] poser la question: comment punit-on?» (p. 42)

Déjà en 1966, Giallombardo notait la différence d'attitude vis-à-vis des hommes et des femmes en regard du traitement et de la réhabilitation. Pour les femmes, le traitement signifiait l'acquisition d'une morale sexuelle, la sobriété et l'apprentissage des rôles de mère et de maîtresse de maison.

Femmes et travail

Deux types de problèmes surgissent lorsque nous parlons de «femmes et travail». D'abord, la personne criminalisée, tant homme que femme, rencontrera une série de problèmes reliés au stigmate qu'entraîne une accusation ou une accusation et condamnation alors que cette personne cherche un emploi. Malheureusement, les difficultés ne sont pas éliminées à partir du moment où la personne se trouve un travail car le casier pénal est une marque indélibile qui permet de jeter le discrédit en tout temps sur un individu (Pires, 1983). De plus, les femmes sont caractérisées comme ayant un mode d'insertion spécifique sur le marché du travail. Elles arrêtent souvent ce dernier au moment des maternités et pour quelques années par la suite. Dans ces conditions, on peut se demander si, contrairement aux hommes criminalisés, il n'est pas plus facile pour leurs vis-à-vis féminins d'expliquer aux futurs employeurs ces nombreux trous dans leur histoire de travail?

De son côté, Bergeron (1982) souligne que même si en théorie après avoir purgé sa sentence une personne peut espérer

> pouvoir reprendre une vie normale au sein de la communauté et s'adonner aux mêmes activités que les autres membres de la société, tout en bénéficiant des droits et privilèges qui sont accordés à tout citoyen. (...) Le condamné devra vivre, après sa condamnation, la «déchéance post-pénale». (p. 728)

Pour cet auteur, quoiqu'on veuille ainsi protéger la société, c'est le «statut social» de la personne condamnée qui se ressentira en premier de cette déchéance. En outre, le seul remède efficace est le recours en grâce; lui seul peut contrer les effets négatifs de la condamnation. Tous les autres moyens sont jugés peu efficaces en pratique. Pour remédier ou palier aux problèmes encourus par les justiciables, ce chercheur propose un certificat de réhabilitation, certificat qui à notre avis continuerait de discréditer les gens ainsi étiquetés car il perpétuerait, comme le casier pénal, ce passage dans le pénal.

La même année, Hattem et Parent (1982), dans leur étude exploratoire sur les effets négatifs d'un casier judiciaire au plan de l'emploi, examinaient si les chances d'une personne de se trouver un emploi sont affectées par une condamnation et si la gamme des emplois reste la même. Plus précisément, les auteures ont analysé

> l'impact du casier sur la carrière professionnelle et la trajectoire sociale des anciens contrevenants, compte tenu de leur position sociale. (p. 4)

Intéressées non seulement par les lois et les règlements relatifs à l'embauche mais aussi par les pratiques et les attitudes des employeurs, ces chercheuses nous apprennent que le gouvernement qui, d'un côté, cherche à faire embaucher d'ex-détenus des deux sexes, refuse trop souvent de le faire lui-même. Il semblerait que les trous dans l'histoire de travail soulèvent toujours des questions et que ce sont les petites compagnies et les emplois non qualifiés, non spécialisés qui sont les plus accessibles. De plus, le dossier constitue toujours une présence menaçante pour l'employée-é.

Pires (1983), dans son analyse des finalités et de l'utilisation du casier pénal, examine en détail les recherches empiriques sur la situation des anciens justiciables au regard de l'emploi. Faisant le bilan des recherches tant sur les personnes condamnées que sur les employeurs, il note que dans le premier cas, on minimise ce que les patrons énoncent assez facilement, soit:

> l'existence d'une politique et d'une pratique d'exclusion au niveau du marché du travail à l'égard des anciens justiciables. (p. 169)

De plus, cet auteur note que

> le stigmate pénal se matérialise grâce aux lois civiles d'exclusion (...) [ces] dispositions légales (...) exigeant ou autorisant l'exclusion sociale ou la pratique discriminatoire fondée sur le casier pénal ou sur le «défaut de bonnes mœurs». (p. 316)

Le casier pénal cloisonne les criminalisés à certains types d'emploi sur le marché du travail et il arrive même qu'il permette l'exclusion de ces personnes de certaines professions, de certains postes. Ainsi, le casier pénal plafonne les chances de mobilité sociale en affectant la mobilité professionnelle. De plus, ces conséquences négatives «sont plus lourdement portées par les couches inférieures et dominées de la société» (p. 311), reproduisant et exacerbant les conditions de départ qui sont inégales de par la place que chacun occupe en fonction de la famille d'origine et de l'héritage qui lui est légué.

> Le casier pénal fait donc problème dans la mesure où et parce qu'il est investi par le stigmate pénal, se transformant alors en mémoire et mode de communication stéréotypés. (Pires, 1983: 63)

Pires cite un exemple intéressant d'autocensure pratiquée par les anciens justiciables sur cette question de l'embauche. Le questionnaire a un pouvoir dissuasif non négligeable car les ex-détenus vont faire de l'auto-exclusion face aux compagnies qui demandent aux postulants de se soumettre à cette pratique lorsqu'ils font application pour un poste.

Pires critique aussi Glaser pour qui

> la première barrière à l'embauche de l'ex-détenu ne serait pas autant son casier judiciaire que son manque de qualification ou d'expérience extensive de travail. (p. 108)

C'est arrêter l'analyse au niveau des apparences car le marché primaire, les grandes compagnies, les agences gouvernementales et la fonction publique sont fermés au détenteur de casier pénal. Le casier a un effet perpétuel, il permet que l'individu continue à payer sa dette même après la sortie.

Les femmes qui ont des enfants et aussi des emplois rémunérés à l'extérieur doivent mener en parallèle deux journées de travail, elles doivent assumer la production domestique et s'insérer comme les autres travailleurs et travailleuses dans un mode de production marchande.

Bouillaguet-Bernard et al. (1981) conçoivent que

> les femmes ont un comportement d'activité spécifique. Cette spécificité est le reflet des structures globales du système dans lequel elles se situent. De ce comportement spécifique découle un mode d'utilisation particulier qui en fait une *caté-*

gorie spécifique sur le marché du travail. Ces structures globales sont soumises à mouvements. En se transformant progressivement, elle transforment également le cadre dans lequel s'inscrit l'activité féminine. (p. 27)

Les femmes ont un mode particulier d'insertion du côté de l'emploi déterminé par quatre points: des pratiques discriminatoires tant à cause de l'enseignement reçu ou non reçu, du travail à temps partiel, de la famille et des préjugés dont les femmes continuent d'être victimes. C'est là l'analyse faite par Vanderhaeghe (1975).

Cette dernière, dans son étude sur le travail féminin en Belgique, y décrit la femme comme minoritaire, et tant dans son insertion dans les milieux du travail rémunéré que de façon générale dans la société. La situation prévalant dans le secteur de l'emploi ne ferait que reproduire l'ensemble des conditions qui sont siennes dans la société. Elle ajoute que

> en tant que minorité, la femme est soumise à un ensemble de traitements discriminatoires par rapport à la main d'œuvre masculine. (p. 13)

Ce sont ces discriminations qui constituent la «minorisation». L'auteure se réfère aux théories sociologiques sur les minorités pour analyser le cas des femmes. La définition utilisée par Vanderhaeghe des minorités sociologiques se lit comme suit:

> Groupes dont les membres sont l'objet d'une variété de traitements discriminatoires et qui sont fréquemment relégués à des positions relativement basses dans la structure des statuts de notre système social. (pp. 34-35)

Les femmes ne sont cependant pas une minorité classique, c'est-à-dire, «isolées spatialement et culturellement de la majorité» (p. 37). La thèse de l'auteure est donc à l'effet que

> les femmes constituent — et ce plus spécifiquement sur le marché du travail — une minorité sociologique. Cette dernière était définie comme étant *un groupe d'individus qui, possédant des caractéristiques physiques et culturelles aisément identifiables, sont, dans la société où ils vivent, traités d'une manière différente et discriminatoire par rapport à un autre groupe que nous appelons majorité.* (p. 39)

En outre, Vanderhaeghe (1975) établit «les facteurs de minorisation» qui déterminent la situation de la main-d'œuvre féminine comme suit:

1) les minorités ont un accès inégal à l'éducation;

2) l'éventail est restreint en matière d'avancement;

3) l'accès aux associations est limité;

4) l'accès au suffrage peut être restreint;

5) leurs droits de propriété aussi.

L'enseignement et le travail à temps partiel sont les deux points de départ en ce qui concerne la situation des femmes. La formation inadéquate de la majorité des femmes a des incidences sur leur possibilité d'accès à des postes intéressants. Le travail à temps partiel, quoique réglant le double emploi — production marchande et production domestique — cantonne les femmes dans des postes où elles ne peuvent assumer des responsabilités. Pour Vanderhaeghe, il faut différencier entre le manque de qualification des femmes et une qualification inadéquate qui découle du fait que peu de femmes reçoivent une longue formation scolaire ou professionnelle. La possibilité théorique d'accéder à un métier ou à une profession ne veut pas dire que dans les faits la définition du rôle des femmes le permet.

Les femmes entre 25 et 35 ans interrompent souvent leur carrière à cause de la maternité et cet éloignement forcé ou voulu est maintes fois un handicap à la promotion car elles sont hors circuit au moment où la montée professionnelle se passe.

Le manque d'intérêt des femmes pour leur travail doit être lié — nous dit l'auteure — aux emplois subalternes non qualifiés et le manque d'ambition à l'éducation.

Femmes au foyer et chefs de famille monoparentale

Dans la section «Femmes, classes et trajectoire sociales», la question de la femme au foyer, c'est-à-dire celle qui s'insère dans un mode de production domestique, était surtout abordée du point de vue des femmes avec conjoint. Il nous faut maintenant examiner, même très brièvement, la situation de la femme sans conjoint qui est pourvoyeuse de famille.

Il y a 30 ans, au Québec, à part les veuves, les femmes chefs de famille monoparentale étaient rarissimes. Avec les mutations sociales survenues au sein de la famille, nous trouvons de plus en plus de femmes qui sont seules et uniques responsables des enfants.

La situation de ces femmes est particulièrement précaire car, comme le mentionnent Therrien et Coulombe-Joly (1984), «si la présence d'un conjoint ne prémunit pas nécessairement contre la pauvreté, son absence en est presque le gage» (p. 182). Les contraintes financières se font sentir avec plus d'acuité lorsque la femme doit assumer seule son entretien et celui de ses enfants. De plus, si les femmes n'ont pas d'emploi rémunéré, leur dépendance envers l'État, distributeur de l'aide sociale, est grande. «La moitié des femmes seules avec enfants n'ont pas 45 % du revenu moyen d'une famille biparentale pour vivre» (McKenzie, 1986: 9). La pauvreté a maintenant un visage féminin, les femmes comptent pour plus de la moitié des personnes qui reçoivent l'aide sociale.

Mais recevoir l'aide sociale a aussi ses contraintes. Gauthier (*in* Vandelac et al., 1985) rend plus visibles «les aspects et conséquences de l'intervention de l'État en tant que partie des processus sociaux contribuant à modeler les rapports de sexe» (p. 258). En fait, nous retenons que si l' «État-mari» avec son programme de l'aide sociale permet entre autres aux femmes chefs de famille monoparentale de survivre sans le soutien d'un conjoint, il reste que les conditions économiques de ces femmes sont fort précaires et qu'elles sont sujettes à de nombreux contrôles administratifs.

Considérant que la majorité des femmes justiciables qui ont des enfants sont chefs de famille monoparentale et qu'elles doivent survivre en ayant recours aux prestations sociales, il nous semblait important de tracer, même dans ses grandes lignes, un portrait du groupe social auquel elles appartiennent, soit les laissés-pour-compte.

Chapitre III

Objet de l'étude

Les coûts sociaux du système pénal se rapportent à ces conséquences négatives tant d'ordre social, psychologique que juridique produites par l'appareil de justice. Cette question de la distribution de biens négatifs par le système de justice demeure, dans le domaine pénal, une sphère assez peu explorée jusqu'à maintenant.

Pour contrer les effets négatifs entrainés par un passage dans le système de justice, les justiciables élaborent un ensemble de mécanismes qui ont pour but de neutraliser ces dits effets. Les conditions et mécanismes de neutralisation des coûts négatifs s'établissent en fonction de la place qu'occupe la personne accusée dans la structure de classes; alors surgit avec acuité la question d'équité qui devrait être le propre du système de justice.

Ce débat ne peut être effacé en prétextant que l'appareil pénal ne fait que réagir à un délit commis par une personne. En effet, lorsque la machine pénale est actionnée, les citoyens ne peuvent pas tous, d'une façon égale, recourir aux mêmes mécanismes de neutralisation des conséquences négatives qui découlent de l'utilisation même du système.

Nous nous proposons donc de décrire, non seulement les coûts sociaux du sytème pénal, pour une certaine catégorie de justiciables, mais également d'offrir une explication théorique quant à l'impact différentiel dudit système sur les conditions de devenir de ces personnes, c'est-à-dire, sur l'histoire post-pénale.

Le passage dans le pénal laisse un stigmate, une marque; parmi les déclassés produits de façon inexorable par la machine pénale, notre intérêt se porte plus spécifiquement sur les femmes justiciables ayant subi l'incarcération. Les femmes justiciables forment une minorité dans un système dont les lois sont faites majoritairement par des hommes pour gérer des actes commis le plus souvent par d'autres hommes.

Avant le retour du féminisme dans les années soixante, la question des femmes a maintes fois été négligée par les chercheuses et les chercheurs. Pourtant, le phénomène de la prise en charge des femmes par le système pénal n'est pas récent. Quant à nous, nous voudrions aborder une facette des multiples problèmes soulevés par cette criminalisation. C'est ainsi que nous examinerons la question des conséquences de leur passage dans ce système de justice. Nous nous baserons sur leurs discours pour arriver à saisir l'impact de cette expérience dans leur vie: ces discours rendront compte de leur expérience de vie et du regard qu'elles portent sur le fait pénal lui-même.

Les femmes et le système pénal

Parmi la population âgée de plus de 18 ans, les personnes criminalisées représentent une minorité et les justiciables de sexe féminin, une petite minorité de ce sous-groupe. En fait, on l'a déjà vu au premier chapitre, comparativement aux hommes, peu de femmes ont été prises en charge par les différentes instances tout au long du processus de criminalisation qu'opère le système de justice. Ayant noté qu'effectivement peu de femmes sont gérées par le système, les rares chercheuses et chercheurs qui ont étudié la question des femmes et de leur criminalité ont surtout avancé des explications d'ordre étiologique pour rendre compte du phénomène (entre autres, Lombroso 1893). Notre propos n'étant pas de fournir une explication causale de la criminalité chez les femmes, ni du petit nombre de femmes criminalisées, nous n'élaborerons pas plus avant sur ces hypothèses.

Quelques données statistiques supplémentaires aideront à cerner ce sous-groupe. Au Canada, Hattem et Parent (1982) ont calculé que 16,4 % des hommes et 3 % des femmes ont un dossier criminel. Lorsqu'il s'agit de l'application de mesures de probation, au Québec, moins de 10 % des probatoires sont des femmes. Quant au recours à l'incarcération, la mesure la plus sévère que notre société se donne, le nombre de femmes admises ne totalise pas 10 % de la population criminalisée et cela, tant à la suite d'une condamnation pour une sentence d'une durée de moins de deux ans, que de deux ans et plus. Toujours au Québec, au cours d'une année, les établissements de détention comptabilisent aux alentours de deux mille admissions chez les femmes et 75 % le sont pour 30 jours ou moins. En 1982, les raisons majeures d'incarcération étaient les infractions à la circulation suivies du vol et de la fraude (Hamelin, 1985). Ce n'est qu'en douzième place qu'on retrouve la première infraction de violence, le vol qualifié, et pour seulement 2,78 % des cas.

Ainsi, quoique effectivement peu nombreuses, il n'en demeure pas moins que les femmes sont incarcérées et, que la sentence soit de courte ou de longue durée, nous croyons à la nécessité d'étudier chez ces dernières l'impact de ce passage en milieu carcéral, et cela tant sur les trajectoires professionnelle, familiale, sociale que pénale.

Les femmes et la problématique des coûts sociaux du système pénal

Les études portant sur le pénal ignorent assez souvent la réalité sociale des personnes qui en sont l'objet. De plus, lorsque des recherches portent sur les causes de l'inégalité sociale devant la loi, c'est surtout en fonction de la prise de décision quant à la sélection de la clientèle et des disparités lors de l'énoncé des sentences.

Les travaux sur l'*après-pénal*, plus spécifiquement sur l'impact différentiel de cet appareil sur les conditions de vie et la trajectoire sociale des personnes ayant subi une peine d'incarcération sont peu nombreux (Landreville et al., 1981; Pires et al., 1981; Pires, 1983) et d'autant plus rares si nous considérons la situation des femmes pénalisées. À part la présente recherche, il faut ajouter celle de Poisson (1987).

Ce type d'analyse sur les conséquences du système pénal est influencé par la problématique du contrôle social qui veut montrer, entre autres, comment les agences officielles de contrôle ne sont que le reflet et le reproducteur des rapports inégaux existant dans la société. Il faut dégager la criminologie des institutions officielles pour mieux saisir le fonctionnement du système pénal et sa relation aux structures.

Les recherches sur les coûts sociaux du système pénal s'inscrivent donc à l'intérieur de la problématique du contrôle social et veulent apporter un nouvel élément de compréhension à l'analyse de la situation dans son aspect différentiel occasionné par la structure du système pénal, son fonctionnement et son impact.

La problématique des coûts sociaux nous amènera à cerner quelles sont, pour les femmes criminalisées, les conséquences de leur passage dans notre système de justice, lequel s'insère dans une société capitaliste et patriarcale. Nous privilégierons une méthode qualitative pour l'analyse de nos données afin de mieux rendre compte de la situation spécifique des femmes justiciables gérées par un instrument du pouvoir en place dans un rapport d'inégalités sociale et patriarcale (Guillaumin, 1981; Laurin-Frenette, 1981).

La notion de coûts sociaux

Nous devons à Landreville et al. (1981) l'élaboration de la problématique des coûts sociaux pour le domaine pénal. La définition des *coûts sociaux* donnée par ces auteurs se lit ainsi:

> *toutes les pertes, désavantages, atteintes, conséquences néga-*
> *tives subis ou portés par une classe, une fraction de classe, un*
> *groupe, ou un être humain en raison de l'existence ou du*
> *fonctionnement du système pénal.* (p. 8)

Les conséquences négatives comprennent non seulement les coûts de type *juridico-légal*, comme la perte du droit de pratiquer un métier, tel celui de caissière dans une banque ou dans un grand magasin parce que condamnée, mais également les coûts de type *psychologique* survenant, entre autres, suite à la séparation que doivent vivre la mère et l'enfant. Finalement, les coûts de nature *économique* sont à considérer, telle la perte, au moment de l'incarcération, des rares biens mobiliers ou du peu d'effets personnels possédés par une personne.

Les pertes, atteintes et conséquences négatives produites par le passage dans le pénal s'appliquent à un individu, mais celui-ci appartient à un groupe social donné; par conséquent, pour les gens de milieu défavorisé, assumer les coûts financiers d'un long procès peut s'avérer une entreprise trop hasardeuse. Dans ces conditions, ces personnes accepteront une négociation de plaidoyer qui n'est pas toujours à leur avantage.

À partir de cas types, il sera possible d'évaluer l'impact différentiel de la procédure pénale quant à la population des femmes. Il sera alors possible d'examiner les conditions et mécanismes mis en marche suite à la rencontre avec la machine pénale.

L'évaluation de la production différentielle des coûts sociaux du système pénal ne peut se faire qu'à partir de l'intervention de cette machine. Les mécanismes de production peuvent découler soit directement, soit indirectement de la mise en marche du processus. Ainsi, la publication d'informations personnelles sur les présumées auteures d'un délit peut être préjudiciable pour ces personnes, se répercutant sur leur emploi, leurs relations de travail et même sur celles de leurs proches. De plus, suite à la mise en accusation, un casier judiciaire est ouvert et ce stigmate pénal a des conséquences négatives, entre autres dans le secteur de l'emploi. Au Québec, la Charte québécoise offre une certaine protection contre la discrimination dans le domaine de l'emploi si le délit n'est pas relié au travail, mais il n'y a rien de tel dans la Charte canadienne.

Ainsi, en fonction du lieu ou des lieux d'insertion des personnes arrêtées et/ou accusées et de leur réseau de relations, des actions sont mises en branle afin d'annihiler, par divers mécanismes, les coûts qui découlent de la trajectoire pénale. Or, en général, les femmes sont sans moyens financiers et sans pouvoir formel. Les moyens pour mettre en place des mécanismes de neutralisation sont faibles à cause de la place qu'elles occupent dans une société patriarcale.

La place sociale des femmes et la trajectoire sociale

Il nous faut maintenant examiner comment les femmes se situent dans la structure de classes avant d'analyser la production différentielle des coûts sociaux qui, elle, variera selon la place occupée au moment de la conjoncture.

Selon la problématique des coûts sociaux du système pénal, les facteurs qui auront un impact possible sur les conditions et mécanismes de production et de neutralisation des coûts sociaux sont *et* la classe d'origine de la personne, soit celle de sa famille, *et* la position dans la structure de classes de cette personne au moment de l'incident pénal. En effet, pour chaque groupe ou classe, le point de départ — la classe sociale d'origine — étant différent, les conditions et les mécanismes de production et de neutralisation des coûts se modifieront en conséquence.

Les femmes comme les hommes sont marqués par la famille d'origine, par la position sociale de cette unité. L'héritage de classe, les habitus seront différents selon que la femme vient ou non de milieu défavorisé. La femme quitte un jour la maison paternelle, et survient alors la question de sa position dans la structure de classe. Maintes études (dont celle de Bertaux, 1977), traitant des classes sociales chez les femmes, s'attardent à la classe du conjoint comme facteur de positionnement, c'est-à-dire que les femmes sont alors placées automatiquement dans la classe du mari. Cependant, même si nous acceptions une telle pratique, un problème se pose pour les femmes qui, par choix ou forcées, vivent seules, surtout pour celles qui ont charge d'enfants et qui doivent de plus vivre des subsides de l'État. Comment situer toutes ces femmes dans la structure de classes lorsque les rapports qu'elles entretiennent avec la production de type capitaliste les en exclut. De plus, les activités rémunérées mais illégales (telles la prostitution, la vente de drogues, etc.) ne font pas partie de ce modèle capitaliste, et encore moins la production domestique qui occupe une place de premier ordre lorsque des enfants sont en scène. Donc, toute cette production sociale, qui vise à la satisfaction de besoins et services familiaux, est noncomptabilisée, mais elle est très importante tout comme le renouvellement de la force de travail qu'elle produit pour assurer la survie de l'économie marchande. Il n'en demeure pas moins que les femmes, centrées sur ces types de production, ne peuvent se rattacher au modèle habituel lorsque nous parlons de structure de classes (voir Saint-Pierre, 1973; Légaré, 1977).

C'est ainsi que même si les femmes ont une classe sociale d'origine, classe dont l'importance ne doit pas être sous-estimée dans notre propos, il n'est pas évident que nous pouvons parler d'elles — que ce soit juste avant ou juste après leur passage dans le système pénal — comme faisant partie d'une classe ou fraction de classe car leurs lieux de production ne sont pas toujours reconnus (voir Saint-Pierre, 1973; Légaré, 1977). Ceci n'est cependant pas le sort de toutes les femmes. Certaines exercent un métier et s'insèrent alors dans un mode de production de type capitaliste. Même lorsque le métier exercé leur permet à peine de subvenir à leurs besoins, ces femmes font partie des classes laborieuses et leur état est moins précaire que celui de celles qui doivent recourir aux illégalismes et/ou à l'État-providence pour survivre avec leurs enfants.

Considérant que pour les femmes la trajectoire sociale, c'est-à-dire le parcours suivi, est liée non seulement à la classe d'origine mais également à leur mariage, leur vie de couple ou de célibat, à leur intégration ou non au mode de production du marché de type capitaliste, à la reproduction ou non de la vie et à la production du travail domestique qui s'ensuit, nous devrons examiner l'impact différentiel de l'appareil pénal sur leur devenir en tenant compte de ces lieux d'intégration au moment de chaque événement. L'analyse des mécanismes de production et des conditions et mécanismes de neutralisation des coûts sociaux du système pénal se fera donc à partir de ces lieux de vie et de production. Il nous reste maintenant à examiner un dernier lieu de production différentielle de coûts sociaux du système pénal pour les femmes, soit la position sociale infériorisée des femmes dans leur ensemble et cela par rapport aux hommes dans leur ensemble.

De l'inégalité liée au sexe

Nous avons vu que l'impact différentiel des coûts sociaux du système pénal, en ce qui concerne les femmes justiciables, sera fonction *et* de la classe d'origine de ces femmes *et* de leurs différents lieux d'insertion dans la société — tant la vie de couple ou de célibat que leur intégration ou non à la production de type marchande, souvent fonction de leur production de type domestique. Là ne s'arrête pas le cadre dans lequel cette analyse devra se faire car, telle Laurin-Frenette (1981), nous croyons que «tous les agents appartiennent aux ensembles liés à leur sexe et aux ensembles liés à leur classe» (p. 153). L'ensemble des femmes occupe par rapport à l'ensemble des hommes une position sociale de minoritaires, c'est-à-dire qu'elles sont «en état de *moindre pouvoir*, que ce pouvoir soit économique, juridique, politique» (Guillaumin, 1981: 19). Cette position de minoritaires n'implique pas nécessairement, comme le dit Guillaumin, que les femmes soient quantitativement en nombre moindre, l'importance du terme se rattache au pouvoir des femmes. Cependant, dans le système pénal, les femmes sont minoritaires de deux façons:

1 - parce que faisant partie de l'ensemble des femmes et que dans l'ensemble les femmes sont en situation de moindre pouvoir;

2 - parce que les femmes dans le système pénal sont en nombre moindre.

Cette place de dominées n'est pas sans influence, croyons-nous, sur la capacité de mettre en marche des mécanismes de neutralisation des conséquences du système pénal. Afin de bien saisir les conditions réelles de la vie de ces femmes, nous avons donc opté pour une méthode de cueillette de données qui est l'entrevue rétrospective de type non directif et une méthode qualitative d'analyse, méthode qui permet aux femmes rencontrées de parler non seulement de ce qu'elles ont vécu mais aussi de dire comment ces événements furent vécus.

Chapitre IV

Démarche de recherche
et
description des participantes

Notre démarche

Lors de cette étude empirique de type qualitatif, nous avons rencontré quinze femmes justiciables. L'entretien se déroulait en deux temps. D'abord, pour faciliter la mise en rétrospective de l'histoire pénale, nous avons utilisé une consigne de départ qui permet la mise en perspective du matériel par le sujet tout en respectant la non-directivité propre à une analyse qualitative. Cette consigne était la suivante:

> Nous sommes intéressés à connaître l'expérience des personnes suite à leur contact avec la justice; si tu veux (si vous voulez) j'aimerais que tu me parles (que vous me parliez) comment cela s'est passé pour toi (vous) et surtout comment cela se passe depuis ton (votre) contact avec la justice.

Maintes fois, les femmes commençaient par passer des commentaires sur leur perception du système de justice, et cela en se basant sur leurs propres expériences; par la suite, elles enchaînaient avec des aspects plus personnels de leur vie. Lorsqu'elles semblaient avoir épuisé les sujets qu'elles jugeaient importants, l'entrevue se terminait par un questionnaire de renseignements personnels standardisés. Les questions portaient entre autres sur les données démographiques, la composition de la famille maritale, de la famille d'origine, les contacts au moment de l'incarcération, la scolarité et la formation professionnelle, les emplois antérieurs et l'histoire pénale. Il est nécessaire de préciser que, très souvent, les réponses aux questions permettaient l'exploration de nouveaux secteurs par la femme.

Les critères retenus pour le choix de notre échantillon sont:

1 - être une ex-détenue de la Maison Tanguay (prison pour femmes à Montréal);

2 - être sortie de détention depuis au moins trois mois;

3 - avoir fait l'objet à la sortie de l'une des mesures suivantes:

   a) libération sans condition,

   b) avoir été suivie en libération conditionnelle pour une sentence de moins ou de plus de deux ans, ou

   c) hébergement à la Maison Thérèse-Casgrain (maison de transition).

Afin de diversifier au maximum les points de chute pour remplir nos critères de sélection, nous avons eu recours à trois réseaux différents soit:

1 - les agentes et agents des libérations conditionnelles qui acceptaient de nous mettre en communication avec des femmes qui étaient encore sous le coup d'une telle mesure;

2 - les responsables de la Maison Thérèse-Casgrain qui ont recommuniqué avec d'ex-résidentes pour leur demander de participer à notre recherche;

3 - les gens hors du système mais qui œuvrent auprès des personnes ayant subi une peine d'incarcération et qui acceptaient de nous mettre en communication avec d'anciennes justiciables. À l'occasion, des justiciables nous ont référée à d'ex-compagnes de détention.

Cette diversification a son pendant de difficultés car retrouver des personnes longtemps après leur sortie des réseaux institutionnels n'est pas chose facile. Une fois contactée, il était très rare qu'une femme refuse de nous rencontrer. Nous avons donné un nom fictif à chacune des interviewées pour préserver

À l'entrée de la prison, une affiche qui ne dit rien de particulier…

Vue extérieure de la prison. Afin de faciliter la surveillance, les flâneurs ne sont pas les bienvenus..

l'anonymat que nous leur avions garanti. Les entretiens duraient entre une heure trente et quatre heures. Chaque rencontre fut enregistrée sur cassettes et la retranscription fut faite intégralement. Dans un cas, nous avons utilisé des notes car la retranscription de l'entretien ne put être faite étant donné certains problèmes techniques. Une autre fois, nous avons procédé à une deuxième rencontre avec la personne interviewée car, même après trois heures, le matériel était loin d'être épuisé. En quelques occasions, des informations supplémentaires nous sont parvenues soit directement, soit indirectement. Ces renseignements s'ajoutaient aux données antérieures.

La première étape d'analyse consistait à dégager les thèmes propres à chaque entrevue. Suite à cette analyse verticale et au fur et à mesure que les entrevues s'additionnaient, nous procédions à l'analyse transversale pour dégager les thèmes qui pouvaient se recouper et évaluer la pertinence de tout nouveau matériel.

L'approche utilisée permet aussi l'utilisation de sources diversifiées telles les biographies de femmes ayant subi une peine carcérale.

Description des participantes

Quinze femmes, sorties depuis au moins trois mois et certaines depuis deux, trois et même cinq ans de la prison Tanguay de Montréal, ont accepté de nous rencontrer.

Ces femmes ayant entre 20 et 54 ans sont majoritairement célibataires (10). Une seule est mariée au moment des entrevues, une autre divorcée, deux sont séparées et enfin une dernière est veuve.

Treize femmes ont comme langue d'usage le français et deux l'anglais. Ces dernières parlent aussi le français; elles ont cependant préféré utiliser l'anglais pour parler de sujets si près de leur vécu. Afin de ne pas singulariser les femmes anglophones, toutes les citations anglaises ont été traduites.

Concernant leur formation scolaire, deux femmes n'ont pas terminé leur cours primaire tandis que dans deux autres cas ce fut le point d'arrêt des études.

Sur les sept femmes qui ont commencé le secondaire, une seule a terminé les cinq années de celui-ci.

Une des femmes justiciables a obtenu son diplôme d'études collégiales et une autre tente présentement de le terminer après avoir passé deux années à l'école des décrocheurs. La première a aussi suivi un stage en informatique.

Enfin, deux femmes se sont rendues jusqu'à l'université, une y a fait deux ans dans une technique professionnelle et l'autre a terminé un baccalauréat.

Ainsi, cinq femmes seulement ont complété des études secondaires, collégiales ou universitaires.

Tandis qu'au moment des entrevues, soit de trois mois à cinq ans après la dernière incarcération, dix des femmes rencontrées avaient eu des enfants, seulement sept avaient enfanté avant la première sentence d'emprisonnement.

Le nombre d'enfants se répartit ainsi:

— deux femmes ont eu chacune un enfant;

— six femmes ont eu chacune deux enfants;

— une femme a eu quatre enfants;

— une femme a eu cinq enfants.

Les délits racontés et/ou pour lesquels les femmes rencontrées furent condamnées englobent diverses catégories. Une même personne mentionnait souvent plusieurs types de délit. Ainsi,

— sept femmes nous ont parlé de délits jugés graves (i.e. vol à main armée, assauts, prise d'otage, homicide, meurtre);

— cinq femmes ont raconté des expériences de fraude par chèque ou au travail;

— cinq femmes ont relaté des histoires reliées à la drogue;

— trois femmes ont mentionné le vol par effraction;

- deux femmes nous ont fait part de leur expérience dans le vol à l'étalage;

- quatre femmes ont parlé de prostitution, flânage, amendes impayées, méfait;

- enfin, deux femmes condamnées, l'une pour délit grave, l'autre pour une affaire de drogue, ont dit n'avoir jamais commis de délit.

Parmi les quinze femmes, huit ont connu une seule sentence d'incarcération tandis que pour les sept autres, c'était deux ou plus.

Des huit femmes qui ont subi une seule peine d'incarcération, quatre ont reçu une sentence provinciale, i.e. dont la durée était de moins de deux ans, et les autres, des peines d'emprisonnement pour deux ans ou plus. En fait, il y a sept sentencées fédérales et huit provinciales.

Treize des quinze femmes rencontrées ont occupé un emploi à un moment ou l'autre de leur vie *avant* d'entrer en contact avec le système de justice pénale. Dans un autre cas, le seul emploi légal jamais occupé fut celui de plongeuse, et cela pour quelques mois au moment d'un séjour en maison de transition. La dernière situation est différente car, après son incarcération, la personne se trouva un emploi et deux ans plus tard, elle occupe toujours le même poste.

La question de la consommation d'alcool et de drogues ne peut être évitée lorsque nous parlons de femmes et justice. Certaines justiciables sont incarcérées pour des histoires de drogues tandis que d'autres racontent que l'alcool et/ou les drogues font partie de leur quotidien. Parmi les quinze femmes rencontrées, cinq ont mentionné des histoires reliées à la drogue et pour dix d'entre elles l'alcool et/ou les drogues font ou faisaient partie de leur univers. Cependant, le rôle de l'alcool ou des drogues dans leur vie n'est généralement pas perçu comme étant un problème. En effet, même celles qui ont eu une consommation assez importante qu'elles ont dû cesser ou diminuer grandement ne feront pas de très longs commentaires sur le sujet. Cette situation peut partiellement être expliquée par le fait que, tant lors de la prise de contact que dans la consigne de départ au moment de l'entretien, l'accent était surtout mis sur leur expérience avec la justice. Il est cependant intéressant de constater que, même si les professionnels perçoivent les femmes justiciables comme ayant très souvent des problèmes de consommation, les femmes, elles, ne se perçoivent pas à l'intérieur de cette problématique.

La position sociale

Pour parler de l'impact différentiel d'un passage en détention sur les conditions de devenir des femmes, il faut s'arrêter et examiner, même très brièvement, la position sociale de ces femmes à trois moments précis, soit: à l'origine, juste avant la première incarcération et au moment de l'entrevue.

La définition des classes et fractions de classes est un long processus et de nombreux débats peuvent survenir lorsqu'on cherche à établir si tel métier fait partie de telle classe ou non. Il nous a fallu faire des choix et nous avons retenu six catégories que nous décrivons ci-dessous.

1 - La bourgeoisie comprend tous ces agents qui ont la possession des moyens de production.

2 - La nouvelle petite bourgeoisie est cette classe de travailleuses et de travailleurs salariés employés à l'organisation et l'encadrement du travail productif et indirectement productif.

3 - Les auxiliaires à la bourgeoisie englobent les policiers, les militaires et les agents de sécurité.

4 - La petite bourgeoisie traditionnelle est propriétaire et productrice.

5 - Le prolétariat, pris dans un sens très large, inclut toutes les fractions économiquement exploitées et celles qui sont politiquement et idéologiquement dominées.

6 - Le sous-prolétariat, c'est la masse des personnes déclassées, marginales et flottantes.

La position sociale à l'origine

L'importance de la famille d'origine, la position sociale de la famille d'origine, voilà ce qui marquera une personne, et de manière fort différente selon qu'elle appartiendra à l'une ou l'autre des classes sociales. De plus, le parcours type d'une personne variera selon la classe à laquelle elle appartient. Ainsi, les familles d'ouvriers reproduiront massivement des ouvriers comme les familles de propriétaires de capitaux reproduiront des enfants propriétaires de capitaux. L'héritage de classe — tant l'éducation que les habitus de classe et les biens économiques ou de position professionnelle — n'accorde pas à toutes les personnes les mêmes conditions de départ.

Trois femmes seulement peuvent être associées à la bourgeoisie, mais dans un cas, la femme a connu de très longs placements durant toute son enfance, et cela dans un milieu institutionnel pour déficients et psychiatrisés. Dans un autre cas, lors du divorce des parents, la mère garde les enfants et, à cause de son statut précaire comme travailleuse salariée, il y a va-et-vient entre la nouvelle petite bourgeoisie et le sous-prolétariat, ce dernier dominant nettement.

Deux femmes ont pour classe d'origine les auxiliaires à la bourgeoisie, soit la catégorie qui englobe les policiers, l'armée, les agents de la sécurité, etc. Il faut cependant dire que les deux ont connu, dans leur enfance ou au moment de l'adolescence, lors du divorce des parents, des placements en institution et/ou en foyer. Soulignons que ces placements étaient demandés comme mesures de «protection» et non pour délinquance. L'État assumait la garde des enfants en l'absence des parents qui ne pouvaient ou ne voulaient plus assumer leurs responsabilités parentales.

Une seule femme fait partie, par sa classe d'origine, de la petite bourgeoisie.

Huit femmes font partie du prolétariat par leur origine familiale. Pour l'une d'entre elles, une chute de statut fut vécue suite au décès du père alors qu'elle était encore une enfant et que la mère, sans formation scolaire ni professionnelle, seule responsable d'une famille de douze enfants, ne trouva que des emplois au noir et mal payés.

Quant à la masse des personnes déclassées et des marginales et flottantes, soit le sous-prolétariat, une femme en fait partie. Sa mère, illettrée, lui a donné naissance alors qu'encore adolescente. Elle a placé sa fille dans diverses institutions, la majeure partie du temps.

Ainsi, par leur classe sociale d'origine, neuf des quinze femmes rencontrées font partie des groupes nettement défavorisés de notre société. Parmi les six autres femmes qui proviennent de milieux plus aisés, quatre ont connu des chutes de statut avant l'âge adulte, et cela pour divers motifs. Il nous faudra examiner l'impact possible d'un tel bris de parcours sur la trajectoire sociale de ces femmes.

Ayant maintenant établi que la majorité des femmes de par leur origine sociale ont un bagage bien mince de moyens pour lutter non seulement contre le pénal mais dans la vie en général, nous croyons pertinent de nous interroger sur leur position sociale juste avant la première incarcération.

La position sociale avant la première incarcération

Avant la première incarcération (qui s'avéra la seule et unique dans huit cas), sept femmes avaient des enfants. Ces femmes s'inséraient entre autres dans un mode de production domestique.

L'une d'elles appartenait à la bourgeoisie, mais seulement suite à son mariage car, de par sa propre insertion dans la production sociale, elle appartenait à la classe des travailleurs et des travailleuses, au prolétariat, comme trois autres femmes d'ailleurs.

Une autre d'entre elles, par ses études, appartenait à la nouvelle petite bourgeoisie.

Il y avait dix personnes qui faisaient partie du sous-prolétariat, des marginaux, des laissés-pour-compte.

La position sociale au temps de l'entrevue

Dix femmes ont maintenant des enfants. Une seule femme appartient encore à la bourgeoisie, mais toujours sous la dominance de classe du mari car, de par sa propre insertion sur le marché du travail, cette femme fait partie du prolétariat. La classe des travailleurs et travailleuses inclut une autre femme tandis que quatre autres sont activement à la recherche de travail, chacune de ces femmes ayant un poste en vue et, de façon réaliste, elles peuvent être incluses dans ce groupe de travailleurs et travailleuses. Par son métier, une des personnes rencontrées fait partie de la petite bourgeoisie traditionnelle et deux autres de la nouvelle petite bourgeoisie. Il en reste tout de même six qui font partie des laissés-pour-compte. L'une d'elles pratique cependant un travail au noir qui reste plutôt mal payé.

Conclusion

Quoique à l'origine peu de femmes étaient issues du sous-prolétariat, l'héritage de classe des milieux prolétaires, dont elles provenaient pour la grande majorité, ne leur donnait pas beaucoup de moyens ne serait-ce que pour maintenir cette position de classe. D'ailleurs, juste avant l'entrée en prison, plusieurs de ces femmes ne s'inséraient dans aucun milieu de travail légal rémunéré et souvent, prises par la production familiale, elles font partie des déclassés. Règle générale ces femmes ont des enfants et sont sans le support affectif et financier d'un conjoint. La précarité de la situation des femmes seules chefs de famille est aujourd'hui bien connue et les femmes justiciables dans cette situation ne font pas exception. Il reste que pour certaines femmes qui ont pu retourner sur le marché du travail, une certaine mobilité sociale ascendante est visible. Nous verrons lors des prochains chapitres les conditions et mécanismes de production et de neutralisation des divers coûts.

Chapitre V

Avant l'incarcération

Nous avons brièvement décrit les différentes caractéristiques des participantes. Il n'est pas de notre propos, ni nécessaire, de reprendre ici ces données. Nous voulons plutôt porter notre attention sur deux aspects concernant la période précédant l'incarcération, quoique dans certains cas le sujet discuté ne peut se restreindre à ce temps précis. Nous voulons donc examiner, à l'intérieur de la problématique des coûts sociaux pour les justiciables de sexe féminin, leurs contacts avec les policiers et le rôle de l'avocat de la défense. Les relations vont varier, tant entre justiciables et policiers qu'entre accusées et défenseurs. Nous tenterons de présenter, à l'intérieur de chaque section, les éléments pouvant expliquer le traitement différentiel que nous observons chez les femmes justiciables rencontrées.

Contacts avec les policiers

Les policiers ont comme partie de leur mandat de contrôler la criminalité, soit en la réprimant, soit en faisant de la prévention, et pour ce faire, ils détiennent une autorité et des pouvoirs afférents. C'est donc de façon structurelle que les contacts entre justiciables et policiers sont antagoniques et font partie de ces relations entre dominés et dominants. En maintes occasions, l'échange verbal tourne au conflit de position car l'un accuse et l'autre se défend. Il semble que le pouvoir dont est investie la force constabulaire conduit à l'adoption, par certains policiers, de comportements qui portent à controverse, surtout lorsqu'il est question de justiciables. Ces agissements de la part de personnes chargées de faire respecter la loi ne s'arrêtent pas aux échanges verbaux; ils englobent aussi une certaine violence physique en quelques occasions.

Cette violence policière est maintes fois mise en doute par les citoyens. De plus, est-elle mentionnée que la réponse qui est faite est, en fait, une question, soit: Que vaut la parole d'un criminalisé pour ne pas dire un criminel contre la parole d'un policier? La réponse est déjà dans la question. Quelques remarques s'imposent. D'abord, les policiers ne sont pas tous violents, mais certains le sont. Qui plus est, nous entendons de plus en plus d'histoires de citoyens, sans casier judiciaire, qui ont à se plaindre de la brutalité policière. Outre cela, parler de brutalité policière dans le cas de femmes peut sembler encore plus farfelu, mais c'est la réalité de certaines femmes et nous laisserons leurs mots exprimer la situation vécue. Par la suite, nous tenterons d'expliquer ce phénomène.

Quatorze femmes nous ont parlé de leurs rapports avec les autorités policières et dans sept cas il fut question de violence. Cinq femmes ont décrit des incidents où elles avaient été battues. Dans un autre cas, la narration des mesures prises pour contrer toute violence physique de la part des policiers lors d'une arrestation laissent entendre que certains événements traumatisants ont pu survenir nécessitant la mise en branle d'un tel mécanisme de défense. Pour la septième personne, c'est le déploiement de la force au moment de l'arrestation qui a laissé une image de grande violence.

Deux des femmes rencontrées nous ont raconté qu'enceintes de quatre mois, quatre mois et demi, elles avaient été battues par les policiers au poste où elles étaient détenues.

Ce type de violence peut survenir suite à une arrestation pour une affaire de drogues, elle peut aussi se produire suite à certaines réponses jugées agressives par les policiers. Cependant, la provocation policière n'était pas toujours absente de la situation globale.

Le discours d'une des jeunes femmes rencontrées décrit assez bien le type de violence vécue par toutes. La question d'en savoir plus semble être un élément clé quoique cela ne fut pas toujours le cas et ne peut servir d'excuse car les policiers sont censés contenir la violence et non y participer.

Moi, ça fait longtemps que je suis sortie depuis la dernière fois, ça fait un bon bout et j'ai encore beaucoup de révolte, j'ai pas digéré ça pantoute, j'en ai vu de toutes les couleurs (...) j'ai passé 48 heures enceinte dans un poste de police, couchée à terre dans une cellule, j'ai eu un hamburger et un verre de coke en 48 heures, pas de cigarettes, rien ... j'ai mangé une volée enceinte dans un poste de police, enceinte de 4 mois et demi; j'en ai déjà mangé parce que je les avais bavés et ça c'est une autre chose; tu les baves, tu les pousses au bout, ben ils te câlissent une couple de claques, «you asked for it»; mais quand tu as absolument rien fait et que tu sais que tu es innocente et parce qu'ils veulent tellement avoir un coupable, parce que le maire leur pousse dans le dos et parce que le monde demande un coupable, ben là, ils te prennent toi parce qu'ils savent que toi tu as déjà fait des coups dans ce genre là. Ils savent que c'est ton genre de faire un coup comme ça et parce que t'étais pas loin à ce moment là ben tu manges des claques sans que tu aies provoqué ou quoi que ce soit. Tu saignes, tu pars en hémorragie, ils t'amènent pas à l'hôpital, ils te relâchent trois, quatre heures après et «Débrouille-toi pour t'en aller à l'hôpital.» T'arrives à l'hôpital, ils te demandent «Qu'est-ce qui est arrivé?» «Ben, je suis tombée.» Évidemment ils ne te croyent pas parce que de la manière que tu es amanchée ça se peut pas; finalement, il y a un médecin qui réussit à te sortir les vers du nez, tu dis: «Ben, je sors d'un poste de police.» «Il faut que tu fasses une plainte.» «Es-tu fou, je vais me faire tuer d'icit un mois.» Tu fais une plainte à la Commission de police et si t'as le moindrement un casier judiciaire pour quoi que ce soit, n'importe quoi, ils vont t'débouter en cour, t'auras jamais raison (...) quand ils veulent pas te faire de marques mais te donner un bon mal à tête pour une semaine, ils te mettent un annuaire téléphonique ouvert sur la tête et ils te fessent à coup de matraque (...) t'as pas de bosses mais tu sors de là tu as la tête renfoncée dans les épaules, tu as les vertèbres toutes croches et tu as mal à la tête pour une semaine, c'est épouvantable, tu ne vois plus clair, tu entends plus. Moi, la dernière fois que ça m'est arrivé, j'ai pas entendu pendant au-dessus de 36 heures, j'entendais pu rien, j'avais de la difficulté à parler et je voyais pas clair. Je savais que ça donnait rien d'aller à l'hôpital, c'était pas la première fois que je me faisais faire ça et je le savais qu'à un moment donné ça s'en irait mais je commençais à avoir peur parce que ça faisait 36 heures. (Françoise)[*]

Françoise reconnaît qu'il existe des situations où la violence policière est une réponse à certaines provocations de sa part et trouve cela pour ainsi dire naturel: «Tu les baves, tu les pousses au bout, ben ils te câlissent une couple de claques, «you asked for it».» Cependant, du même souffle ou presque, elle déplore cette même violence en d'autres occasions où la provocation est absente. Pour nous, il n'existe pas de situation où cette violence est excusable. Le travail policier n'est pas toujours facile mais de tels excès relèvent d'une autre époque. Laisser la porte ouverte en certains cas ne permet pas une défense contre les abus flagrants.

Géraldine, comme Françoise, attribue un certain harcèlement, comme une certaine violence, au fait que les policiers lors de l'arrestation veulent savoir s'il sera possible de fermer quelques dossiers qui sont encore en suspens:

> Avant qu'ils m'arrêtent, ils ont peut-être rentré sept jours en ligne chez nous, ils m'ont arrêtée sept jours en ligne pour rien, juste au cas (...) c'est l'harcèlement que tu as avant parce qu'à un moment donné, ils t'ont sur la «black list» et là, ils veulent te pogner. Là, t'en arraches. Quand ils te pognent t'en arraches encore parce qu'ils veulent savoir, ils veulent t'en mettre; ce que t'as pas fait, ils veulent te le mettre parce qu'ils ont pas trouvé d'autre monde — fait que là, tu t'astines avec eux-autres, tu manges une bonne claque, ça dépend où t'es rendue comme tel (...) ça a été «rough»; j'ai passé un six heures dans un bureau où ça a été dur (...) une couple de claques c'est officiel, ça marche de même. (Géraldine)

Dans le cas de Jocelyne, on aurait aimé connaître le nom de la personne pour qui elle ramenait une valise. Elle ne voulait pas incriminer l'homme qu'elle aimait.

Les femmes sont donc battues parce qu'elles auraient pu provoquer par leur attitude, mais il arrive aussi que ce sont les

---

[*] Nous rappelons au lecteur ou à la lectrice que dans le but de préserver l'anonymat des personnes interviewées, un nom fictif a été donné à chaque femme. De plus, afin de ne pas singulariser les femmes anglophones, toutes les citations anglaises ont été traduites.

policiers qui poussent l'interrogatoire jusque là parce que l'information escomptée ne sort pas. Il reste que, dans certains cas, tel celui de Carole, le pas n'est pas franchi: «Ils [les policiers] ont voulu peut-être me faire des petites menaces. Mais ils ont vu que j'étais capable de répondre.» Le type de délit et l'implication dans le milieu ne sont pas assez importants pour pousser plus avant un interrogatoire serré.

Le **harcèlement policier** est une autre facette avec laquelle doivent vivre les femmes justiciables fichées par la police, surtout si cette dernière ne réussit pas à les mettre sous verrous ou pour une période assez longue à leur goût.

Béatrice, Diana, Françoise, Géraldine et Pauline ont relaté de nombreux incidents de harcèlement. Elles ont dû subir des fouilles à domicile, des arrestations sur la rue ou dans des endroits publics pour vérification sans ou avec séjour de quelques heures à quelques jours au poste de police.

Françoise et Pauline ont souvent téléphoné à leur avocat respectif, du poste de police, pour qu'il se rende au poste. Finalement, c'était juste pour se faire dire qu'on ne retenait pas d'accusation contre elles, qu'elles étaient libres. D'un autre côté, la facture de l'avocat parvient aux femmes régulièrement. Voici un exemple du type de harcèlement qu'a connu Pauline:

> Avant (...) j'tais même pas capable de faire un coin de rue, y m'arrêtaient tout le temps, tout le temps, tout le temps — vérification. Ah, j'tais tannée, des fois, j'tais pressée, des stupidités, tes mains sur le char, devant tout le monde (...) À Tanguay, j'ai eu une liberté illégale et quand chu sortie de Kingston ben j'ai été arrêtée six fois après pour c'te liberté-là et j'avais fini temps plein (...) mon avocat les avertissait mais ça sortait tout le temps sur la machine (...) j'passais la journée là, j'allais coucher à Bonsecours, j'passais à cour le lend'main, j'faisais v'nir mon avocat, payer l'avocat, y me libéraient le lend'main mais j'faisais un 48 heures là pareil. (Pauline)

Andrée considère que son ignorance des procédures à suivre lors de l'arrestation et la confiance qu'elle a démontrée envers les représentants de l'ordre l'ont desservie. Les policiers ne l'ont pas renseignée ni protégée, estime-t-elle, mais ont plutôt nui à sa cause quoique pour eux, ils ont pu fermer leur dossier: «affaire classée».

Premièrement, les policiers sont venus m'arrêter chez-moi et ils n'avaient aucun mandat. Ils sont venus témoigner qu'ils avaient un mandat (...) si j'avais eu le moindrement d'expérience avec la justice (...) je ne répondais pas aux policiers, je demandais un avocat, je demandais un bon avocat (...) on m'a fait sortir de chez-moi sous un prétexte de me poser diverses questions et je suis retournée chez-moi trois ans après (...) ils [les policiers] prennent du monde qui n'ont aucune expérience et ils s'amusent avec ça (...) moi, je l'ai vécu cette expérience-là et dans ma détention, pendant les années de ma détention, il y en a plusieurs qui ont vécu ça aussi. (Andrée)

Cette naïveté des personnes non-initiées face aux policiers ressort souvent lors d'entretiens avec des justiciables (Landreville et al., 1985). Il semblerait que la personne arrêtée pour interrogatoire — surtout une néophyte — oublie qu'à partir de ce moment-là, elle ne peut entretenir la même relation que lorsqu'elle est victime d'un incident. Dans le dernier cas, une relation d'aide est en cause et le pouvoir aux mains du policier n'est jamais contesté. La situation est tout autre lorsqu'une accusation est la raison du contact. Le pouvoir est du côté du policier et son but est de pouvoir clore son dossier: «affaire classée», c'est-à-dire après avoir identifié un ou une coupable afin que la «couronne» puisse poursuivre la personne inculpée en cour.

En d'autres occasions, les policiers peuvent être très paternalistes. Carole, mère de deux adolescents, la trentaine bien avancée, se fait dire qu'elle est «une petite fille correcte» lorsqu'elle se rapporte au poste de police. D'autre part, leur côté machiste ressort occasionnellement. Géraldine parle de «cruisage» et de «niaisage» pendant deux heures juste pour prendre ses empreintes et sa photo alors qu'elle devait se rapporter hebdomadairement au poste de police.

La provocation verbale de la part des agents de l'ordre est présente alors qu'Hélène se rapporte au poste de police à sa sortie d'incarcération. Elle se fait dire qu'elle a encore des causes pendantes. Protestant que tout a été réglé on lui répond: «On veut rien savoir, c't'une menteuse.» De son avocat qui clarifie la situation, il est dit: «C't'un hostie de menteur comme elle.»

Il arrive aussi qu'insatisfaits du travail d'un procureur dans une affaire, les policiers «s'arrangent» pour que justice soit rendue. Laurence, suite à de très longues négociations, avait réussi à obtenir une sentence de travaux communautaires. Les policiers, dit-elle, insatisfaits de la chose, ont mis de l'avant d'autres accusations basées sur des preuves circonstancielles. Accusée d'un deuxième délit, pour un même genre d'affaire, le juge doit donner une sentence d'incarcération pour le premier délit. Dans cette première affaire, elle avait enregistré un plaidoyer de culpabilité. En se basant sur des preuves circonstancielles, un jugement est rendu dans la deuxième cause. Laurence est trouvée coupable et la sentence donnée est consécutive à la première. Cette femme trouve la deuxième sentence difficile à accepter car elle nie toujours toute culpabilité face à ce délit. Ici, pas de violence physique mais les policiers se seraient «arrangés» pour que l'accusée reçoive ce qu'ils perçoivent comme étant «juste».

Plus tôt, nous disions que les policiers ne sont pas tous brutaux et même Françoise, qui a pourtant connu des histoires pénibles avec les policiers, en a rencontré quelques-uns qui lui ont apporté aide et secours.

> Les policiers, y en a des fois qui sont au courant que t'as un enfant pour une raison ou pour une autre là — soit que ton avocat s'est servi de ça pour plaider en cour ou quoi que ce soit — et si c'est des policiers qui sont forts sur le harcèlement, qui sont chiens le moindrement, ils vont invoquer ça contre toi. «Quel genre de mère que ta fille a!» Par contre, quand qu'il y en a qui sont le «fun», des policiers sont le «fun» alors, «Comment est-ce qu'elle va ta fille? Est-ce qu'elle va bien? Tu t'entends bien avec elle?» et ils te parlent de leurs enfants et c'est un échange parent-parent. Mais si y en a qui sont chiens le moindrement «Ben, tu parles d'une mère, une mère qui fait des clients, qui... «j'me suis déjà fait dire moé: «Que c'est que ta fille a dirait si elle savait que tu t'écartes les jambes pour 60 $?» (...) Il y en a toujours une couple que tu aimes beaucoup et qui t'aiment beaucoup aussi; moi, j'ai été chanceuse dans ça, j'en ai rencontré plusieurs, six ou sept qui m'aiment beaucoup et qui m'ont référée à des travailleurs sociaux, même si ils n'étaient pas obligés de le faire vu que j'étais majeure maintenant et que je ne dépendais pas de la protection de la jeunesse, qui m'ont aidée à trouver des abris

quand j'en avais de besoin, qui m'ont même été me reconduire là, ils m'ont fait attendre jusqu'à ce qu'ils aient fini de
travailler et ils ont pris leur voiture pour venir me reconduire
(...) moi en [ne] faisant plus de coup et en étant tranquille, je
les vois presque plus et c'est comique à dire, mais je m'ennuie
d'eux-autres; je sais qu'eux-autres, ils demandent de mes
nouvelles à mes «chums» qui sont encore dans le «milieu».
(Françoise)

Kathleen n'a que de bons souvenirs de la police. Au moment de la mise en accusation, la victime de Kathleen est un
peu vindicative et veut qu'elle passe le week-end en prison.
La police a dit à cette personne que si elle ne laissait pas
l'accusée en paix, on procéderait à son arrestation. De plus,
lors du prononcé de la sentence, qui eut lieu le matin vers 11
heures, elle dit «au revoir» à sa famille; en fin de journée, sa
famille téléphone à l'établissement de détention pour savoir si
Kathleen était arrivée et si tout allait bien. On répond qu'elle
n'est pas encore là. La famille, en panique, communique avec
la police à qui on explique le cas. Le policier a alors pris sur
lui de vérifier quelle est la situation. Il téléphone à Tanguay aux
demi-heures, entre 17 h 30 et 19 h 30, moment de son arrivée,
et rappelle la famille pour les avertir. De plus, le rapport de
police qu'il a fourni était très positif pour l'accusée.

Conclusion

Afin de respecter une partie de leur mandat, soit la répres-
sion de la criminalité, les policiers adoptent divers types de
comportement dans leurs échanges avec les justiciables. Ces
procédés peuvent ou non impliquer une violence physique. Il
ressortirait des entretiens avec les femmes justiciables que,
suite à certaines provocations verbales, il arrive que la réponse
policière soit brutale. Cependant, la provocation n'est pas
toujours le motif principal d'un éclat de violence. Selon certaines des femmes, des policiers sont reconnus comme ayant
la main facile tandis que d'autres ne pratiqueront pas ce genre
de comportement. La personne derrière l'uniforme semble ici
être un facteur clé dans l'explication de ce type de conduite,
mais il n'est pas le seul.

Un autre facteur pouvant motiver une conduite physiquement agressive de la part des policiers est le désir d'acquérir plus d'informations sur une affaire donnée ou bien de faire avouer d'autres délits que celui pour lequel la personne est questionnée. Il appert que la perception qu'ont les représentants de l'ordre du degré d'implication de l'accusée soit un élément déterminant. Selon nos données, ce motif est beaucoup plus discriminant que la nature du délit. Pour essayer de neutraliser cette violence policière, les femmes ont recours à leur avocat, mais celui-ci ne peut pas toujours être prévenu à temps pour empêcher qu'elle se produise. Nous examinerons plus avant cette question du rôle de l'avocat dans la prochaine section.

Étant donné que la brutalité, au moment de l'arrestation, est vue par plusieurs des femmes qui en ont discuté comme faisant naturellement partie de cette phase du processus, nous pouvons nous demander si la violence n'est pas plus présente que ce qui ressort des entretiens. Cette violence physique serait tue, simplement parce qu'on ne peut concevoir la chose sous un autre angle car elle est tellement omniprésente.

Le harcèlement, sous forme d'arrestation pour identification ou fouille de domicile, survient chez les personnes fichées, c'est-à-dire soupçonnées de délits et pour lesquelles on espère trouver quelque chose afin de les mettre au «frais» pour quelque temps. Ce type de harcèlement pose problème en tout temps mais encore plus lorsque ces personnes, ces femmes dans le cas qui nous occupe, essaient de sortir du «milieu». Les pressions et le harcèlement continus ne facilitent en rien les pas faits pour «changer de bord de clôture», reprenant ici une expression de Françoise.

Au moment d'un procès, avoir un avocat qui réussit à faire tomber les accusations ou qui arrive à négocier — aux dires des policiers — une trop petite sentence pour sa cliente, voilà qui peut porter préjudice à la femme accusée. En effet, les policiers pourront la harceler ou s'arranger pour que justice soit rendue d'une manière ou d'une autre. Le bon avocat — généralement payé très cher — est en même temps neutralisateur et producteur de coûts. En effet, sa présence peut empêcher l'expression de violence policière envers l'accusée et ses compétences peuvent conduire à une négociation de plaidoyer avantageuse pour sa cliente. Cependant, cette expertise est financièrement coûteuse. De plus, la police trouve-t-elle trop difficile d'atteindre sa cible parce qu'un avocat fait un «trop bon» travail de défense que l'accusée pourra se trouver victime de harcèlement policier.

Au regard des relations justiciables-policiers, rares sont les femmes qui avaient à en parler en termes élogieux. La structure des rapports de force en jeu explique sans doute la chose. S'il n'y avait eu que l'histoire de Kathleen, nous aurions peut-être pu conclure que ce procédé correct survient parce que cette femme fait partie d'un groupe social plus privilégié auquel le policier peut s'identifier. Quoique nous ne pouvons rejeter ce facteur, d'autres éléments ont pu jouer. Ainsi, l'accusée avait été harcelée par la victime et des policiers sont même intervenus. Ces facteurs comme le statut professionnel de la victime ont pu jouer en faveur de l'accusée. Il ne faut cependant pas négliger le simple hasard de «tomber» sur un policier prêt à aider. Françoise, qui a connu toutes sortes de déboires au contact de certains policiers, raconte avec force détails l'amabilité, la gentillesse et la serviabilité de quelques autres. Dans ce dernier cas, le casier pénal est connu des uns comme des autres. Il semble donc que l'individu derrière l'uniforme joue un rôle clé dans les échanges justiciables-policiers. Un plus grand nombre de cas aurait peut-être permis l'élaboration de certaines configurations; pour le moment, il nous faut en rester là.

L'avocat de la défense

[Considérant qu'aucune des interviewées n'a mentionné avoir été défendue par une avocate au moment du procès, et considérant qu'au moins sur l'aspect des liens affectifs, la dynamique dans la relation avocate-cliente ne serait pas nécessairement la même que celle décrite entre avocat-cliente, nous tenons à souligner que l'utilisation du terme masculin pour parler des avocats signifie vraiment que nous nous référons aux avocats de sexe masculin.]

Dans notre système juridique, l'avocat ou l'avocate de la défense doit, entre autres choses, défendre les intérêts de la personne accusée et s'assurer que toute question de droit sera respectée et que le procès sera juste. Cette question du *due process* est la plaque tournante de tout notre système de justice.

L'avocat ou l'avocate aurait un rôle de neutralisateur ou neutralisatrice de coûts pour la personne accusée, mais nous devons examiner les faits racontés par les justiciables pour déterminer si ces attentes sont justifiées et dans quelles conditions.

Pour les interviewées, dont Françoise, l'avocat est vu comme la «bouée de sauvetage», le «coussin entre toi et les policiers». La relation entre l'avocat et sa cliente peut se développer selon le modèle d'affaires, c'est-à-dire que les parties ne se rencontrent que lorsque la situation l'exige et seule la cause en cours fait l'objet de discussions. Il arrive aussi qu'entre l'avocat et sa cliente, des liens affectifs très forts se développent. Toute la gamme possible des échanges existe donc.

Lorsque l'avocat est le seul être qui rend visite à la détenue, tel le cas de Françoise, et même si elle le paye pour chaque déplacement, il est celui qui prend soin d'elle et «quitter le milieu ça signifierait quitter l'avocat aussi». Que voilà une relation ambiguë. En fait, l'avocat qui travaille en droit criminel est vu comme un personnage complexe:

> L'avocat y a un pied dans le poste de police et l'autre avec toi sur la rue ou dans le «milieu», y est un pont entre le «milieu» et les policiers (...) c'est peut-être dans le milieu judiciaire le seul lien que t'as qui est «straight» et qui l'est pas en même temps. C'est très ambigu un avocat. (Francoise)

Certaines des femmes interrogées voient aussi son rôle comme une garantie contre la brutalité policière. Dans certains cas, la femme n'attendra pas que les policiers lui permettent d'exercer son droit d'appeler l'avocat, elle s'organisera pour qu'en cas d'arrestation, l'avocat soit prévenu à l'avance:

> C'est toujours eux-autres [les avocats] qui me contactent avant parce que d'la minute que chu t'arrêtée, c'est, sont tout

de suite au courant (...) y savent tout le temps où ce que je suis – y peuvent me rejoindre tout le temps, avec la police t'es obligée de faire ça. C'est des cochons, j'leur donnerai pas le loisir de me bûcher dessus (...) j'leur laisse pas de chance. (Pauline)

Au moment d'une arrestation, Françoise aussi va essayer de prévenir son avocat, le plus rapidement possible, lui spécifiant au téléphone:

j'ai dit assez fort pour que il y ait des policiers qui m'entendent, j'suis rentrée ici et j'ai pas une «puck» et j'veux r'sortir pas une «puck». (Françoise)

Ainsi, à condition d'être avisé à temps, l'avocat peut empêcher une certaine violence physique envers les personnes mises en état d'arrestation.

Cependant, de façon plus générale, les femmes lui attribuent une autre fonction, soit d'assurer que le *due process* soit respecté. Simone pense que sans son avocat, elle aurait sans doute pris 20 ans parce que le juge était en conflit d'intérêt, étant chargé d'une cause où son ami était la victime. Andrée, nous l'avons déjà vu, sans expérience pratique du système de justice, a fait confiance aux policiers qui voulaient simplement lui poser des questions sur une certaine affaire. Elle les suit et ce n'est que plusieurs années plus tard qu'elle regagne son domicile. Aujourd'hui, elle sait qu'elle aurait dû exiger que son avocat soit là pour l'interrogatoire et que le choix de l'avocat est primordial.

Même si nous débordons de notre propos d'examiner la situation qui prévaut avant l'incarcération, il est un autre moment dans le cheminement que suivent les justiciables où la présence d'un avocat ou d'une avocate peut jouer un rôle pour empêcher le non-respect des procédures à suivre et c'est lors de l'audience pour une libération conditionnelle. Il est de notoriété publique, parmi les détenues, qu'un des dadas des commissaires consiste à revenir sur le délit pour lequel la personne a été condamnée alors que ce sont la conduite depuis l'incarcération et les projets de sortie qui devraient faire l'objet de l'évaluation. Laurence, craignant de revivre un deuxième procès a eu recours à l'aide d'une avocate:

Avoir confiance en son avocat semble être le noyau de
cette relation. Quelques femmes nous ont dit que leur avocat
doit tout savoir pour lui permettre de bien les défendre. Ainsi,
si policiers et procureur s'entendent pour mettre une ou des
accusations supplémentaires, l'avocat sait comment réagir et
sur quelle base négocier pour que sa cliente soit le mieux
servie. L'avocat de la défense en qui l'accusée a confiance
sécurise lors du passage en cour. La perspective de l'absence
de ce personnage, le matin d'une cause, fait dire à Françoise
que c'est «insécurisant que le matin d'une grosse cause l'avocat
soit pas là». Cette situation est plutôt rare car elle aurait changé
d'avocat, nous assure-t-elle.

L'avocat doit aussi donner «l'heure juste» comme dit Elisabeth. Le premier qu'elle a engagé, une connaissance, n'était
pas réaliste selon elle dans l'évaluation de la situation, soit la
peine qu'elle encourait. Elle était sûre qu'elle y «resterait» et
elle voulait savoir à peu près ce qui en était. Elle changea donc
d'avocat.

Cependant, même si les justiciables ont et veulent avoir
confiance en leur avocat ou avocate, il n'est pas assuré que le
dénouement, et cela même si les apparences de justice sont
respectées, aboutisse à leur avantage.

Hélène fait confiance à sa partenaire qui avait de l'expérience et lorsqu'elles sont arrêtées, elle prend l'avocat de cette
femme, avocat qui doit défendre les deux personnes. Ce n'est
qu'après avoir été sentencée à l'incarcération alors que l'autre
s'en «tire» sans faire de la prison malgré qu'elle soit titulaire
d'un dossier criminel, qu'elle se rend compte qu'il est possible
de se faire jouer par un avocat.

Nicole, sans connaissance du système de justice, ne sait pas
quoi dire ni quoi demander à son avocat. L'avocat ne lui
explique rien, ce sont les prévenues qui la mettent au courant,
entre autres, que son cautionnement a dû être refusé étant
donné qu'elle est toujours incarcérée. Situation étrange, ajou-

tent ces femmes, car sans dossier juvénile et sans dossier adulte, elle aurait dû être éligible pour un cautionnement. Qui plus est, alors qu'elle vient de plaider coupable, elle entend que c'est à trois chefs d'accusation et non à un seul qu'elle vient de passer aux aveux. Son avocat l'avise qu'il ne peut continuer de la défendre:

> Y était pu libre et ma cause était rendue trop haut pour lui, y voulait s'en sauver quoi, t'sais, y savait que j'étais pour pogner du temps. Y pouvait pas rien faire pour moé. C'était une passe vite. (Nicole)

Se croire la victime entre les mains de son avocat est un sentiment partagé par plusieurs justiciables, hommes et femmes. De plus, selon Hamelin et Landreville (à paraître, et Landreville et al. (1985), l'expérience démontre que ces personnes n'ont peut-être pas toujours tort d'être méfiantes envers ces professionnels.

Kathleen reçoit sa sentence d'incarcération et la victime demande que restitution soit faite. Son avocat commet une erreur et elle doit faire et l8 mois de détention et rembourser près de vingt mille dollars, le montant total de la fraude. De toute son histoire, cette double sentence lui fait le plus mal car «c'est un petit peu dur, c'est comme de payer deux fois pour la même chose». Cette femme qui avait décidé d'avoir recours à un avocat seulement parce que la victime demandait 36 mois, une trop longue peine d'incarcération pour le délit commis, a gagné ce pari mais avait oublié dans ses calculs qu'une erreur de celui-ci peut l'obliger à rembourser financièrement la victime. Par sa présence, l'homme de loi a neutralisé les demandes d'une longue peine d'incarcération; d'un autre côté, il est aussi producteur de coûts financiers énormes pour l'accusée.

Béatrice a toujours le même avocat et, d'après elle, il n'a pas réussi à clarifier les raisons exactes entourant sa dernière incarcération. Aussi, elle aurait fait 15 jours de prison de plus que nécessaire! Si des erreurs dans le calcul de la peine ne sont pas en cause, cet exemple démontre un manque flagrant de communication, soit entre l'avocat et sa cliente, soit entre l'administration pénitentiaire et la «gardée».

Andrée, nous l'avons vu, croit que sa situation aurait été meilleure si un avocat avait été présent dès le début des procédures mises en branle contre elle. D'un autre côté, celui qui la défendait avait adopté un système de défense et il refusait de discuter de tout ce qui ne cadrait pas avec celui-ci. L'accusée, même si elle est l'employeure, n'arrive pas toujours à pouvoir mettre de l'avant son point de vue auprès de son «employé». Les choses ne seraient pas différentes aux États-Unis. Ainsi, le film *Toquée* (*Nuts*) avec Barbra Streisand raconte l'histoire d'une femme qui lutte pour que son avocat accepte sa vision des choses quant à la meilleure façon de présenter sa défense lors de son procès.

Il nous faut maintenant examiner la question financière car pour plusieurs des femmes rencontrées, l'aspect monétaire ne peut être séparé de la défense, de l'avocat qu'on peut choisir.

L'avocat défendra bien l'accusée si cette personne a de l'argent, si elle peut ajouter des zéros au bout du chèque:

> Si tu as de l'argent pour payer ton avocat, ça fait toute la différence. Si tu ajoutes des zéros, l'avocat a beaucoup plus d'imagination que si t'as pas de zéros à ajouter (...) c'est vraiment mon opinion et je pense qu'avec l'expérience que j'ai vécue en détention, je pense que mon opinion est quand même, peut-être négative, mais quand même, elle est valable. (Andrée)

Hélène croit que la justice n'existe pas car l'avocat organise sa défense en fonction de l'argent dont l'accusée dispose:

> C'est la seule chose que les avocats vont t'demander: «As-tu d'l'argent?» et cela, même si t'es su l'aide juridique, faut que tu payes quand même. Ils vont t'envoyer l'aide juridique puis y vont toujours te demander: «Ben, tu peux-tu nous donner ci, peux-tu nous donner ça?» Si t'en as pas, ben y a pas de justice (...) si le procureur de la couronne est pas payé, si l'avocat est pas payé, si y ont pas parlé, fait des arrangements avec le procureur de la couronne pour dire telle et telle affaire, tu peux pas t'en sortir; j'en ai l'expérience, j'suis passée par là puis j'le savais...(Hélène)

Géraldine est certaine que les fonds avancés à son avocat ont permis qu'elle prenne un an au lieu de cinq, six.

Moé, ça m'a coûté, pas tellement, mais pas mal cher pour
pogner un an au lieu de cinq, six; ils partent avec ça mais sors
ta galette, paye ton avocat pour qu'il paye l'autre avocat de
la couronne et ça va ben aller mais si t'as pas d'argent ou à
moins que c'est une cause que trop de monde «spot» là, t'es
obligée à un moment donné d'en pogner du temps. (Géraldine)

Ainsi, pour plusieurs des femmes interrogées, la question
d'argent disponible est primordiale. Si l'on désire que l'avocat
sorte ses grandes envolées professionnelles sur l'innocence, la
justice ou tout simplement qu'il prenne le temps d'examiner
plus attentivement tous les angles sous lesquels le cas peut être
défendu, faisant en sorte que sa cliente soit acquittée ou
qu'elle prenne la plus petite peine possible, la femme doit
pouvoir payer, et en espèces sonnantes.

Pauline dit qu'elle a fait du temps parce qu'elle ne pouvait
débourser les sommes requises:

C'est tout le temps le monde qui sont haut placés qui s'en
sortent. Une personne à petit salaire ben toi, étouffe-toi, t'as
pas d'argent pour payer pour t'en sortir. Moi, je le sais, si
j'arais eu d'l'argent pour payer pour m'en sortir, j'en aurais
pas fait du temps mais parce que j'ai pas payé, j'en ai fait du
temps faque la justice qui marche avec de l'argent, y en a
pas...(Pauline)

Simone résume bien la pensée de plusieurs en disant:

J'me dis, en réalité, ils m'ont punie pas par rapport qu'il y
avait une justice, ils m'ont punie parce que j'avais pas l'argent
pour payer l'avocat, c'est la seule raison pourquoi qu'ils
m'ont punie, si j'avais eu d'l'argent pour payer l'avocat,
j'aurais jamais été en d'dans. (Simone)

Sans moyens financiers, les accusées sont défendues
«d'une manière tiède», pour reprendre une expression d'Andrée. En fait, il ressort du discours des femmes interviewées
que les avocats vont traiter plusieurs cas rapidement si une
personne ne peut fournir le salaire de l'avocat. C'est donc au
volume que fonctionneraient certains avocats. Dans ces circonstances, l'application régulière de la loi (i.e. le *due process*)
est respecté mais cela ne signifie pas que toutes les accusées
sont défendues de façon équivalente, que toute l'artillerie de

la défense est mise en branle. L'avoir financier de la cliente détermine donc l'intérêt que portera l'avocat à la cause en question et l'effort qu'il mettra pour défendre sa cliente. La gravité du délit n'est qu'un facteur parmi d'autres. C'est donc une justice différente pour les riches et les pauvres. Il serait intéressant d'analyser dans le discours des «criminalisées» les représentations sociales des différentes facettes de toute cette procédure pénale. L'expérience pratique de la chose pénale donne une matérialité à ce qui est habituellement envisagé d'une manière théorique. Malheureusement, nous sortirions un peu trop du cadre que nous nous sommes fixé.

Comme un bon avocat coûte cher, il est nécessaire de gagner beaucoup d'argent. Étant donné que ce n'est pas dans une manufacture à l60 $ par semaine que l'accusée peut amasser cette somme, elle doit retourner dans le «milieu» et elle ne fait qu'augmenter ses chances de se faire reprendre et d'avoir encore besoin des services de son avocat. C'est un «vrai cercle vicieux» dit Françoise. Ayant payé plus de 20 000 $ en frais d'avocat en quatre ans, elle sait de quoi il en retourne.

Cependant, payer son avocat ne résout pas tous les problèmes. En effet, il fut question d'un avocat dont la réputation est telle qu'il ne faut jamais le payer avant le procès, mais après être sortie ou, à tout le moins, après avoir reçu sa sentence. Également,

> souvent il [l'avocat] est pas un élément de dissuasion parce que c'est les criminels qui le font vivre faque souvent, tu vas prendre ben des avocats qui vont même te donner des trucs pour faire des choses sans te faire prendre parce que au fond, ils doivent avoir un petit espoir ben si elle se fait prendre ben c'est un 1 000 $ ou un 2 000 $ de plus dans mes poches. (Françoise)

Il fut dit d'un avocat qu'il s'occupait de fournir l'arme pour que la personne accusée, à sa sortie ou à sa libération, puisse «faire un coup pour le payer».

Résumé

L'homme de loi, ce «coussin» entre l'accusée et la machine pénale peut, dans le cas des «habituées» du système et si la cliente possède les ressources financières nécessaires, lui éviter de subir un interrogatoire trop brutal aux mains des policiers, mais seulement s'il est prévenu à temps. De plus, toujours appuyé par le portefeuille garni de l'accusée, il peut s'occuper que non seulement l'application régulière de la loi (le *due process*) soit suivie mais également faire en sorte que sa cliente écope de la plus petite sentence possible.

Ainsi, lors du passage de l'accusée dans le système de justice, l'avocat peut jouer un rôle d'agent neutralisateur de coûts — éviter une longue peine d'incarcération — et il peut aussi jouer un rôle d'agent producteur de coûts — par sa seule présence qui implique des déboursés importants pour sa cliente. En plus, certaines justiciables ont noté que la police réagit négativement au fait que l'avocat les sortira trop souvent de leurs griffes:

> À un moment donné, les policiers, ils viennent qu'ils savent qu'ils ne peuvent rien faire contre un avocat fait qu'ils reviennent sur toi et il y en a ben du monde qui pense que quand tu dis ça, tu exagères mais il y a tellement de harcèlement, il faudrait peut-être que les gens...; moi aussi, avant, je pensais que c'était pas vrai, tu manges pas de volée dans les postes de police, c'est pas vrai qu'il y a du harcèlement, c'est pas vrai qu'ils te punissent mais c'est vrai parce que je l'ai vécu et je le vis encore aujourd'hui. (Françoise)

Françoise, Laurence et Pauline ont décrit des événements autour de ce thème du harcèlement policier lorsque l'on s'aperçoit que l'accusée ne sera pas condamnée sur ou suite au dossier qui avait été préparé. Donc, un bon avocat peut amener la police à harceler plus souvent une justiciable et elle doit mettre en branle tout le processus de défense pour contrer ces essais qui ne sont pas toujours motivés par des faits.

Quant aux néophytes dans le système de justice, surtout si elles sont sans le sou et sans appui extérieur, la candeur avec laquelle elles font confiance aux professionnels de la chose pénale (policiers et avocats) les rend d'autant plus vulnérables à servir de troc pour les autres qui savent négocier leur cheminement et qui ont l'argent pour le faire.

Toutefois, l'argent n'est pas la solution qui permet de tout résoudre. Effectivement, une néophyte, même avec certains moyens financiers, ne connaît pas tous les rouages de la machine pénale et peut, en faisant aveuglément confiance à son avocat, se retrouver dans une position qui n'est pas à son avantage, parce que celui-ci a voulu jouer le tout pour le tout. Il adopte alors un système de défense très risqué pour sa cliente: s'il réussit, il se fait une réputation; s'il perd, les retombées sont peu importantes pour lui mais énormes pour elle.

Les non-initiées, comme les sans le sou, sont très vulnérables lors de leur passage dans le système pénal. Cette question de la vulnérabilité de certaines justiciables mérite donc que nous nous attardions plus avant sur cet aspect. C'est ce que nous ferons dans la prochaine section.

La vulnérabilité

Nous avons examiné les contacts policiers-justiciables et défenseurs-justiciables. Il en est ressorti que les femmes accusées réussissent souvent fort mal à se défendre tant lors de l'arrestation qu'au moment du procès. Il nous semblait pertinent, déjà à ce moment-ci, de pousser plus avant cette analyse de la vulnérabilité des femmes justiciables.

Un exemple de vulnérabilité serait d'avoir à plaider coupable alors qu'on se sait innocente; voilà une situation que nous aimerions croire absente du système de justice, mais sa présence est sans doute beaucoup plus fréquente que nous ne voudrions le croire.

Ainsi, Bernard Morrier du journal *Le Devoir* (10 juin 1986) citait un cas à la Cour des sessions de la paix où l'accusé avait enregistré un plaidoyer de culpabilité avec *explications*. Pour cette personne, l'amende prévue en cas d'un aveu de culpabilité impliquait des déboursés moindre que d'avoir à défendre son cas jusqu'au bout en voulant prouver son innocence. Le journaliste souligne que cette situation n'a pas un caractère exceptionnel.

Tous les jours devant les tribunaux, que ce soit à la Cour municipale ou à la Cour supérieure, en passant par la Cour des sessions de la paix, plusieurs accusés qui sont amenés pour des offenses mineures, notamment pour avoir omis de payer une contravention ou encore avoir enfreint certains règlements de la circulation, préfèrent, vu les pertes de temps – donc d'argent – enregistrer un plaidoyer de culpabilité souvent pour des accusations dont ils pourraient être facilement acquittés à l'issue d'un procès. Mais les lenteurs de la justice, non seulement sont-elles proverbiales, mais elles demeurent une réalité dont les pauvres justiciables doivent faire les frais sans à peu près n'avoir jamais raison. Parole de législateurs: la justice suit son cours et son processus est ainsi fait dans notre système...(*Le Devoir*, 10 juin 1986).

Suite à nos entretiens avec des femmes justiciables, nous pensons que l'erreur judiciaire tout comme l'enregistrement d'un plaidoyer de culpabilité alors qu'on se sait innocente représentent des facettes de notre système de justice même lorsqu'il s'agit de délits jugés plus sérieux que ceux décrits par Morrier. On aimerait croire que ce n'est que pour sauver du temps, donc de l'argent, comme disait le journaliste, que la personne accusée accepte de s'avouer coupable; mais la situation est plus complexe qu'il n'y paraît et non indépendante du statut précaire dans lequel sont placées les personnes accusées.

La vulnérabilité des personnes criminalisées est un fait, une donnée de base. Ces personnes se sentent et sont très vulnérables car leur crédibilité est faible pour ne pas dire inexistante de par l'existence du casier pénal. Il faut dire que la simple arrestation et la mise en accusation de la part des policiers suffit à jeter le discrédit sur une personne. Mais qu'en est-il de cette vulnérabilité chez les femmes que nous avons rencontrées au cours de cette recherche et comment peut-elle se manifester?

D'abord, deux femmes, Andrée et Louise, ont épilogué sur leur histoire. Toutes deux disent qu'elles ont subi une sentence d'incarcération sans avoir commis un délit.

Andrée raconte qu'elle est une victime du système judiciaire et elle impute à son manque d'expérience avec la justice une partie de ses problèmes:

Si j'avais eu le moindrement d'expérience avec la justice (...)
premièrement, je ne répondais pas aux policiers, je demandais un avocat, je demandais un bon avocat... (Andrée)

Également, elle croyait toujours que «la vérité» allait être
découverte. Elle n'a jamais accepté sa sentence. Aujourd'hui,

reprendre tout ça à zéro impliquerait revenir et tout ressortir
et ma famille, ils commencent à oublier, je me dis: «Ben, il
faut que je garde ça en moi» mais c'est difficile, très difficile.
(Andrée)

Selon Andrée, l'erreur judiciaire n'a pu être évitée. Elle
attribue ce résultat à son manque de connaissance du système
au moment de l'arrestation, au retard d'une personne au
moment du cautionnement qui fit que ce dernier n'a pu être
accordé avec l'impact non mesurable mais non négligeable au
temps du procès, ainsi qu'au mauvais choix d'un avocat. Voilà
les éléments qui ont pu jouer dans son cas. Pourtant, financièrement, la situation d'Andrée était excellente comparativement à d'autres mais non suffisante pour contrer certains
facteurs, telle sa non-connaissance des rouages de la «justice».

Louise a vécu une tout autre histoire. Elle devait témoigner
dans une cause pour la couronne. Son témoignage était important pour faire condamner la personne accusée dans cette
cause. Elle raconte que, suite à des menaces de la part d'une
certaine personne, elle a dû changer sa déposition. Pour arriver
à exonérer l'accusée, elle a dû assumer la responsabilité du
délit. La sentence de prison qui l'attendait lui semblait plus
facile à encaisser que les menaces qui planaient sur elle et son
enfant. Sans moyens financiers réels, ne faisant pas partie des
nantis, elle ne trouvait pas le support nécessaire pour lutter et
passer à travers cette épreuve. Son séjour en milieu carcéral
lui valut plus de tracasseries qu'elle en escomptait car son
ex-mari entreprit des démarches pour reprendre leur fils.
Confrontée à l'idée de perdre son enfant, «le seul bien» qu'il
lui restait, elle décida de lutter de toutes ses forces pour le
garder. Finalement, le père abandonna les procédures et lui
laissa la garde de l'enfant.

Au moment de l'arrestation, Jocelyne refusa de donner des
informations sur l'homme qu'elle aimait. Avoir «coopéré» avec

la police aurait peut-être aidé à amoindrir la longueur de la sentence mais

> j'disais c'pas possible qui m'aille fait ça, pourtant y m'aimait, pourquoi qui m'a envoyée à c'te voyage-là et tout ça; faque là, y m'ont emmenée au poste de police et rendue au poste de police y asseyaient, là y m'ont maltraitée les chiens, y m'ont sacré des coups de dictionnaire dans face et des coups de bâton su les jambes et là, un m'ment donné y voulaient absolument savoir c'tait pour qui la drogue et moi j'l'aimais tellement c'te bonhomme là que j'disais non, non faut pas que j'dise c'est qui (...) c'est parce que j'veux pas le mettre coupable lui non plus (...) dans le fond, j'aurais dû, j'aurais dû le nommer le gars parce que j'me suis t'apercu qu'en d'dans, j'le détestais. (Jocelyne)

Dans une affaire de drogue, la police joue «dur» et la famille de Jocelyne, très à l'aise financièrement, ne semble pas être intervenue pour aider à parer les coups. D'ailleurs, les parents ont coupé les relations avec leur fille lorsqu'elle a raconté, poussée par leurs questions, que depuis son incarcération, elle avait des relations sexuelles avec des femmes.

Donc, sans réel soutien familial, refusant de dire le nom de l'homme qu'elle aimait, elle prit une longue peine d'incarcération.

Quant à Laurence, on lui fait comprendre qu'il serait avantageux pour elle de minimiser au maximum le nombre de personnes à impliquer dans son affaire:

> C'qu'on faisait, c'est d'essayer de reporter toutes les «charges» sur une seule personne (...) j'ai payé pour ben du monde moi là, j'travaillais pour du monde et c'monde-là, eux-autres, y ont pas été en d'dans. C'est moi qui ai mangé le coup (...) y me disaient, tu plaides coupable, tu prends les «charges» et on s'arrange pour que t'aille des travaux communautaires...(Laurence)

Les problèmes pour Laurence ont commencé à surgir suite aux nombreuses remises accordées pour la cause et aux longues négociations hors cour. Laurence plaide coupable. La police est fort insatisfaite du déroulement de l'affaire:

> J'tais sûre que j'allais avoir des travaux communautaires, les
> policiers quand qui ont vu ça, ça faisait pas leur affaire que
> j'm'en tire avec les règlements hors cour, ils m'ont mis
> d'autres «charges» et c'est là qui m'ont pris, y m'ont mise en
> d'dans parce que là, j'avais des «charges» supplémentaires
> (...) y ont dit: «des preuves circonstancielles» (...) j'ai fait d'la
> détention pour un délit juste parce que j'avais plaidé coupa-
> ble déjà... (Laurence)

Ayant accepté de plaider coupable, **elle** est maintenant
vulnérable à toute autre accusation pour tout délit s'étant passé
dans les mêmes conditions que celui pour lequel elle a reconnu
sa culpabilité. Une fois identifiée par les corps policiers comme
étant susceptible de commettre un certain genre d'infraction,
la personne devient très vulnérable au harcèlement, entre
autres choses, et elle ne sait jamais si elle réussira à faire
ressortir la vérité. Cette situation, Françoise aussi l'a déjà
vécue:

> Quand t'es dans un poste de police pour quelque chose que
> t'as pas fait, c'est paniquant parce que tu sais que t'as un
> dossier pour ça, tu sais pas que c'est qui va t'arriver, tu sais
> pas si tu vas sortir de d'là avec des «pucks» ou pas... (Fran-
> çoise)

Qui plus est, lorsque Françoise, qui avait déjà un casier
judiciaire, subit une agression sexuelle, elle se retrouve au ban
des accusés lors de son passage en cour. Non seulement
n'avait-elle aucune crédibilité mais, en plus, on attaque sa vie
personnelle:

> En cour, tu as un casier judiciaire, il y a rien là. Le gars a essayé
> de te tuer. C'était à toi de ne pas être là à ce moment-là (...)
> et parce que t'as un casier judiciaire qui comprend des
> assauts dont deux sur des policiers, ben «Écoute, comment
> ça se fait que tu t'es pas défendue?» (...) parce que t'as un
> casier judiciaire, c'est toi qui est accusée en cour: «Qu'est-ce
> que tu faisais là?» «Portais-tu des petites culottes?» «Quelle
> grandeur de soutien-gorge tu portes?» (...) Le procureur de la
> couronne et le sergent-détective ont beau faire objection de
> toutes manières et de tous côtés...(Françoise)

Une victime d'un acte illégal qui serait aussi titulaire d'un
casier criminel n'a aucune crédibilité chez la majorité des

policiers et à l'intérieur de nos cours de justice. Françoise présente cette situation d'une manière très imagée mais qui résume toute la dynamique présente:

La police fonctionne à partir de ses fichiers et lorsqu'elle examine une plainte, elle a recours systématiquement à ces derniers pour établir la liste des suspects, amenant au poste pour interrogatoire ceux qui seront sur son chemin.

Le premier contact avec le système pénal survient tard dans la vie d'Hélène, et comme pour Andrée, l'inexpérience face au système de justice joue un certain rôle, mais dans des circonstances fort différentes:

Moi, comme j'tais débutante, j'tais pas habituée, c'était toujours moi qui pognaient. L'avocat, c'tait son avocat à elle [la femme qui lui a montré à travailler] faque c'était toujours moi qui pognait le plus gros (...) j'y disais: «Pourquoi, elle a paye pas?» (...) Y avait toujours une romance à me conter (...) j'tais mieux d'prendre la «charge» et comme j'avais pas de dossier et elle a n'avait, faque ce que c'est qui est arrivé, c'est moi qui me suis ramassée en d'dans...(Hélène)

Finalement, elle se décide à consulter un autre avocat pour découvrir «que même avec les avocats, tu te fais arranger des fois». Malade, sans travail, ayant des moyens financiers réduits, Hélène fait partie de la nouvelle majorité des pauvres, soit les femmes seules et âgées et les femmes chefs de famille monoparentale. La moitié des femmes de 55 à 65 ans vivent sous le seuil de la pauvreté (McKenzie: 1986). En plus, son inexpérience ne lui permet pas de penser que son avocat peut être un élément producteur de coûts au lieu de l'aider à neutraliser les effets d'un passage dans le système de justice.

Après avoir reconnu sa culpabilité, Kathleen espérait régler l'incident pour lequel on la poursuivait sans avoir recours aux «bons» soins d'un avocat. Cependant, elle change d'idée lorsqu'elle s'aperçoit que la victime demande une peine d'incarcération disproportionnée au délit reproché. Son avocat réussit à ce que la peine d'incarcération soit moindre que ce que la victime souhaitait. Malheureusement, la victime demande aussi que restitution soit faite et suite à une erreur de la part de l'avocat, cela est accordé. C'est ainsi que Kathleen doit rembourser le montant intégral de la fraude commise et cela même si elle a déjà purgé une sentence d'incarcération pour ce délit.

Nicole, comme Andrée, ne connaissait pas les rouages de la justice et, en plus, elle n'a aucun moyen financier, ni aucune famille ou connaissance qui puissent l'aider à passer à travers cette crise.

> La première fois que j'ai passé à cour, j'ai ... le cœur m'a débattu, j'avais vraiment peur et là, j'me demandais ce qui se passait. Je regardais tout le monde puis je me demandais qui c'était ce monde-là, j'parle du monde du côté des hommes de loi, du côté de la justice en question puis là y papotaient, y disaient toutes sortes d'affaires, j'comprenais rien, puis j'me demandais qu'est-ce qui m'arriverait (...) et j'avais vraiment peur (...) une libération sous cautionnement, y m'a été refusée. L'avocat y vient me voir et là j'commençais à papoter avec les filles en bas, là j'en ai appris des bonnes faque là quand mon avocat 'tait venu me voir, avant que j'passe à cour, j'ai dit: «Comment ça, mon cautionnement a été refusé hier?» Y dit: «Quoi, y m'dit, quoi, tu l'savais pas?» Moé, j'ai absolument rien compris d'la papoterie qui s'disait à cour (...) c'était grave, j'tais pas au courant des lois, c'est ça, j'connaissais rien faque j'osais pas poser d'questions, j'avais trop peur. (Nicole)

Non initiée aux procédures, non au fait des tactiques de la négociation de plaidoyer, personne ne la guidant, pas même son avocat, elle écope de trois ans. Reprenant les paroles du juge, elle raconte:

> Ça, c'est une sentence exemplaire qu'on vous donne la p'tite jeune. Y dit, vous avez fait votre vol à main armée dans une banque, une grande banque, tout seul, et y dit en plus de ça, vous étiez «straight» (...) vous avez eu le «guts» de faire ça, vous êtes petite (...) aussi petite que vous soyez, c'est votre premier délit, en tout cas, du côté majeur, du côté justice, palais de justice, on est obligé de vous donner trois ans et oubliez-les jamais, t'sais c't'une sentence exemplaire. (Nicole)

Aucun dossier antérieur, ni juvénile, ni du côté des adultes et parce que c'est une toute petite jeune femme qui, sans avoir pris de drogue, ose briser les stéréotypes de la petite femme fragile, le couperet tombe, sentence exemplaire. Nicole n'avait personne qui pouvait l'aider à présenter une image positive d'elle-même. De plus, selon Hamelin et Landreville (à paraître) et Landreville et al. (1985), il n'est pas impossible de penser que cette jeune femme, inexpérimentée au regard des procédures et sans moyens financiers, ait servi d' «objet» de négociation entre avocat et procureur de la couronne.

Simone a dû prendre le coup pour sa sœur même si l'une et l'autre étaient innocentes – en tout cas pour cet incident-là.

> La police s'en va chez [mon partner] et y font un raid dans la maison, ma sœur est là. Y embarquent ma sœur. Eux-autres, y ont besoin d'une femme, y a une femme dans la gang, ma sœur est là, y d'mandent pas mieux eux-autres que ça soye n'importe qui, y ont besoin d'une femme, y n'ont une (...) y n'ont une femme pour fermer le dossier. (Simone)

Simone signe un aveu de culpabilité car sa sœur n'a pas de défense et sa présence ne peut facilement s'expliquer. Simone a déjà fait du temps mais pas sa sœur; elle juge qu'elle a moins à perdre que sa sœur qui ne possède pas de dossier criminel. La crédibilité et les moyens financiers manquent à ces femmes, ne leur permettant pas de se défendre comme elles l'auraient souhaité.

Simone avait une petite fille. Un jour, une plainte est déposée au bien-être et sa fille est placée en adoption.

> Ça avait tombé dans les mains du bien-être social et si tu recules de v'là dix ans, bien-être social avec les femmes aux femmes avec un dossier du pen, y avait pas grand chance. Faque, j'ai toute perdu les droits. (Simone)

Béatrice aussi a perdu sa fille au moment d'une incarcération. Elle a signé des papiers d'adoption sans vraiment savoir ce qu'elle signait.

Toutes les justiciables sont vulnérables au moment du passage dans le système de justice et surtout celles qui ne savent pas comment avancer dans les nombreux dédales de l'organisation du pouvoir judiciaire. Cette situation survient aussi parce que, souvent, elles font partie de la classe des sans pouvoir. Elles ne savent et ne peuvent mettre en branle l'attirail nécessaire pour présenter une meilleure, une autre facette d'elles-mêmes. Les répercussions de ce passage dans le pénal vont continuer à se faire sentir même à l'extérieur du système, alors que les femmes peuvent avoir des démêlés avec d'autres agences de contrôle social. Peut-être que les hommes sont aussi vulnérables sous certains aspects, soit par exemple, en rapport au manque de connaissance du système, mais l'impact dans la vie de ces femmes prend une tournure particulière du fait qu'elles sont femmes et souvent mères. Ce statut de femme, femme-mère et même femme-mère-chef de famille monoparentale vivant souvent sous la dépendance de l'État plutôt que sous celle d'un mari, en fait des citoyennes très sujettes à des pressions de toutes sortes avec un minimum de moyens pour se défendre.

Chapitre VI

La vie en prison

Que la femme justiciable soit une novice de la chose pénale ou non, qu'elle ait pu mettre de l'avant ou non les ressources financières nécessaires pour qu'un avocat la défende le mieux possible, qu'elle soit entourée de sa famille ou non, il est un moment où la femme est seule et cela ne peut être évité. Ainsi, en cas de verdict de culpabilité, suivra le prononcé de la sentence. Indépendamment de l'aide ou du support reçu, si une peine d'incarcération est donnée, la femme prend seule le chemin de la prison. De plus, lorsqu'une sentence d'emprisonnement est donnée, même un an, surtout la première fois, c'est en même temps la fin de l'espoir d'un acquittement et, en même temps, le début de la marche vers la sortie. Ainsi, dit Géraldine,

> c'est impressionnant quand ils te câlissent un an ou deux. Veux, veux pas, ça te fait un «feeling» en d'dans. Tu dis: «Ouais, c'est faite.» Tout le temps, tu dis: «Bon, je vais peut-être m'en «clairer» mais là, quand il dit: «C'est à matin», ben là, tu t'en retournes (Géraldine).

Elisabeth, qui a passé plus de quatre mois comme prévenue, considère que cette période est plus difficile à traverser que la détention proprement dite à cause du manque d'activités dans ce secteur et surtout parce que ce temps est neutre; il représente le vide entre l'avant et la vie en prison. Ce moment, entre la vie à l'extérieur et la vie carcérale comme telle, lui a permis de se faire à l'idée qu'elle y «resterait». Cependant, dès le prononcé de la sentence, je n'étais plus au neutre, là je bougeais, j'allais de l'avant, tu comprends, là ça commençait à compter et j'étais plus proche de la porte de sortie. (Elisabeth)

Mais vivre en prison, qu'est-ce que cela veut dire? Il y a d'abord la cérémonie d'entrée et les fouilles, puis certains autres événements internes dont les répercussions ont un impact sur l'externe, les coûts financiers et surtout, pour celles qui sont mères, la question des enfants. Voilà les points dont il sera question dans ce chapitre.

Rite d'entrée, fouilles à nu et fouilles vaginales-rectales

Il en est de certaines pratiques du milieu pénitentiaire comme des mauvaises herbes dans un jardin. Il n'y a pas moyen de s'en défaire, elles sont structurellement liées à l'objet initial.

Les procédures suivies lors de l'arrivée en détention s'apparentent à un rite d'entrée, mais sous des aspects très négatifs. En fait, cette initiation au milieu pénitentiaire tient beaucoup plus du rituel de mortification qu'autre chose. Plusieurs des femmes interviewées ont été marquées par ce premier pas dans la structure carcérale ainsi que par une autre pratique des établissements de détention, soit les fouilles à nu et les fouilles vaginales et rectales. Le Protecteur du citoyen notait, dans son rapport de 1985, que

> la fouille à nu, qu'elle s'avère justifiée ou non, qu'elle conduise ou non à la confirmation des appréhensions des autorités policières ou carcérales, est toujours humiliante pour celui qui la subit. (p. 204)

Les femmes justiciables qui ont subi ces pratiques pensent de la même façon. En effet, le leitmotiv qui revient pour qualifier tant ce rite d'entrée, qui consiste entre autre à se déshabiller devant des étrangers, que la fouille, c'est l'humiliation ressentie:

> Là, un moment donné, ben la surveillante a dit bon là, passe à douche (...) j't'allée m'laver, mais y fallait s'déshabiller

devant eux-autres. Ça, ça m'a écœurée pas possible (...) le fait d'être obligée de s'déshabiller devant une surveillante, surtout tu connais pas cette personne-là (...) c'est presque une humiliation, un manque de respect envers la personne, la détenue. (Nicole)

Laurence faisait face à l'inconnu et se sentait traquée comme un animal qu'on poursuit:

Tu rentres à Tanguay, tu sais pas, réellement pas à quoi t'attendre derrière. On te met dans une petite pièce, on t'observe, bon c'est sûr au travers du contrôle, c'est tout vitré, on t'observe durant un bon bout de temps parce que ça prend du temps avant de pouvoir passer aux douches et ces choses-là, passer à la fouille, l'identification (...) tu te sens un peu épiée comme une bête sauvage (...) j'me sentais épiée, j'avais l'impression que j'avais réellement faite quelque chose de grave là parce que j'étais considérée comme, j'avais jamais senti ça tant de mépris, tant de répugnance envers moi tsé, à quel point qu'on pouvait avoir peur de moi face à mon comportement. (Laurence)

Ce rituel de se déshabiller devant témoins et de passer aux douches, rituel qui survient entre autres au moment de l'entrée en prison, témoigne aux yeux des justiciables de cette perte de statut qu'elles vivent depuis leur arrestation, qui prenait forme au moment du procès et qui peut, depuis le prononcé de la sentence, légalement et formellement se concrétiser. Tel que le décrivait Garfinkel (1956), lorsqu'une cérémonie de dégradation a lieu, on procède à une dénonciation publique dans le but de désinvestir un individu. Le dénonciateur et les témoins doivent se désolidariser comme groupe en poussant et marquant la séparation par un rituel approprié. Dans le cas qui nous préoccupe, l'arrestation, le procès et la privation de liberté que subissent les femmes justiciables les marquent de façon spéciale et, pour que cette perte de statut s'actualise, un dernier rituel s'impose. Elles seront «menottées», elles auront à se déshabiller devant témoins, elles auront à utiliser des produits désinfectants pour se laver, elles seront fouillées à nu. L'humiliation ressentie à ce moment-là est conforme au message signifié.

Les femmes qui ont longuement élaboré sur la question étaient surtout des néophytes dans le système de justice et quelques années plus tard, le détail de cette cérémonie était encore vivant et douloureux.

Ce rite d'entrée, cette cérémonie humiliante va se répéter à nouveau si la personne détenue bénéficie d'une absence de l'institution. Les femmes ont ainsi raconté qu'en libération de jour pour un emploi, à chaque soir, au retour du travail, elles devaient à nouveau s'y soumettre.

> [En rentrant de travailler], là, il faut passer par une douche, il faut se déshabiller devant quelqu'un, tu prends ta douche, là, ton moral, tsé tu fais quelque chose de positif et puis là, je suis traitée comme rien, c'est vraiment humiliant ça (...) mais quelque chose qui doit être encore plus humiliant c'est de te faire passer un vaginal et un rectal en revenant d'un travail. (Elisabeth)

D'ailleurs, en fin d'entrevue, Elisabeth ajoute qu'un soir, en rentrant du boulot, on avait demandé qu'elle passe un vaginal-rectal. L'infirmière la connaissait, savait qu'elle n'était pas une consommatrice et avait fermé le rideau sans effectuer cet examen.

Andrée aussi trouvait très difficile cette pratique qui veut qu'après la journée de travail, elle devait attendre pour passer aux douches et se faire fouiller. Les femmes trouvent cela très démotivant et pour elles, le but poursuivi par l'administration n'est pas d'empêcher l'entrée de drogues ou quelque autre objet interdit, mais tout simplement «vouloir diminuer l'individu... te rappeler que ici, t'es détenue» (Laurence). Cette fouille,

> c'était juste pour écœurer parce que en réalité le vaginal-rectal c'est une grosse farce, la fille peut n'avoir et l'infirmière qui le fait, c'est juste pour dire qu'elle rentre son doigt et même encore si elle le rentre, des fois c'est assez loin qu'elle peut même pas y toucher faque c'est tout simplement pour humilier l'individu. (Laurence)

Avant de s'absenter de l'institution pour un congé temporaire ou une libération de jour, la personne détenue doit s'engager par écrit à accepter, au retour, une fouille vaginale-rectale ou passer 72 heures de réclusion. Hélène dit:

> Faut que tu signes avant d'sortir, t'as pas le choix, sans ça, tu sors pas faque tu signes ton papier, tu veux sortir. (Hélène)

Cependant, si la détenue rentre et que l'infirmière est partie, elle fera 72 heures de «trou», ajoute Hélène, même si elle ne présente aucun problème. Il semblerait que cette règle peut être contournée car Laurence, comme plusieurs autres détenues, ne voulait pas se faire jouer dans les tripes:

> Une fois, on a dit, ben moi étant donné que j'tais pas une consommatrice, j'ai pas eu de problème mais y reste quand même que la plupart avait des vaginals-rectals ou ben y fallait que tu ailles au trou trois jours (...) une fois, on a voulu, j'ai dit: «y n'ai pas question», j'ai dit: «vous commencerez pas», j'ai dit: «vous le savez que je consomme pas.» «Ah! tu peux en rentrer pour d'autres», mais c'était juste pour écœurer. (Laurence)

Quoique cette mesure s'adresse surtout aux consommatrices de drogues, rares sont les femmes qui semblent y échapper. Cette procédure est aussi ressentie comme une humiliation de plus et non comme une méthode pouvant être efficace dans la lutte pour contrer l'entrée de drogues dans l'institution. D'ailleurs, sur ce dernier point, les détenues ont souvent mentionné que ce sont des membres du personnel qui rentrent le «stock» et qui sont leurs fournisseurs alors que ce n'est qu'occasionnellement que l'avocat ou une détenue sont cités.

Dans son rapport intitulé: *Enquête de la Commission des droits de la personne à la prison Tanguay* (1985), la Commission s'inquiète de la situation qui prévaut à Tanguay quant au nombre élevé de fouilles et considère qu'étant donné que 99,9 % d'entre elles sont négatives, il faut aussi s'interroger à savoir si ces pratiques ne portent pas atteinte à la dignité et au respect de la vie privée. Indépendamment du fait que le nombre de fouilles ait pu baisser depuis deux ans, la Commission recommandait de ne les pratiquer qu'en cas de «doutes sérieux et probables que la personne incarcérée tente de cacher de la drogue, des médicaments ou tout autre objet illicite.» (p. 150)

Malheureusement, les possibilités de fouilles ne se résument pas aux temps de l'entrée en détention et au retour d'une absence de la prison. En effet, des fouilles sont effectuées suite au départ des visiteurs qu'une détenue a pu recevoir. Pour Kathleen, ce moment l'amena a détester, à haïr ou presque les quelques instants de chaleur humaine auprès des siens lors de la visite dominicale. Ces quelques contacts avec l'extérieur étaient chèrement payés.

Géraldine était même fouillée avant et après ses parloirs sécuritaires!!!

> Y me fouillaient avant d'y aller, y me fouillaient avant de revenir. Ben, j'ai dit: «Pourquoi tu me fouilles?» En dernier, je faisais des «strip-teases». Si c'est ça que tu veux, je vais t'en faire un «strip-tease» mon amie, vous avez juste à me le dire d'avance, ça va aller tout seul, ça me dérange pas tellement. «Pourquoi tu me fouilles, il y a une vitre là. Penses-tu que je suis capable de passer la main au travers de la vitre, je fais pas de la parapsychologie jusque-là moé, pour faire passer un gramme de hasch ou deux. (Géraldine)

Les fouilles dans ce dernier cas ne sont carrément pas pour vérifier si cette femme a reçu de la drogue de son visiteur car jamais ils ne sont en contact direct. Nous ne pouvons imaginer d'autre motif que le harcèlement. Heureusement, cette femme ne se sentait pas trop atteinte par ces fouilles à nu mais elles ne sont pas toutes comme elle, nous l'avons vu. Reste que sous la bravade, la vulnérabilité des femmes telle Géraldine peut être plus grande qu'il n'y paraît de prime abord. Mais n'anticipons pas sur la discussion.

Parlant d'atteinte à la personne, une détenue seulement nous a raconté comment ses visiteurs ont subi des fouilles à nu et c'était pour une question de drogues. Selon ses dires, les membres de sa famille n'étaient pourtant pas ses pourvoyeurs.

Quoique certaines catégories de détenues soient plus sujettes à des fouilles vaginales-rectales — c'est-à-dire les consommatrices de drogues et/ou les femmes incarcérées pour des délits de ce type — , toutes peuvent être fouillées à un

Les parloirs sécuritaires. Les personnes emprisonnées sont d'un côté et les visiteurs ou visiteuses de l'autre.

moment ou un autre et, à Tanguay, l'administration a tendance à généraliser ces pratiques. Toute fouille porte atteinte à la dignité et à l'intégrité de la personne et les fouilles vaginales-rectales peut-être encore plus.

Le Protecteur des citoyens comme la Commission des droits de la personne ont invoqué la dignité et l'intégrité de la personne pour minimiser les fouilles vaginales-rectales. Des femmes justiciables ont décrit avec force détails comment cette procédure les atteignait comme personne et leurs témoignages concordent avec d'autres travaux antérieurs (Partisans: 1972; Gransac: 1982).

Même si la lutte contre la prolifération des drogues dans le milieu carcéral et les motifs sécuritaires sont invoqués pour justifier cette pratique, nous croyons plutôt que la majorité du temps le message qui est et qui veut être donné aux femmes à l'égard de ces pratiques humiliantes et dégradantes est qu'elles sont d'une catégorie à part, qu'elles sont maintenant sans statut, que l'administration peut les gérer comme des objets et qu'elles n'ont aucun pouvoir pour refuser de s'y conformer. Un autre motif semble aussi être responsable de cette situation, en tout cas à Tanguay. Watson (1980) a démontré comment le modèle pénitentiaire de Tanguay, axé sur la nécessité de changer le caractère moral des femmes qui y sont gardées, rend le lieu oppressant pour les femmes. Nous pensons que la question des fouilles, pour les motifs invoqués ci-haut, cadre bien avec le désir de vouloir changer le caractère moral des femmes et que le coût pour ces dernières en est l'atteinte à leur intégrité et à leur dignité. La lutte contre la drogue est lourde à porter tant pour celles qui se droguent que pour celles qui ne sont pas consommatrices.

Cette atteinte à la dignité humaine est un surplus de peine qui est ajouté à la privation de liberté et qui augmente les coûts sociaux du système pénal pour les femmes justiciables.

Qui plus est, les fouilles vaginales-rectales, des fouilles non voulues mais acceptées sous la force d'un pouvoir autoritaire, sont aussi une agression à caractère sexuel pour les femmes. Que ce soient d'autres femmes qui accomplissent ces fouilles ne signifie pas que l'hypothèse de l'agression sexuelle puisse être balayée du revers de la main. On se rappellera que toutes les pratiques de mutilations corporelles infligées aux femmes chez diverses populations humaines se passent entre femmes et que, comme le dit Ellenberger (1980), ces pratiques «représentent un extrême degré d'agression collective de l'homme contre la femme». (p. 90)

Dans notre société, le corps de la femme est surinvesti comme objet sexuel et s'attaquer à celui-ci par le biais des fouilles vaginales-rectales ne peut que renvoyer une image trouble à cette dernière. Les femmes qui sont incarcérées n'ont souvent aucun lieu d'insertion dans un type de production marchande, secteur qui pourrait leur donner une image positive d'elles-mêmes comme de leurs capacités. Ces possibilités mais non la capacité étant absentes, les femmes retirent une image positive de ce qu'elles sont, surtout à partir de leur corps, du sexe qu'elles représentent, et de leur rôle de mères lorsque c'est le cas. Avec l'incarcération, la société projette l'image d'une femme ratée au regard des stéréotypes en cours. S'il faut en croire les études de Baunach (1985) et McGowan et Blumenthal (1978 a, b), la mise au ban renvoie à ces femmes une image négative qu'elles intègrent à la perception qu'elles ont d'elles-mêmes. De plus, nous croyons que les nombreuses fouilles dont les femmes sont victimes ne peuvent qu'apporter plus d'eau au moulin, renforçant ces images négatives qu'elles se font d'elles-mêmes. Rejetées par la société, emprisonnées et fouillées, les femmes sont aussi atteintes dans leur corps qui est dégradé par ces pratiques pour lesquelles les justifications données sont, quant à nous, non satisfaisantes.

Considérant que ce sont surtout les nouvelles venues dans le système qui ont parlé de ces pratiques, nous pourrions émettre l'hypothèse qu'avec le temps, les femmes s'habituent à ces fouilles et que rien ne les dérange plus. Nous croyons plutôt que si, avec le temps, les femmes parlent de moins en moins de cette cérémonie, de ce rite d'entrée et des fouilles, c'est que ces pratiques, qui inlassablement se répètent dans le milieu carcéral, sont responsables de ce qu'on pourrait appeler une perte de pudeur. Ces pratiques répétitives atteignent à ce point les personnes dans leur dignité que, pour passer à travers, il leur faut s'anesthésier. Les raisons qui nous ont conduite sur cette piste viennent du discours d'une femme atteinte de cancer et qui doit suivre des traitements thérapeutiques pour sa maladie. Les soins requis sont vus dans une perspective positive car ils l'aident à lutter contre la maladie. Les femmes justiciables n'envisagent aucunement les pratiques du milieu carcéral dans une telle perspective. Malgré cette différence fondamentale dans l'attitude, cette femme malade raconte que:

> Par moments, j'ai même l'impression qu'il m'a enlevé jusqu'à la pudeur. Lors des traitements au cobalt, par exemple, on est complètement nu, les techniciens nous regardent par un hublot. Malgré tous ces gens qui me regardaient, malgré ce photographe qui est même venu prendre une photo pour mon dossier, jamais je ne me suis sentie aussi seule au monde. À ce point, de la pudeur, on n'en a plus. On nous examine, on nous photographie, on nous dit de se déshabiller et on se déshabille...(Lacroix: 1986)

Ainsi, quels que soient les motifs qui font que quelqu'un doive se dévêtir, lorsque cette situation se produit de façon répétitive et sur commande, l'intégrité de la personne se trouve alors atteinte. À moins que des motifs sérieux n'exigent expressément une telle conduite, il faudrait éviter au maximum le recours à de telles méthodes par respect des personnes qui y sont impliquées.

De certains événements à l'interne ou de leur absence comme producteurs de coûts externes

La crédibilité

Dès l'arrestation, la crédibilité d'une personne est mise en doute, nous disent les interviewées. Si un procès s'ensuit et qu'un jugement de culpabilité est rendu, et qu'au prononcé d'une sentence une peine d'incarcération est donnée, alors, ajoutent ces femmes, tout discours de notre part sera réinterprété, toute parole, demande ou explication sera mise en doute.

Pour Diana, «personne ne croit jamais une détenue» et là, tant l'administration qui reçoit une plainte d'une détenue alors que l'employé-e a une autre version des faits, que le public en général lorsqu'il est question, entre autres, de violence de la part du personnel envers les personnes emprisonnées.

Pour Laurence, ce doute est omniprésent dans toutes ses relations et c'est une épreuve:

> On sent toujours que les gens ont peur de toi, y doutent de toi, y a toujours un doute qui se place en arrière d'leur tête (...) y croient pas que tu peux être honnête dans ta démarche, y croient surtout pas ça. (Laurence)

Cette non-confiance dans le discours que peuvent tenir les justiciables marque ces femmes pour longtemps car dans notre société, les rapports interpersonnels sont basés sur une confiance implicite. Ces femmes ont le sentiment que parce qu'elles sont maintenant détentrices d'un dossier criminel, leur parole n'a plus de crédibilité, et cela tant à l'intérieur qu'à l'extérieur des murs. Cette découverte renverse toutes les habitudes dans la façon de gérer les communications avec autrui.

Pour elles, la seule façon de restaurer cette crédibilité est de taire ce passé, ce passage dans le milieu carcéral, lorsque cela est possible. Mais l'ex-détenue sait. Ainsi, Kathleen raconte:

> Ma sœur et moi, on a loué un duplex (...) le propriétaire est venu nous montrer le duplex et (...) on avait des références, comme où on restait pis toute, pis y a dit: «Non». Y dit: «C'est moi qui décide si quelqu'un m'est sympathique ou pas pis vous m'avez l'air correct.» Y nous a loué tout de suite pis on est parti. J'ai dit à ma sœur: «Si seulement y savait qu'y a loué à une ex-détenue». (Kathleen).

Santé

Lors de leur passage à la prison Tanguay, en 1985, les enquêtrices de la Commission des droits de la personne du Québec se sont attardées sur la question de l'accès aux soins médicaux en milieu carcéral (Enquête de la Commission des droits de la personne à la prison Tanguay: 1985). Une des conclusions du rapport était à l'effet que les femmes incarcérées

> n'ont pas reçu des services médicaux en toute égalité avec
> ceux offerts aux hommes incarcérés pour la période précitée
> [juillet 1984 à juin 1985]. (p. 38)

Un des problèmes majeurs concernaient les longs délais
entre la demande de service et une visite du médecin, délai
de deux à six semaines dans certains cas.

Des femmes ayant participé à notre recherche nous ont
communiqué les difficultés rencontrées sur ce thème précis
lors de leur incarcération dans une période antérieure à celle
de l'enquête de la Commission.

Dans deux cas, les femmes avaient des problèmes de dos.
Une, opérée moins de deux mois avant son entrée à Tanguay,
prenait encore des médicaments contre la douleur. Au cours
des trois brèves incarcérations qu'elle subit en moins d'un an,
le suivi médical régulier fut absent et les traitements de physiothérapie qui auraient dû faire partie d'un plan de traitement
n'ont pu être administrés.

> J'ai été opérée quand j'ai sorti, là-bas, y aurait fallu qui me
> fassent faire de la physiothérapie et eux-autres, y en est pas
> question, ils veulent rien savoir de ça. Mes nerfs ont comme
> soudé qui disent et j'ai les reins ben, ben, ben faibles, aurait
> fallu que j'me fasse suivre et que j'prenne des médicaments
> et il y avait des exercices qui aurait fallu que je fasse. Là-bas,
> y a un gym mais y est pas question de faire ça, c't'au
> volley-ball que tu joues. (Hélène)

L'impact du non-suivi médical au moment de l'incarcération est grand pour cette femme. Les complications qui en
résultent prolongent la durée des traitements et il est impossible de prévoir une date de retour au travail.

Quant à Laurence, il lui a fallu attendre un mois avant de
voir le médecin. Heureusement, il n'y a pas eu de séquelle
physique.

En accord avec la Charte des droits et libertés, l'État a des
responsabilités envers les personnes qu'il emprisonne. Une
personne qui n'a pas la liberté de circuler doit donc pouvoir

recevoir les soins et services que son état requiert. Seule une personne compétente peut faire l'évaluation si des soins de santé sont requis et lorsque requis, l'administration, si elle veut continuer à garder cette personne prisonnière, doit s'assurer qu'ils lui seront donnés.

L'alcoolisme et la toxicomanie n'étant généralement pas perçus par nos interviewées comme étant un problème, leur discours était plutôt bref lorsqu'elles abordaient le sujet. Une question demeure cependant sans réponse: est-ce que cette absence de discours est due à notre consigne ou au fait que les femmes ne perçoivent pas leur consommation comme étant un problème?

Sexualité

Quoique toutes les questions touchant la sexualité sont aussi abordées fort brièvement par les interviewées, il nous faut donner le contexte dans lequel la sexualité peut être vécue par les détenues de Tanguay pour aider à comprendre les remarques de certaines d'entre elles.

À Tanguay, les relations sexuelles sont interdites entre les détenues, et pour empêcher tout passage à l'acte, il est défendu à deux détenues de se retrouver ensemble dans une cellule.

Géraldine mentionne avoir reçu trois fois de suite un 24 heures de réclusion parce qu'une détenue s'entêtait à vouloir l'attendre dans son lit alors qu'elle n'était pas du tout intéressée par cette relation. À chaque fois, un membre du personnel la surprenait alors qu'elle rentrait dans sa chambre, et l'administration présumait qu'elle allait rejoindre son «amie». Illico, on l'envoyait au «trou». De son côté, Jocelyne a raconté comment ses parents avaient cessé leurs visites à l'institution après qu'elle eût dit avoir des relations avec d'autres femmes depuis sa détention. Kathleen avait quelques appréhensions en rapport avec la violence et l'homosexualité qui devaient sévir en prison, appréhensions basées sur l'image que donnent les films de la réalité carcérale. Dans les faits, elle n'a eu aucun problème durant tout le temps de sa détention. Pour ce qui est de Françoise, son long discours nous aide à comprendre l'im-

Un secteur avec sa rangée de cellules.

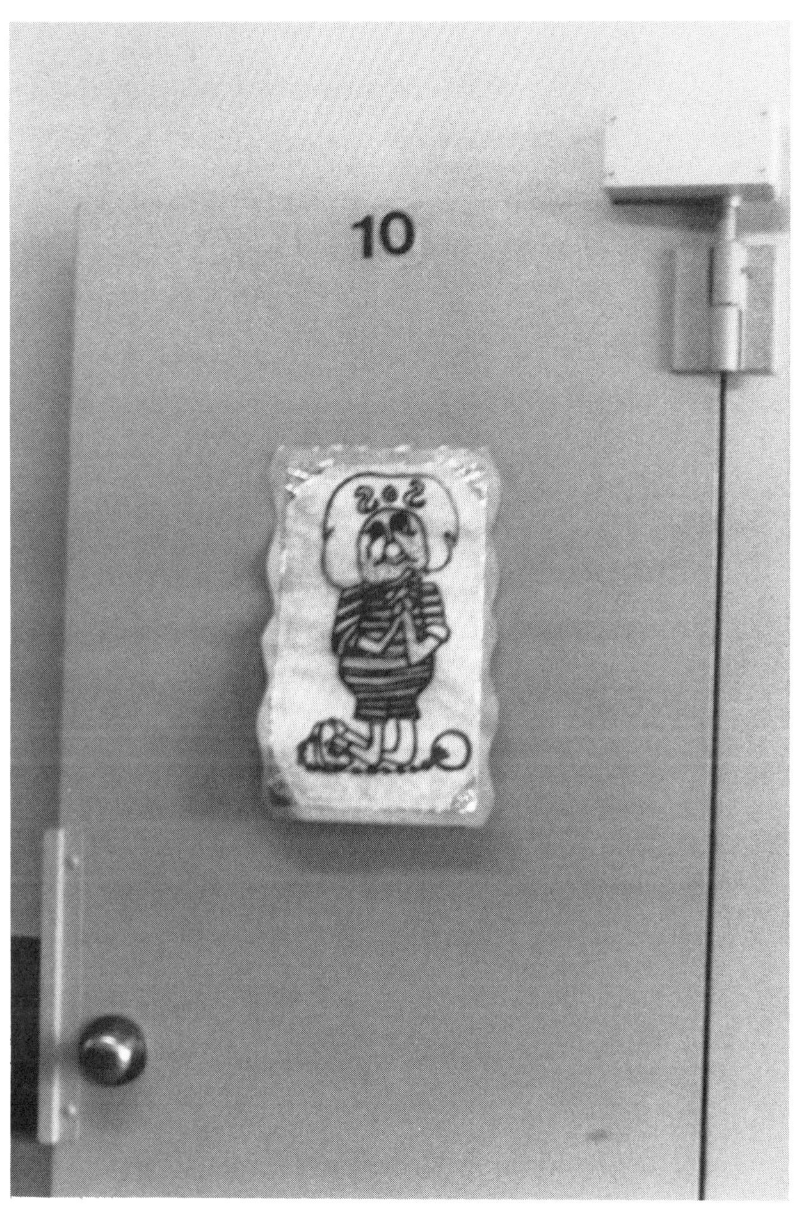

La porte d'une cellule, vue du couloir. Le dessin sert à cacher le judas et donne l'illusion aux femmes que leur vie privée est respectée; car en tout temps, le personnel doit pouvoir vérifier ce qui se passe à l'intérieur.

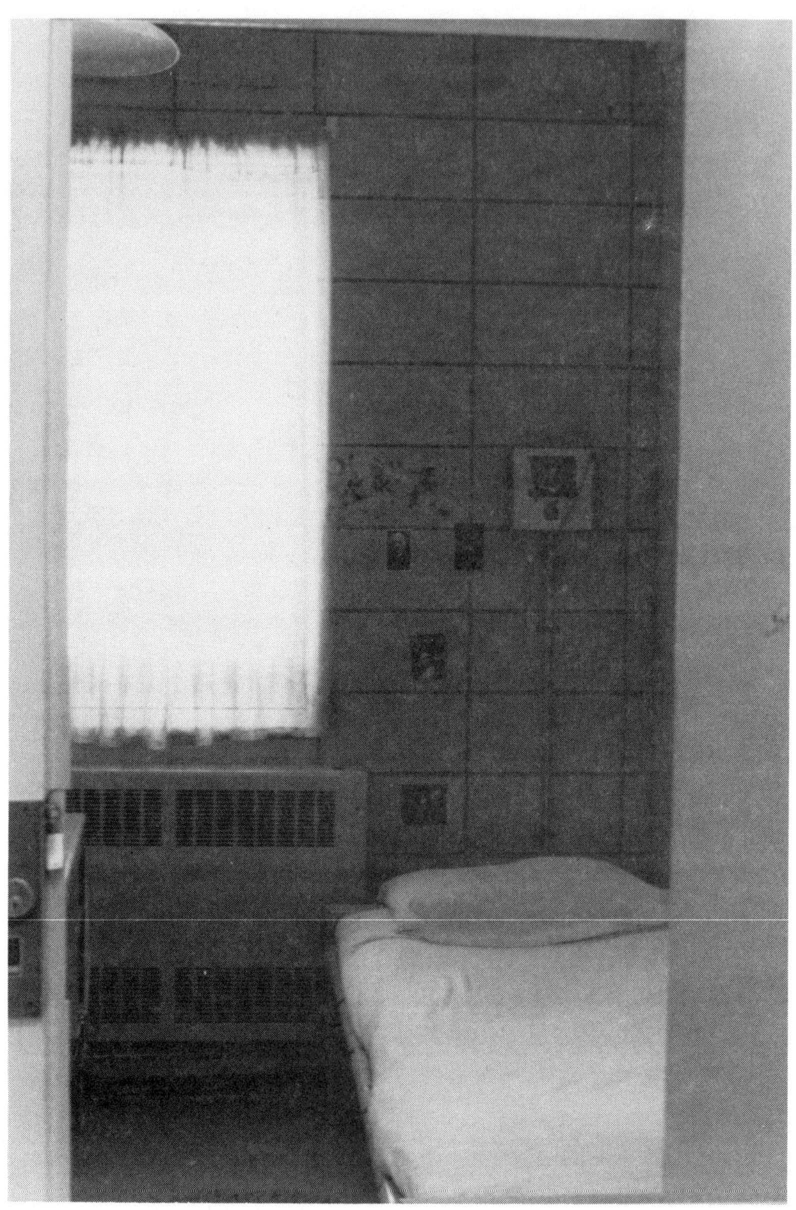

Vue intérieure d'une cellule.

Salle de séjour pour un secteur.

pact du règlement en vigueur à Tanguay, celui qui interdit que deux femmes soient ensemble dans une cellule.

Une parenthèse ici: la règle du double standard pour les femmes et les hommes est discernable dans l'application de ce règlement à cette institution pour femmes. Indépendamment du fait qu'on soit en accord ou non avec la double occupation des cellules (le «double-bunking») que certains aimeraient voir instaurer dans les établissements pour hommes, et même si cela est fait pour régler des problèmes de surpopulation, il n'en demeure pas moins qu'aujourd'hui, vivre deux par cellule reste acceptable pour des hommes incarcérés alors que pour les femmes, nous en sommes à l'interdiction de passer le pied au-delà du seuil de la porte!

Indépendamment du fait qu'en milieu fermé il sera toujours difficile d'établir si la sexualité s'exerce entre adultes consentantes ou consentants et indépendamment du fait qu'il y aura toujours la nécessité de protéger les personnes les plus vulnérables contre le pouvoir exercé tant par d'autres personnes détenues que par les personnes chargées de les garder, l'interdiction de toute démonstration d'affection comme de la possibilité de pratiquer une sexualité responsable entre adultes consentantes ou consentants augmente la peine encourue, soit la privation de liberté. Pour Françoise, ne pouvoir vivre sa sexualité que dans les toilettes, la douche ou le bain et en surveillant toujours pour ne pas se faire prendre

> fait que ça vient que tu n'as plus de sexualité non plus, et ça vient tellement qu'à un moment donné, ça vient que tu as de la difficulté à avoir une sexualité, ça touche même ce côté-là de toi, tu sors d'en d'dans, t'as besoin d'un contact affectif, tu meurs pour ça quasiment, tu meurs d'envie d'avoir ça, mais t'as pas envie d'une relation parce que ça fait tellement longtemps que t'as rien fait que tu penses que tu sais plus comment (...) ça a tellement de conséquences affectives de toutes sortes que ça finit que tu sors de là quand ça fait trois, quatre fois que tu y vas, tu as besoin d'une thérapie. (Françoise)

La détention empêche non seulement la libre circulation des personnes ainsi gardées, mais impose en plus des restrictions importantes tant pour les contacts avec l'extérieur qu'à l'intérieur des murs. Qui plus est, ces règles en vigueur à Tanguay ont des répercussions au moment de la sortie alors que la détenue essaie de restructurer sa vie affective.

Ça coûte cher vivre en prison!

Non seulement la liberté de circuler est-elle entravée par la détention mais, en plus, c'est onéreux de vivre en prison. Ici, il n'est pas question des sommes astronomiques qu'il en coûte à l'État pour garder les gens incarcérés, mais des montants que les détenues doivent assumer durant cette période.

Pour des considérations sécuritaires, une femme ne peut apporter son shampooing, sa pâte dentifrice, ni aucun produit de maquillage ou ses cigarettes. Tous ces produits doivent être achetés neufs via la pharmacie avec laquelle la prison Tanguay fait affaire. Les détenues trouvent que les prix y sont plus élevés qu'ailleurs. De plus, étant donné le très petit nombre d'emplois rémunérés disponibles, peu d'entre elles sauront être autosuffisantes financièrement, surtout si la sentence est de courte durée, car ces emplois iront prioritairement aux femmes qui purgent une longue sentence. Donc, en l'absence d'économies, ces dépenses imposent une dépendance accrue envers des tiers et toutes n'ont pas quelqu'un qui peut les aider en assumant tous ces coûts. Ont-elles de l'aide que la facture les attend souvent à la sortie, ajoutant aux difficultés de se réinsérer socialement.

Pauline raconte:

> La fille à Tanguay, comment tu penses que ça y coûte rester là. Si t'as pas d'argent, tu sèches, tu sèches complètement parce que tu peux pas t'acheter de café, tu peux pas t'acheter de sucre, tu peux pas t'fournir du lait, tu peux pas avoir rien, tu peux pas t'acheter de tabac...(Pauline)

Louise trouve que «c'est un luxe vivre à Tanguay» et ne sait ce qu'elle aurait fait si son père n'avait pu laisser de l'argent régulièrement pour sa cantine.

Françoise, qui ne doit compter que sur elle-même, avait quelques économies en rentrant mais «je suis sortie de là j'avais plus rien», ajoute-t-elle.

À la sortie, Carole, qui avait reçu visites et aide financière d'ami-e-s, se fait demander le remboursement des avances reçues au temps de sa détention.

> Sa fille, des fois, elle m'envoyait de l'argent, pas tout le temps mais des fois elle me n'envoyait. Quand je suis sortie, elle a réclamé l'argent qu'elle m'avait donné...(Carole)

La vie à Tanguay reflète l'idéologie en cours dans la société. On compte beaucoup sur le fait que les femmes auront un support extérieur pour les aider à s'assumer car peu d'emplois payés sont disponibles. D'autre part, le choix des tâches est restreint et reproduit le modèle féminin par excellence — lavage, cuisine, couture, coiffure.

Les femmes détenues sont soumises à l'État et leur dépendance envers des tiers est accrue en minimisant leurs possibilités d'acquérir une indépendance financière même durant leur incarcération. Voilà un autre des coûts de la vie en prison.

Mères détenues, que sont les enfants devenus?

Il est un principe juridique qui dit que la peine d'incarcération ne doit s'adresser qu'à la personne condamnée. Pour Pires et al. (1981), ce principe n'est qu'un mythe. Suite à l'analyse de leur matériel empirique — une quarantaine d'entrevues auprès de justiciables mâles —, ces auteurs en viennent même à penser que «la véritable visée idéologico-politique de l'appareil pénal serait plutôt les familles que les individus» (p. 339). Cette question nous semblait particulièrement prégnante dans le cas des femmes-mères-incarcérées. Dans cette prochaine section, nous décrirons non seulement les différents scénarios qui se développent au moment de la mise en marche de la machine pénale, mais nous tenterons aussi d'expliquer ces divers types de situations.

Les «gardées» et leurs problèmes de garderie

Dix des quinze femmes interviewées ont eu des enfants. Ce sont des enfants nés majoritairement avant ou entre deux

Le salon de coiffure, un des rares endroits dans cet établissement qui peut donner l'illusion de ne pas être dans une prison.

incarcérations pour celles qui ont connu plusieurs séjours en milieu carcéral. Au moment des entrevues, soit de trois mois à cinq ans après la dernière incarcération, une seule a eu d'autres enfants.

L'emprisonnement d'une femme qui est mère fait surgir avec acuité la question des enfants, d'autant plus que, règle générale, la mère est chef de famille monoparentale. Le dénouement de cette crise ne relève pas que d'elles. Nous examinerons les quatre types de scénario que ces mères ont vécu:

- les enfants sont autonomes;

- les enfants sont pris en charge par la famille ou des ami-e-s;

- les enfants sont placés par les agences des services sociaux au moins pour le temps de l'incarcération;

- les enfants sont mis en adoption.

Des enfants autonomes

Si l'incarcération arrive assez tard dans la vie d'une femme et que ses enfants sont déjà rendus à l'âge adulte, sont financièrement autonomes ou même n'habitent plus sous son toit, alors, les problèmes de garde ne se posent plus.

Trois motifs, au moins, peuvent expliquer l'émergence de ce scénario. Une femme peut réussir à gagner sa vie et celle de ses enfants dans un emploi légal, mais sans arriver à dénicher un travail offrant la sécurité en cas de maladie. Survient un incident d'où découle une impossibilité de travailler pour un long moment; sans autre source de revenu que sa nouvelle dépendance envers l'État, la femme décide, pour arrondir ses fins de mois, de recourir à des expédients. Arrêtée, les problèmes juridiques commencent. D'un autre côté, existent aussi ces incidents de parcours qui surviennent une fois dans la vie des gens. Enfin, il y a des situations où la femme a déjà eu à recourir à des scénarios différents pour faire garder ses enfants au moment d'incarcérations antérieures, mais ceux-ci ayant finalement atteint l'âge adulte, devenant donc autonomes, elle n'a plus à se préoccuper de leurs besoins quotidiens et de prévoir qui la remplacera durant son absence.

La prise en charge par la famille

Advenant le cas où les enfants sont trop jeunes pour rester seuls durant la période d'incarcération de leur mère, la famille peut s'occuper des bambins.

Rares sont les cas où le père des enfants fera partie du cercle restreint des relations et qu'il prendra la responsabilité de ceux-ci durant l'enfermement de la mère. En fait, sur dix femmes ayant eu des enfants, il n'y a qu'un seul exemple où le père des enfants prend charge de ces derniers, et cela pendant tout le séjour carcéral que sa compagne a dû subir. Pour les enfants, cette solution présente de grands avantages car il y a stabilité d'au moins une figure parentale et cela n'implique pas de changement de milieu. Cette situation a aussi permis une plus grande fréquence dans les visites. Ailleurs, les pères sont souvent disparus du cercle des relations de la femme, laissant à celle-ci toutes les responsabilités.

Donc, règle générale, les femmes comptent beaucoup plus sur leurs parents, leur mère ou leur sœur pour prendre la relève des soins à apporter aux enfants. Au total, cinq femmes ont eu recours à ce type d'aide. La sœur de Diana a pris la responsabilité de sa fille et la lui amène en de rares occasions. Ici, la famille réagit plutôt négativement aux circonstances entourant le délit; elle éprouve des difficultés à comprendre le geste reproché, alors les visites ne seront pas nombreuses et les contacts avec l'enfant en souffriront.

Les liens familiaux ne peuvent exister sans contacts soutenus; c'est ainsi que sans lieux de rencontres, les relations s'effritent facilement au fil des semaines, des mois et même des années que peut durer la sentence. Être privée de liberté, souffrir d'être séparée de son enfant et en plus sentir que les liens s'effritent, voilà qui est très difficile à vivre pour ces femmes incarcérées.

La mère de Louise gardait son fils durant l'incarcération de celle-ci et refusait de lui amener l'enfant parce que cela la faisait trop souffrir de se rendre dans une prison. «Je souffre de pas voir mon petit, v'nez me le montrer», disait Louise.

Elle venait jamais, même si je faisais des crises, elle venait
jamais, j'avais une surveillante qui appelait régulièrement
chez nous pour y dire d'amener le petit que fallait que je voye
l'enfant, ça dérangeait pas plus que ça. (Louise)

Indépendamment de ces difficultés, il est vrai que ces
femmes aiment mieux voir leurs enfants placés dans leur
famille que chez des étrangers ou en institution. Cependant,
la séparation reste toujours pénible à vivre car, comme dit
Jocelyne:

J'aurais pu me faire oublier complètement d'eux-autres,
parce que ma mère, elle s'en occupe tellement (...) que y
peuvent prendre ma mère comme... leur mère (...) c'est ça
que j'avais peur au début. (Jocelyne)

La famille, lorsqu'elle existe, peut vouloir éviter que des
membres de son cercle soient pris en charge par des étrangers
ou des organismes sociaux. Surtout si le placement risque
d'être long, il peut y avoir mobilisation des troupes afin de
s'assurer de ne pas perdre un des leurs. Cependant, toutes les
familles ne réagiront pas de la même manière à l'intervention
possible et effective des diverses agences de contrôle social.
Ainsi, en certains milieux, surtout parmi les groupes défavorisés, on ne perçoit pas d'avance les contrecoups d'une prise en
charge et on pourra être tenté dans un premier temps d'y
recourir. Lorsque les conséquences surgiront, il sera trop tard
pour réagir. Aucun mécanisme de neutralisation des coûts ne
peut être mis en place.

Le recours au réseau plus vaste des connaissances

Un placement dans la famille n'étant pas possible, Carole
et Pauline ont eu recours à l'aide d'ami-e-s. Malheureusement,
ce choix ne reçoit pas toujours l'assentiment des autorités et
les enfants ont alors à vivre une autre séparation. Carole avait
payé une amie afin qu'elle garde ses enfants et les lui amène
en visite à l'institution. Suite à une plainte d'un de ses frères,
et pour un motif obscur, elle a vu ses deux enfants placés dans
une famille d'accueil par les autorités. Voici ce qu'elle dit de
cette expérience:

> Les jeunes ont trouvé ça plus dur [que moi] parce qu'ils
> étaient placés tous les deux dans un même foyer; c'est ça
> qu'eux-autres m'ont dit (...) ils étaient chez une de mes amies
> de femme en premier et après ça, c'est mon frère qui a fait
> un rapport (...) et mes enfants ont été placés par le bien-être
> social (...) j'ai déjà dit à ma mère: «si il s'était mêlé de leurs
> affaires ça aurait peut-être été mieux parce que mon amie de
> femme, je te dis pas qu'à toutes les semaines elle serait venue
> mais peut-être au moins une fois par mois [pour] me les
> montrer. (Carole)

Carole et Pauline, quoique en bons termes avec les membres de leur famille respective, ne voulaient pas ou ne semblaient pas devoir compter sur celle-ci pour s'occuper de leurs enfants. Carole se trouve sans défense devant le refus du placement chez son amie. Lorsque le réseau sur lequel une femme peut compter est plus grand, ou lorsque de par sa position dans la structure de classe elle peut mettre en branle une série de mécanismes acceptables et propres à lutter contre certaines des décisions des professionnels des diverses agences de contrôle social, la femme peut alors lutter efficacement pour ce qu'elle croit être le meilleur pour ses enfants. Ainsi, Pauline raconte:

> Mes enfants ont jamais été dans les places, placés où ce que
> moé je voulais pas. Si ils étaient pas ben, j'disais: «oui, m'a
> te donner d'l'argent, évade-toi, va-t-en à telle place, y vont
> te garder... (Pauline)

Une critique maintes fois faite à l'égard de la procédure pénale et reprise entre autres par Landreville et al. (1981), est à l'effet que les professionnels du système procèdent à une «appropriation du conflit» et que ce sont ces professionnels qui deviennent les principaux acteurs.

Lors de la mise en marche de la procédure pénale, au moment de l'entrée en jeu des divers intervenants, non seulement l'accusée et la victime sont-elles reléguées à l'arrière-scène par ces «vedettes», mais en plus, les accusées avec enfants perdent souvent le contrôle sur la direction qu'elles aimeraient donner quant à leur responsabilité première dans la vie, la garde de leurs enfants. Baunach, déjà en 1977, critiquait «l'administration qui a toujours raison» et qui sait mieux que personne ce qui est bien pour l'enfant. Ce sont là des décisions auxquelles la mère doit être partie prenante et où son opinion doit avoir préséance à moins de cas extrêmes. D'ailleurs, à la sortie, ce sera la femme qui redeviendra souvent la seule responsable de l'enfant. Alors pourquoi, parce qu'elle doit purger une peine de détention, lui enlever toute voix au chapitre? Cette absence d'implication au plan décisionnel ne peut qu'accentuer le détachement que l'éloignement physique produit. Ces femmes sont désinvesties d'un côté comme citoyennes et de l'autre comme mères. C'est là le message qui leur est adressé.

Le placement

Il peut arriver que des femmes soient sans ressource, familiale ou autres, que ce soit parce que la famille n'existe plus ou n'a jamais existé, ou parce que l'on refuse les contacts au moment d'une incarcération, ou encore parce que la famille ou les ami-e-s ne peuvent pour toutes sortes de motifs s'occuper de jeunes enfants. Comme il a été dit, il peut aussi arriver que les autorités jugent le placement par la mère inadéquat. Alors, les jeunes sont placés chez des étrangers, dans une «famille d'accueil», au moins le temps que durera l'incarcération.

Les enfants de Carole, on s'en souviendra, ont connu ce type de placement. Pour eux, habitués de toujours vivre avec leur mère, «ils ont trouvé ça différent». Le recours à ce type de placement demande des enfants deux types d'adaptation. Premièrement, vivre la séparation d'avec la mère, et deuxièmement, s'adapter à un nouveau milieu, à des inconnus. De plus, ces étrangers n'ont pas toujours les moyens, la motivation ou la disponibilité pour les amener de façon régulière visiter leur mère. Cette situation n'est malheureusement pas particulière aux étrangers car il arrive que la famille, pour d'autres motifs, espace ses visites à l'institution carcérale.

Il se trouve aussi d'autres circonstances qui commandent un placement. Suite à une agression sexuelle, Françoise doit suivre une thérapie et le placement de sa fille s'avère nécessaire. Ce placement continue encore aujourd'hui et pourrait conduire à une adoption.

Il y a eu placement ça va faire bientôt un an, elle est dans une très bonne famille d'accueil et je sais qu'eux-autres seraient intéressés à l'adopter si moi je décide de pas la reprendre. Si je pogne trois ans, je vais le savoir bientôt, je vais leur laisser l'enfant en adoption parce qu'elle va avoir six ans et ça sera plus le temps de recréer des liens. (Françoise)

Plutôt que de faire vivre à sa fille des placements différents à tout moment, cette jeune femme trouve que tant qu'elle ne sera pas sortie du «milieu», elle ne peut la reprendre. Qui plus est, une longue incarcération lui ferait signer les papiers d'adoption.

L'adoption

L'adoption est une mesure ultime car la mère n'a alors plus aucun droit ni aucune responsabilité envers l'enfant qu'elle a mis au monde et que souvent elle a élevé pendant un certain temps. La signature des papiers d'adoption peut survenir suite à une décision voulue de la mère ou suite à des pressions de la part des autorités compétentes. Indépendamment des motifs invoqués, pour l'enfant, l'adoption sera toujours une rupture définitive avec un être qui fut plus ou moins important dans sa vie. La femme, la mère, a aussi à vivre cette rupture, et selon que cette décision est prise suite à un cheminement personnel ou imposée par l'extérieur, l'impact sera différent.

Françoise a connu le placement de sa fille et elle envisage l'adoption pour une deuxième fois principalement à cause de la menace d'une longue peine d'incarcération qui plane au-dessus d'elle. Elle avait déjà eu un fils suite à une agression sexuelle et ne pouvait s'imaginer élevant un garçon qui ressemblait, déjà à la naissance, à l'homme qui l'avait violée. Dans les circonstances, elle a signé les papiers d'adoption. «C'était ma décision, c'était moi, j'étais consciente, la décision était intégrée et ça a très bien été», a-t-elle déclaré.

Malgré le côté pénible de cette situation, cette femme vit l'événement somme toute plus sereinement que Béatrice qui a signé les papiers d'adoption lors d'une incarcération et sans vraiment se rendre compte de l'engagement qu'elle prenait. Aujourd'hui, elle ne comprend pas qu'on lui refuse «le droit» de voir son enfant.

Le droit de garder son enfant peut être remis en cause non seulement lors d'une incarcération mais en tout temps, et cela tant par la femme qui a donné naissance que par les autorités.

Il y a une dizaine d'années, la mère de Simone dénonce sa fille au bien-être social alors qu'elle vivait avec une amie et sa petite fille. À l'époque, une femme qui avait à son actif non seulement un casier judiciaire mais également une orientation sexuelle différente de la majorité faisait face à une situation quasi insurmontable.

Simone vit cette deuxième adoption fort différemment qu'au moment de sa première grossesse. Elle avait alors choisi de laisser l'enfant en adoption dès la naissance car elle n'avait aucun support et ne voyait pas comment, sortant de prison, elle pourrait élever seule l'enfant. La deuxième grossesse se déroule dans un contexte autre, et après quelques hésitations, cette jeune femme décide de garder l'enfant, de l'élever, pour se la faire enlever après deux ans de vie commune.

Aujourd'hui, l'orientation sexuelle et le dossier criminel ne sont plus des facteurs discriminants au départ. La situation est examinée dans son ensemble et seulement après coup y aura-t-il une recommandation pour ou contre une mesure d'adoption. Françoise raconte:

> Mon travailleur social ne me pousse pas du tout dans ce sens-là [c'est-à-dire signer les papiers d'adoption] parce que lui il sait qu'elle [ma fille] faciliterait grandement ma réinsertion sociale dans le sens qu'en la modelant elle, je me modèlerais moi. (Françoise)

Nous ne contestons pas que l'évolution dans le traitement des cas d'adoption est plus humanitaire, mais nous nous posons quelques questions sur la situation de Béatrice. En fait, quels facteurs ont pu motiver cette prise de position de la part des autorités compétentes? Plusieurs motifs tournent autour de la trop grande vulnérabilité de certaines femmes parce que appartenant à un groupe très précaire, les laissés-pour-compte. Qui plus est, personne du réseau familial ne pouvait intervenir car depuis le divorce de ses parents, alors jeune enfant, Béatrice est prise en charge par divers foyers ou institutions. Elle n'a connu aucun emploi légal, ne sait se défendre ni comment procéder pour obtenir l'information ou l'aide auxquelles elle aurait eu droit avec son jeune enfant.

Contestation de la garde

Quoique le père biologique peut être absent de la dynamique familiale, il peut arriver que suite à l'incarcération de la mère, celui-ci veuille reprendre l'enfant.

Louise raconte:

Mon mari m'a faite des problèmes pour m'enlever mon enfant mais j'ai eu des surveillantes qui m'ont remonté le moral (...) il a fallu que je passe à la cour parce qu'il demandait la garde de l'enfant, et moi, j'me suis débattue parce que je voulais pas qu'il l'ait la garde faque j'me suis présentée (...) lui y m'a faite rendre à la cour pour rien parce que en dernière minute, y a même pas passé devant le juge, y a arrangé ça entre avocats...

Et d'ajouter plus tard:

J'ai foncé, aujourd'hui chu contente, j'ai réussi à garder mes biens comme on peut dire, c'est le seul bien que j'ai, c'est mon fils faque c'est le seul que j'ai et je tiens pas à le voir disparaître. (Louise)

Pauline aussi a dû lutter:

Oui, j'ai la garde légale en Cour supérieure, mon mari a pas été capable de l'avoir (...) il les a demandés, certain, il l'a demandée, la Cour juvénile me l'a donnée et là, j'ai été à la Cour supérieure pour être plus sûre...

Lutter contre l'État au moment d'une contestation de l'autorité parentale ou lutter contre son ex-mari, deux situations qui sous certains aspects se ressemblent. Dans toute querelle ou contestation, il faut être capable de mobiliser des moyens pour contrer la position de la partie adverse. Les femmes, qui au départ sont dans une situation trop précaire, ne peuvent réussir car la lutte leur apparaît insurmontable avant de commencer.

Les enfants et la réinsertion sociale

S'il faut en croire Martin et Webster (1971), la réinsertion sociale des hommes serait facilitée par la femme qui attend son homme à la sortie. Qu'en est-il des femmes détenues qui ont des enfants? La parole de quelques-unes des femmes rencontrées au cours de cette recherche trace les grandes lignes de la place des enfants dans leur vie.

Après avoir connu deux incarcérations et étant présentement en institution psychiatrique, Jocelyne dit:

> Pour moé, mes enfants c'est ma vie, asteure j'ferais pu des tentatives de suicide... y m'attendent (...) j'ai ainque 25 ans et j'veux passer les dernières années de ma vie (...) vivre tranquille avec mes enfants... (Jocelyne)

Pour Béatrice, être enceinte à nouveau l'amène à diminuer considérablement sa consommation de drogues et d'alcool. Elle surveillera son alimentation et limitera ses activités illégales.

Il est clair que pour Françoise, sa fille a un effet dissuasif sur elle:

> Je me suis tenue tranquille pendant 18 mois de temps avec ma fille; après ça, il y a eu le placement; quand il y a eu le placement, j'ai recommencé à rouler avec 2 000 $ par semaine (...) j'pense que si elle était pas là, j'pense que ça f'rait longtemps que j'aurais fait sauter un camion de la Brinks, ça retient énormément, tu y penses à deux fois et si toi tu y penses pas, y a toujours du monde pour t'y faire penser; moi, c'est arrivé dans plusieurs cas que y ait des policiers qui m'ont dit: «Et ta fille, dans tout ça, y as-tu pensé à elle?» et là, ben woup, ça te fait réfléchir un quart de seconde mais le quart de seconde qui est nécessaire pour pas que tu fasses ce que tu voulais faire (...) c'est un élément dissuasif très important pour moi. (Françoise)

D'ailleurs, nous l'avons vu antérieurement, le travailleur social de sa fille y croit aussi. D'un autre côté, elle sait que si elle procède à une séparation définitive, en sortant d'une longue sentence de prison,

j'aurai plus de mère, j'aurai plus de frère, j'aurai plus d'enfant, j'aurai plus rien et ça vient à un moment donné que
Tanguay c'est un milieu tellement affectif que ceux qui font
un trois, quatre, cinq ans, inconsciemment, ils font de quoi
pour retourner là, c'est leur vie, ça vient que t'as plus rien
d'autres que ça, c'est vraiment dégueulasse... Arrête-le, je ne
sais plus quoi te dire. (Françoise)

Il peut aussi arriver, lorsque les enfants sont plus vieux et
qu'ils ont vécu une telle séparation, qu'ils exercent une certaine pression morale sur la mère afin qu'elle ne retourne pas
en milieu carcéral. Les enfants de Carole étaient directs: «J'espère que tu ne retourneras pas là-dedans...» Le jeune fils de
Louise croyait sa mère à l'hôpital et même si en programme
pré-libératoire, elle le gardait aussi souvent que possible,
même si trois mois plus tard, il est continuellement avec elle,
il l'a questionne souvent à savoir:

«Là, maman, tu ne retourneras plus à l'hôpital hen?» il a
toujours ça dans la tête (...) j'arrête pas d'y dire: «non, maman
y retournera pu à l'hôpital, c'est fini... (Louise)

Simone raconte que même si à la naissance de sa deuxième
fille elle a hésité quant à la possibilité, pour elle, de garder
l'enfant, une fois la décision prise, elle fonça; d'ailleurs, elle
avait changé beaucoup de choses dans sa vie:

J'étais capable de faire tout pour cette enfant-là, j'avais faite
enlever mes tatous; j'tais rendue, j'avais les ch'veux en plein
milieu du dos (...) mais avoir continué à avoir la p'tite y a ben
des choses qui auraient changé (...) parce que moé, après
avoir perdu elle, y avait pu d'attaches. (Simone)

Rares sont les femmes ayant eu des enfants et ayant connu
une séparation temporaire ou définitive qui n'ont pas abordé
cette dimension de l'impact de ces derniers sur leur vie.

Pour eux, à cause d'eux, certains gestes seront ou ne seront
pas posés. De plus, selon que la séparation est définitive ou
pas, leur conduite s'adaptera au fait qu'elles n'ont plus ou ont
encore des enfants à charge. Ainsi, tant dans leur discours que
dans la narration des faits et gestes autour des enfants, ces
femmes nous disent la place non négligeable qu'elles accor-

dent à la responsabilité qui découle de vouloir garder leurs enfants, d'être chef de famille monoparentale.

Quant à la spécificité de la peine, nous avons déjà dit que certains auteurs (Schneller, 1978; Pires et al., 1981), ayant étudié la question en rapport avec les hommes justiciables, mettaient en doute qu'un tel principe existe. Nous croyons qu'il en est de même pour les femmes justiciables. Les femmes, comme les enfants, sont atteints par la séparation que produit la détention, tant par l'éloignement auquel les diverses parties sont soumises que par le message qui est véhiculé par l'appareil pénal. Pour la femme-mère, l'incarcération signifie un échec comme membre de la société, et un échec comme mère.

Contrairement à Lanctôt (1981) qui croit que

> cette sentence de prison ne s'attaque en fait qu'à mes enfants puisque pour Jacques Cossette-Trudel et moi, nous sommes déjà endurcis aux différentes formes de punitions sociales (p. 159),

nous croyons que la cellule familiale au complet est visée. D'ailleurs, elle-même est démolie par les réactions de ses enfants lors des visites communautaires. Le pouvoir totalitaire qui a cours dans une institution carcérale ne permet pas aux mères de gérer comme elles l'aimeraient la vie de leurs enfants. Donc, ce ne sont pas que les enfants qui sont blessés, mais la cellule entière.

L'expérience de Louise montre clairement que certaines mères supportent aussi difficilement que leurs enfants cette séparation.

> J'ai trouvé mon temps qui a été ben, ben dur par rapport à mon enfant, parce que j'ai été séparée de mon enfant. Faque, c'est ça qui m'a touchée le plus, ça été très dur mais j'ai su comment m'occuper en travaillant. (Louise)

Reste qu'à certains moments, parce que sa mère refusait de lui amener son enfant, elle en arrivait à faire des crises.

Pour Lanctôt, faire fi de l'expérience traumatisante que ces enfants ont à vivre ne sert qu'à se donner bonne conscience car:

> Les enfants, ce n'est pas vrai, ça n'oublie pas les problèmes
> de leur enfance; pourquoi oublieraient-ils si nous nous n'ou-
> blions pas les tristes expériences? (Lanctôt, 1981: 162)

Donc, l'impact de la séparation a des répercussions bien
au-delà de l'événement lui-même et mesurer toutes ces conséquences est une opération difficile sinon impossible à réaliser.
D'autre part, que dire lorsque l'administration utilise les visites
des enfants comme mesure de représailles?

> Moé, y m'ont coupé mes visites avec mes enfants parce que
> la matrone a soupçonnait que j'aille faite rentrer d'la drogue
> mais c'était sa parole contre la mienne. Ben, c'est vrai que
> j'en avais d'la drogue, j'en ai tout le temps eu et j'va toujours
> en avoir mais c'est pas mes enfants qui me rentraient ma
> drogue-là, c'est eux-autres, ces sales-là qui m'a rentre. J'peux
> pas leur dire parce qui m'en rentront pu mais ça fait rien c'est
> tout ça pareil. (Pauline)

Cette femme trouve qu'en voulant atteindre la mère,
l'administration ne se préoccupe pas de l'impact des gestes
posés sur les enfants. Nous pensons plutôt que l'administration
est consciente de cet impact et qu'en agissant ainsi, elle espère
atteindre la mère en passant par les enfants, puisque rien
d'autre ne semble vouloir la faire se conformer. Ainsi, tout le
processus pénal vise non seulement à mobiliser des membres
de la famille afin qu'ils exercent des pressions sur leur membre
pour qu'elle se soumette, mais ce faisant, la fin escomptée
semble justifier les moyens. Ici, les enfants sont utilisés et
blessés dans l'opération.

Parmi les coûts sociaux du système pénal pour les femmes
qui ont responsabilité d'enfants, cela implique donc une non-
spécificité de la peine. Les conséquences négatives pour les
enfants sont produites par la procédure pénale et il est trop
facile de vouloir esquiver tout blâme ou responsabilité en
misant sur le fait qu'antérieurement à l'incarcération, il y a eu
condamnation pour un délit commis par cette femme.

Quant à savoir pourquoi la séparation d'avec l'enfant est
ressentie si vivement par certaines mères, une explication peut
venir du côté de l'image de soi. Baunach (1985) comme
McGowan et Blumenthal (1978 a, b) avaient noté dans leurs
études que la situation de la femme incarcérée engendre des

sentiments de perte et d'échec non seulement dans son rôle de femme mais dans celui de mère également. La femme est punie pour un délit et en plus on lui retire la garde de ses enfants. Comme plusieurs de ces femmes sont issues de milieux défavorisés, ont peu de formation scolaire et sont souvent sans compétences spécifiques pour marchander un statut dans le mode de production marchande, ce sont leurs enfants qui leur procurent un statut social. L'incarcération en fait une minorité dévalorisée ayant un statut moindre pour négocier dans la vie et la séparation d'avec leurs enfants ne fait qu'ajouter à l'image négative qu'elles reçoivent d'elles-mêmes. Lorsque l'identité des femmes passe par la maternité, lorsque l'autonomie, donc les pouvoirs décisionnels leur sont enlevés, cela ne peut mener qu'à une plus grande dévalorisation et, à la longue, à une plus grande installation dans la dépendance — attitudes tout à fait contraires à ce qu'on attend d'elles à la sortie.

La sortie

La sortie, le moment dont rêve toute personne incarcérée, ne signifie pas pour autant que toutes les difficultés vécues au moment de l'incarcération seront résolues. D'autres épreuves surgiront et elles découlent souvent du passage en prison.

> J'ai trouvé ça dur les premiers temps quand je les [les enfants] ai repris parce que quand ça fait deux ans que tu les as pas et après ça quand tu les reprends là...(Carole)

Louise avait trouvé extrêmement pénible de vivre séparée de son fils. Ainsi, dès sa sortie, elle accourt chez sa mère pour le reprendre.

> J'ai été séparée 8 mois de lui, j'm'étais habituée de vivre sans lui, j'aurais pu aussi ben arriver et dire à ma mère: «Garde le, j'veux pu rien savoir. Chu t'habituée à vivre sans lui, garde lé.» La première journée que j'ai eu ma libération, c'est la première chose que j'ai faite. J'ai été chercher mon enfant, j'ai dit à ma mère, tu l'as pu, c'est à moi cet enfant-là, je le reprends, j'ai pas changé, chu toujours la même femme que j'étais avant de rentrer (...) ma mère voulait pas me le remettre tout de suite, elle disait qui fallait que je me reprenne, que je me repose un peu parce que j'tais su les nerfs et moé

j'ai dit: «Mon enfant va passer, je m'ennuie, je veux le reprendre», j'ai repris mon petit. (Louise)

Mais, tout n'est pas simple et elle raconte comment certains événements internes ont des incidences longtemps après la sortie, obscurcissant sa relation avec son enfant. Elle dit avoir

moins de patience, peut-être parce que j'm'en su ai trop faite manger en d'dans là, d'la patience là, faut ravaller toujours si on veut pas de rapports parce qui nous tiennent sous des menaces. Si tu fais ci, t'as un rapport, si tu fais ça, t'as un rapport faque tu joues avec ta patience, t'a gardes ta patience pour pas avoir de rapport mais là, j'en ai pu, ça enlevé complètement ma patience que même j'ai des difficultés des fois avec l'enfant parce que j'en ai pu, faut que j'me réhabitue à la ravoir la patience. (Louise)

Et l'enfant aussi a vécu une séparation et les répercussions se font sentir dans le quotidien de sa relation avec la mère. Tout comme au temps de la détention, lors des retrouvailles d'un après-midi, les enfants arrivent avec leur vécu propre, pas toujours au diapason de celui de la mère et la séparation laisse ses traces encore au moment de reprendre la vie de famille.

Aujourd'hui, il [l'enfant] est un petit peu plus tannant après sa mère, je suis pas capable de faire un pas sans. Ah, c'est dur sur la patience mais ça fait rien, je le comprends que c'est sa réaction qui me fait parce qu'il a été huit mois séparé de moi. (Louise)

Il y a incompatibilité entre la vie carcérale, où les personnes ne peuvent pour ainsi dire jamais prendre de décisions d'importance quant à leur vie — on en voit un exemple dans la description qu'en fait Kathleen — et la vie en société d'un chef de famille monoparentale, où tout repose sur ses épaules.

Y a des filles qui sont en d'dans depuis un bout de temps, pour elles, aux repas, c'est une grosse affaire que de choisir ce qu'elles veulent manger (...) à part ça, on te laisse absolument aucun choix à faire. (Kathleen)

Même si le retour en famille est souhaité par les deux parties, le saut d'un mode de vie à l'autre ne se fait pas sans heurts. Dès lors, on comprend Lundberg (voir Baunach, 1985) qui disait que si les femmes ne peuvent assumer à nouveau la

La cafétéria.

responsabilité de leurs enfants au temps de la sortie, la faute incombe au mode de vie des institutions totalitaires qui ont des exigences juste à l'opposé des caractéristiques requises des parents.

Conclusion

La vie en prison contient en germe plusieurs situations de crise dont les femmes justiciables et leur entourage immédiat font les frais. D'abord, le rite d'entrée et les nombreuses fouilles qui sillonnent le quotidien carcéral actualisent la perte de statut, la mise au ban de la société. Ces procédures portent atteinte à la dignité et au respect de la vie privée. Considérant que ce sont surtout les néophytes dans la procédure pénale qui élaborent le plus sur ces pratiques et l'humiliation ressentie, il est permis de conclure que le caractère répétitif de la pratique prend son dû, enlevant toute pudeur, toute gêne aux personnes. Qui plus est, les fouilles vaginales-rectales, faites sous le couvert de l'autorité et contre la volonté des femmes gardées, constituent une agression à caractère sexuel. Elles contribuent à dénigrer la femme jusque dans son corps, son être le plus profond, souvent seul lieu d'identification positif.

En passant par l'incarcération, les femmes ont le sentiment qu'elles perdent à l'intérieur et à l'extérieur des murs toute crédibilité dans leurs relations avec autrui. Durant la vie carcérale, les contacts avec les professionnels du système se font sous le signe de la méfiance. Ailleurs, le casier pénal permet, à tout moment, de jeter le discrédit sur une personne. La construction s'opère sur des stéréotypes négatifs excluant la personne comme point de départ de l'échange. Comme le mentionnait Pires (1983), ce casier fabrique une minorité très vulnérable dans ses rapports en société.

Côté santé, les difficultés rencontrées, à tout le moins à une certaine époque du fonctionnement de Tanguay, mettaient le bien-être physique des femmes incarcérées en danger avec les séquelles qui peuvent découler du non-suivi médical lorsque celui-ci est imposé. La responsabilité de l'État envers les personnes qu'il détient est grande car elles ont peu de moyens pour faire respecter leurs droits au moment de l'incarcération.

Le coût de la vie est élevé en prison et les emplois rémunérés sont une denrée rare. Étant donné que les femmes font généralement partie d'un groupe ayant des moyens financiers très limités, leur dépendance financière envers des tiers est donc accrue. De plus, considérant que le milieu carcéral, un milieu totalitaire, est structuré de façon à accentuer l'état de dépendance des gardées, les femmes justiciables sont doublement déresponsabilisées. Elles sont sans responsabilités parce que la prison ne permet pas aux détenues de décider de leur sort et plusieurs ne peuvent s'assumer financièrement. Situation à l'opposé de ce qui les attend à la sortie. En effet, ces femmes devront alors reprendre leur vie en main, se trouver un emploi pour vivre et assumer, selon le cas, les responsabilités familiales lorsqu'elles sont des chefs de famille monoparentale.

La criminalisation d'une personne fait surgir un état de crise dans le noyau de ses relations intimes. Il y a donc mobilisation générale autour de cet événement. Cependant, les circonstances entourant le délit peuvent être telles que les liens de solidarité se trouvent, au moins momentanément, brisés et cela tant de la part des enfants que de la famille élargie.

Si les enfants sont moins présents au moment de l'emprisonnement, les motifs sous-jacents peuvent être imputables à l'administration qui refuse des visites contacts parce que ces enfants ont eux-mêmes des casiers judiciaires.

Que la garde de l'enfant soit assurée par les parents, la grand-mère ou la sœur de la femme détenue ou bien par un placement en famille d'accueil, les visites sont peu nombreuses. Cette séparation est vécue fort différemment par chacune des femmes. Certaines parlent peu de leurs sentiments alors que d'autres sont très volubiles sur le sujet. Cette retenue dans le discours s'observe surtout chez les femmes qui au sortir de prison ne retrouvent pas leurs enfants, soit parce que la famille continue d'en assumer la responsabilité, soit parce que l'enfant a été placé en adoption.

Peu de pères sont présents pour assurer le maintien de la cellule familiale au moment de l'emprisonnement de la mère et plus rares encore sont ceux qui veulent revenir assumer la responsabilité de leur progéniture, même pour une période très restreinte.

Quant à la spécificité de la peine, le discours des femmes ayant vécu une séparation d'avec leurs enfants démontre l'effet négatif de cet éloignement forcé sur les enfants, confirmant que ce principe juridique est un mythe. Les enfants vivent la séparation aussi difficilement que certaines mères; la peine ne frappe donc pas que la personne visée.

Pour ce qui est du placement des enfants par une agence de contrôle social, tant suite au dépôt d'une plainte que sous l'initiative de l'agence elle-même, cette situation se produit lorsque la personne détenue et/ou sa famille ne réalisent pas l'impact d'une telle prise en charge pour leurs membres. Encore une fois, ce sont donc les plus démunis qui perdent le plus.

Quant à savoir. si les enfants peuvent jouer un rôle stabilisateur pour les femmmes lors de leur sortie, rôle que joue la femme qui attend son homme, il semblerait que sous certains aspects la réponse est affirmative. Cependant, avant de procéder plus avant dans l'analyse, nous devons examiner de façon plus globale toute la question de la sortie. Alors seulement pourrons-nous délimiter l'impact des divers éléments.

La chapelle.

La bibliothèque…

Cour avec barbelés.

Chapitre VII

La «sortie»

Par deux fois déjà nous avons abordé ce thème de la sortie. D'abord, ce fut en rapport avec les fouilles qu'ont à subir les détenues au moment d'un retour à l'établissement de détention. Ces pratiques sont une atteinte à la dignité de la personne et représentent une agression à caractère sexuel pour les femmes qui y sont soumises. Outre cela, lorsque ces fouilles se font au retour du travail, il est alors demandé aux femmes de passer de l'autonomie la plus grande à la sujétion la plus complète. Nous consacrerons d'ailleurs une section à cette double vie que mènent les femmes qui sont en libération de jour pour occuper un emploi et qui doivent, le soir venu, retourner sous la férule de dame justice.

La sortie fut également à l'ordre du jour alors que nous examinions la question des relations mères-enfants au temps de l'incarcération. Là, différents scénarios se dessinaient avec des conséquences diverses tant pour les enfants que pour la femme et tant durant la vie en prison qu'au temps de la sortie.

Le conjoint d'une justiciable fait rarement partie du cercle de la famille. Cependant, lorsqu'il en fait partie, sa présence assure une permanence du milieu familial, permet des visites suivies auprès de la mère et garantit un milieu stable à la femme lors de la sortie.

Les enfants sont-ils autonomes ou placés en adoption, la femme aura alors un souci en moins en n'ayant pas à s'occuper d'eux. Cependant, tous les problèmes de la sortie sont là pour elle, dont celui d'avoir à se trouver un emploi avec un «trou» dans l'histoire de sa vie active dans le monde de la production marchande.

Si la femme est mère et chef de famille monoparentale, les retrouvailles tant désirées pendant la détention ne se feront pas sans quelques heurts. Les enfants, comme la femme, ont vécu des événements qui, on l'a vu, laissent leur marque et la résolution du malaise se fait dans des conditions souvent difficiles, chacun ayant à régler divers types de ressentiments tout en luttant avec des moyens très précaires pour la survie quotidienne.

Lorsque la femme est célibataire et sans enfant, elle peut appliquer toutes ses énergies à la recherche d'un emploi et à refaire ses relations.

Dans ce chapitre, consacré à l'examen de la sortie de détention, nous intégrerons à notre analyse les éléments ci-haut mentionnés. En premier lieu, nous décrirons d'autres événements marquant ce moment si longtemps désiré, sans oublier les différentes stratégies adoptées tant lors de la recherche d'emploi que lors des échanges avec les collègues de travail.

La fin d'un rêve

La sortie, que ce soit suite à une libération conditionnelle, une surveillance obligatoire ou même une libération de jour, ne ressemble pas à l'éden auquel la femme aspirait depuis son entrée.

Absence d'information et d'aide

Durant l'incarcération, les femmes sont maintenues dans un état de dépendance par un régime pénitentiaire qui ne permet pas de prise de décision chez les gardées ni ne met de l'avant leur autonomie financière. La sortie ne fait qu'accentuer cet état de dépendance et la situation précaire dans lesquels les justiciables se retrouvent. On en verra un exemple dans le discours de Laurence:

Quand tu viens de sortir de prison où t'étais oppressée où (...) tu d'mandes absolument tout, faut que tu d'mandes pour faire débarrer ta porte, faut que tu d'mandes le papier d'toilette là faut que, tu sors t'es complètement déboussolée surtout que bon là on dit eh, quand tu sors bon là on dit: «Ça y est, tu t'en vas, bonne chance» (...) y a fallu que je d'mande à un passant dehors pour m'indiquer comment faire pour me rendre, j'savais même pas l'adresse, c'est une surveillante avant de partir, j'ai dit: «où ce que j'm'en vas, c'est où la maison de transition?» — A dit: «on te l'a pas dit?» — j'ai dit: «non, on me l'a pas dit». (Laurence)

D'autres, telle Françoise, ont dit regretter que si peu d'aide soit disponible, surtout pour les courtes sentences. Entre autres, il est souhaité que les renseignements sur les maisons d'hébergement pour femmes en difficultés soient plus accessibles, car souvent en sortant, «tu n'as pas de place où aller» (Françoise). En fait, ayant passé plusieurs courts séjours en milieu carcéral, et cherchant à ne plus y retourner, cette femme a identifié certaines des lacunes du système:

Il y en a très peu de support aux gens qui sont dans le milieu et qui cherchent à s'en sortir, il y a très peu de support aux gens qui sortent d'en d'dans; c'est surtout qu'ils ne comprennent pas tout l'impact je pense que ça peut avoir, qui comprennent pas qu'il faut que tu te remodèles, que quand tu sors d'en d'dans, t'es en petites pièces et que t'es toute seule pour les recoller tes petites pièces, tu les recolles tout croche, tu les recolles selon les seuls modèles que tu as et comme c'est sécurisant ben tu te recolles exactement comme t'étais, exactement comme t'étais avant; là ça fait que tu recommences, c'est un cercle vicieux épouvantable. (Françoise)

Enfin libres, disent certaines autres, mais non sans avoir complètement décroché. Ainsi, Pauline raconte: «Quand chu sortie d'là, j'ai même pu eu le goût de travailler.» Qui plus est,

y te mettent dehors, y te donnent pas d'argent, mais y te donnent pas les moyens d'en faire, ça fait que là faut que t'en trouves des moyens pour faire de l'argent, ça fait que quand tu sors de prison soit que tu deviennes agressive, comme, tu deviens comme je le suis ou tu deviens une mangeuse de marde mais tu peux jamais redevenir citoyenne, c'est pas vrai... (Pauline)

Convaincues qu'elles ont été sentencées à une peine d'emprisonnement parce qu'elles n'avaient pas suffisamment d'argent pour payer l'avocat, et constatant qu'en fin de sentence non seulement aucune aide n'est offerte mais qu'en plus elles sont étiquetées et mises à part, certaines optent pour continuer de vivre en marge de la société.

Que ce soit à tort ou à raison, ce sentiment que le passage dans le pénal fait des justiciables des femmes à part, marquées d'un sceau, d'un stigmate, est un leitmotiv qui revient souvent dans le discours des femmes rencontrées.

Stigmatisation

L'enfermement isole de la vie. Les femmes gardées sont en marge de la société et après une période relativement courte, tout en désirant reprendre pied dans le monde libre, elles sont craintives car elles se sentent stigmatisées. Elles ont eu le temps d'intégrer le message donné par toute la procédure pénale: elles ne sont plus des citoyennes à part entière. Il y a eu perte de statut et de crédibilité. Les femmes incarcérées se rendent compte dans leurs échanges avec le personnel de l'institution pénitentiaire de l'implication d'avoir maintenant une «feuille de route». Ces justiciables sont donc conscientes que leur intégration dans une société mixte, c'est-à-dire une société où les justiciables sont une minorité, sera difficile. L'incertitude quant à la réaction des gens, tout comme le sentiment d'être maintenant marquées au fer rouge, provoque de nombreuses réactions au moment de la sortie.

Diana décrit bien l'ambivalence ressentie juste avant la sortie:

[Ça pris] plus qu'un an et demi avant que j'aie une absence temporaire pis quand j'en ai eu une, j'étais, ah, je savais pas quoi faire, [comment] réagir; je pensais que tout le monde me regardait (...) j'étais paranoïaque (...) t'as une libération de jour pis je voulais y aller, mais j'avais peur d'y aller parce que je savais pas (...) comment j'allais réagir au monde ni comment le monde allait réagir à moi, j'étais paranoïaque... (Diana)

Plonger dans la vie quotidienne en sortant de Tanguay, quel que soit le mode de libération, est un choc car les justiciables doivent apprendre à vivre avec leur nouveau statut. Andrée raconte qu'après avoir vécu

> entre quatre murs pendant x années, là tu t'en vas, tu t'imagines que tout le monde te reconnait, tout le monde voit ça écrit sur ton front, tu es une détenue, c'est très difficile... [même après plusieurs **années**], tu vas sur la **rue** et tu vois un policier, tu t'imagines toujours qu'il va te dire: «Il faut que tu retournes là-bas». (Andrée)

Andrée s'imagine que c'est écrit sur son front, et ici, nous laissons la parole à Françoise, mais Diana, Louise et Nicole aussi ont élaboré sur la question:

> Surtout quand tu prends l'autobus, juste au coin, ou même deux coins de rue plus loin, mais ça paraît, tu as le même sac que toutes les autres filles qui sont sorties de là, les filles sortent toujours à la même heure, tu n'as pas de maquillage à Tanguay (...) tu as l'impression que le chauffeur d'autobus le sait que tu sors de là et c'est vraiment déprimant, tu aurais le goût de te cacher ou de faire du pouce ou n'importe quoi. (Françoise)

L'intériorisation de la nouvelle définition que confère le statut d'«ex-détenue» pour la justiciable peut survenir, soit suite à des expériences survenues dans le milieu carcéral, soit au hasard des rencontres ou avec d'autres membres de la famille.

Pour Louise, les problèmes ont surgi des gens autour d'elle:

> Tout de suite en sortant, tu l'as pas fini ton temps, tu penses que tu l'as fini mais c'est la minute que tu rentres dans la société ton temps, on dirait qu'il recommence parce que le monde te met à part (...) là, tu te demandes quand est-ce que j'va finir mon temps, quand est-ce que j'va pouvoir vivre comme tout le monde? (Louise)

Dans ce cas particulier, les personnes autour d'elle — oncles, tantes, cousins, cousines — lui tournent le dos. Lors du décès de son parrain, les gens refusaient de lui parler, s'en allaient alors qu'elle se présentait pour offrir ses condoléances. Ici, on réagit à l'étiquette *ex-détenue*. Heureusement, ailleurs la réaction est autre. Par exemple, Andrée raconte que pour sa famille, «ils ne me perçoivent pas comme une détenue, ils me perçoivent comme moi.» Nous examinerons dans la section «Famille et ami-e-s», les facteurs pouvant expliquer ces comportements différentiels.

C'est donc en tant qu'«ex-détenue» que la femme se perçoit ou se croit perçue comme étant «autre», «à part». Cependant, le stigmate pénal ne discrédite pas la personne en partant, comme cela peut être le cas pour des gens de couleur ou les personnes handicapées physiquement. Le casier pénal est un stigmate seulement s'il est connu. Malheureusement, la femme ne contrôle pas cette information et celle-ci peut passer au domaine public en tout temps. Kathleen sait que rien de ce stigmate n'est visible, mais que se passerait-il, se demande-t-elle, si tout à coup il était connu qu'elle rentre le soir à Tanguay ou bien qu'elle a déjà fait de la prison.

> Tu sais, c'est comme avoir un secret que tu peux pas raconter
> à n'importe qui pis parce que le monde réagit mal à ça.
> (Kathleen)

Les femmes doivent apprendre à vivre avec cette tension en même temps qu'avec ce secret qui ne peut être divulgué.

Nous verrons plus loin comment cet étiquetage influence aussi la recherche d'emploi et les relations avec les collègues de travail. Pour le moment, nous examinerons les problèmes affectifs qui guettent la femme à la fin de sa peine.

Problèmes affectifs

La sortie de prison ne résout pas tous les problèmes car certains ne s'actualiseront, ne se matérialiseront qu'avec le retour de la liberté.

Béatrice découvre alors qu'elle n'a plus aucun droit sur son enfant, que jamais plus elle ne pourra le voir. Elle ne comprend pas que les papiers qu'elle a signés alors qu'elle était au «trou» lui enlèvent toute possibilité de reprendre les contacts avec elle. Le choc de se retrouver en société, couplé à cette nouvelle font qu'elle s'enferme chez une amie; il lui faudra un mois avant d'oser sortir. La présence de proches qui acceptent de s'impliquer dès le début de la procédure pénale aurait pu empêcher que cette femme perde tous ses droits. Il existe cependant des situations comme celle-ci où personne ne peut intervenir car la femme est sans ressources. En d'autres circonstances, la famille réagit en demandant l'aide des diverses agences de contrôle social sans se douter des conséquences négatives pour les parties en cause. Qu'on pense à Carole et à Simone qui, dénoncées par leurs proches, perdent temporairement ou définitivement tout droit de regard quant au placement de leurs enfants.

Loin des yeux, loin du cœur, dit le proverbe. À la sortie et souvent avant, il est des affaires de cœur dont il faudra savoir faire son deuil. Ainsi, Carole a dû régler des problèmes affectifs car son ami, tout en la visitant occasionnellement durant sa sentence, avait une autre femme dans sa vie. À sa sortie, c'est la rupture avec celui-ci; elle fait aussi le ménage dans ses autres relations. Venant d'une petite ville, elle déménage à Montréal, avec ses enfants, pour refaire sa vie. Hélène a connu trois courtes peines dans une même année et voit encore le même ami. Andrée passe de longues années à l'intérieur des murs et son conjoint l'attend à la sortie pour reprendre la vie commune.

Un mari ou un amant fait-il partie du cercle des intimes d'une justiciable que l'éloignement physique causé par l'enfermement peut les amener à rompre cette relation. La durée de la sentence pourrait être un facteur déterminant mais, compte tenu des données, nous dirions que la qualité des échanges qui prévalait avant la vie en prison est déterminante quant aux possibilités que des retrouvailles puissent être célébrées avec le retour de la liberté.

Famille et ami-e-s

Considérant que la réaction de la famille et des ami-e-s au moment de la sortie n'est pas nécessairement la même qu'au début de la procédure pénale, il y a peut-être lieu de reprendre de façon globale le rôle qu'ont pu jouer parents et ami-e-s à chacune des phases du processus pénal. Cette analyse est importante à faire non seulement pour clarifier la situation qui prévaut à la sortie mais également parce que les proches demeurent des éléments neutralisateurs comme des éléments producteurs de coûts sociaux tout au long du passage dans le pénal. Leur influence sur la trajectoire sociale des femmes justiciables est appréciable. Mais n'anticipons pas sur notre propos; pour l'instant, qu'il nous soit permis de récapituler la situation.

Avant, comme pendant l'enfermement, dix des quinze femmes rencontrées ont reçu un soutien moral et/ou financier d'au moins une personne de la famille. Dire qu'il y a eu support ne signifie pas que tous les proches ont manifesté leur appui, du moins au temps de l'enfermement. Dans deux cas, la famille a accepté la garde des enfants, mais en minimisant les contacts avec la mère de ces derniers. En fait, seulement deux femmes nous ont assuré que l'expérience pénale n'avait rien changé dans leurs relations tant avec la famille qu'avec les ami-e-s. Dans les deux cas, ces femmes en étaient à une première incarcération, quoique l'une d'elles a subi trois courtes sentences au cours de la même année.

Avec la libération, plusieurs femmes, dont quelques-unes des néophytes du système pénal, ont dit avoir eu à refaire leur cercle d'ami-e-s. Il en est même une qui nous a raconté qu'elle continuait d'être frappée d'ostracisme de la part des membres de la famille élargie. Elle est la seule pour qui la fin de la sentence n'a pas signifié la fin de la période de mise à l'écart par la famille. Comme cette femme en était à ses premiers démêlés avec la justice, nous ne pouvons dire que l'implication dans le milieu est le facteur explicatif concernant cet accueil différentiel. L'étiquette «ex-détenue» serait beaucoup plus prégnante en terme explicatif. Nous y reviendrons ultérieurement.

Cinq femmes étaient sans soutien au temps de l'incarcération. Pour l'une d'entre elles, l'éloignement des lieux de détention en serait la cause plutôt que le simple abandon. Dans deux autres cas, les ponts sont complètement coupés par la famille. Il arrive aussi, tel le cas de Françoise, que la jeune femme se sente exploitée par sa famille alors qu'elle est libre, et rejetée au temps de la détention:

On me prend quand ils ont besoin de moi, quand ça fait leur affaire, mais quand y ont pu besoin de moi ou bien quand chu t'en d'dans, put, tout de suite la porte est fermée totalement. (Françoise)

Les cinq dernières, placées très jeunes dans des foyers, n'ont pour ainsi dire jamais de contact avec leur milieu familial d'origine. Par conséquent, ces femmes se retrouvent sans possibilité de support, même affectif, de la part de la famille immédiate.

La personne criminalisée qui ne peut compter sur la bienveillance des gens autour d'elle pour l'aider à neutraliser l'image négative que lui renvoie le système est doublement pénalisée, souvent sans aucune responsabilité de sa part. En plus, l'absence de la famille peut être un élément producteur de coûts. Nous l'avons déjà dit, le système compte beaucoup sur sa présence pour encadrer le membre déviant. En l'absence d'un encadrement par le clan familial, le système pourra décider de garder la personne accusée en détention préventive avec des implications difficilement mesurables mais non négligeables au temps du procès.

C'est ainsi que Nicole, sans ressources financières et sans support familial, se voit refuser un cautionnement même pour une première infraction. On pourrait croire que la nature du délit influence prioritairement une telle décision; cependant, la narration très explicite qu'Andrée fait des incidents survenus au moment de sa demande de cautionnement, laisse croire que tel n'est pas le cas. En fait, le système de justice accorde une très grande importance à la présence de la famille pour l'aider à faire pression sur la personne accusée. C'est ainsi qu'Andrée, également accusée d'un premier délit jugé grave, sera pareillement gardée en prison, comme prévenue, parce que suite à une erreur dans l'identification du local où se déroulait la séance, personne de sa famille n'a pu se présenter à l'heure convenue pour se porter garant d'elle. La gravité du délit reproché ne jouait plus, c'est l'encadrement familial, pour ne pas dire marital, qui aurait été le facteur déterminant dans cette affaire. En effet, selon Andrée, le juge aurait refusé qu'un cautionnement soit accordé parce qu' «il n'y a personne qui va répondre que vous allez être présente» au procès.

Au moment de l'incarcération, il arrive que certains membres de la famille espacent leur visite ou refusent de se rendre à l'établissement carcéral. Les circonstances entourant le délit et/ou la gravité de celui-ci peuvent être déterminantes quoique, en d'autres occasions, rien de tel n'a joué. Dans ces derniers cas, l'image produite par le mot prison joue sur l'imaginaire des gens et ils invoquent tant la douleur ressentie à l'idée de visiter leur fille dans un tel endroit que le refus d'envisager que cette dernière puisse gagner sa vie par des activités illégales. (Il n'est pas évident que ce ne soit pas le fait d'être étiquetée «criminelle» plus que l'activité elle-même qui soit rejetée.) Enfin, ailleurs, ce sont les pratiques sexuelles adoptées par la femme depuis son incarcération qui auraient été cause de rupture tandis que pour d'autres, l'éloignement physique des lieux de détention empêcheraient les visites. Aucun de ces motifs ne semble déterminant, pas plus qu'une longue histoire de démêlés avec l'appareil de justice.

La situation de crise déclenchée par la procédure pénale ne produit pas que du rejet. En effet, elle a permis à Hélène et à une de ses sœurs de mieux se connaître et de s'épauler dans l'adversité. «Moi et ma sœur, on s'est rapprochées parce qu'avant ça...» (Hélène) Les supports affectif et financier fournis ont permis de neutraliser certains effets de ce passage dans le pénal. Si la situation précaire dans laquelle se retrouvent plusieurs des justiciables — telle Hélène — et cela, juste avant leur contact avec le pénal, si cette état de fait était mieux connu par les membres immédiats de la famille, il est permis de présumer que ceux qui ont les moyens d'intervenir n'attendraient pas pour réagir d'y être forcés par la crise que déclenche le début des procédures pénales.

Un facteur pouvant contribuer à l'espacement des visites à la prison concerne les visites sécuritaires. Pour plusieurs, il est extrêmement pénible d'échanger au travers d'une vitre. Les gens en viennent même à préférer se priver de rencontres plutôt que d'avoir à se crier quelques mots devant une barrière. Telle était l'attitude d'Hélène et de ses deux fils:

> Ils sont venus deux fois [mes fils] (...) j'avais pas le droit des voir, de parler, à part au travers d'une vitre (...) ma sœur, mon

ami, j'pouvais leur parler comme vous là (...) ce qui m'a aidée... (Hélène)

N'eut été que cette femme avait deux autres visiteurs, non astreints à ces restrictions, et qui la visitaient régulièrement, lui apportant aide et support tant sur le plan moral que financier, nous pouvons nous interroger à savoir si son attitude eut alors été la même. Nous pensons plutôt que, telle Géraldine qui ne parle que d'un seul visiteur tout au long de sa détention, elle aurait accepté de décompresser avec eux, même avec une vitre qui les sépare:

> J'avais des parloirs, mais sécuritaires, à travers d'une vitre (...) une chance que j'ai eu un copain qui venait me voir, c'était un de mes oncles (...) lui, je me décompressais carré... (Géraldine)

Une question demeure, lorsque les enfants majeurs d'une personne incarcérée ont eux aussi un casier pénal, est-il absolument nécessaire, pour la sécurité, que ces personnes ne puissent jouir de visites contacts? Nous croyons que non. La vie quotidienne en prison est gérée par un ensemble de pratiques qui posent problèmes. Que ce soient les fouilles qui portent atteinte à la dignité des gardées ou les restrictions au sujet des visites contacts, nous considérons qu'étant donné les effets négatifs observés tant chez les personnes détenues que chez les proches de ces dernières, leur usage ne doit être envisagé que pour des motifs sérieux de soupçons.

Certaines familles ne rejettent pas la personne criminalisée, mais les femmes ne trouvent pas là l'ouverture d'esprit qui leur permettrait de s'ouvrir sur leur pénible expérience. Ainsi, dit Laurence,

> [la famille] y m'ont pas rejetée pour autant, y m'ont pas condamnée mais en tout cas y m'ont pas ouvert plus leur porte parce que pour eux-autres, bon, «viens nous voir, mais parle-nous pas de ça.» (Laurence)

Cette attitude est moins destructrice que le rejet expérimenté par Louise, mais les femmes trouvent quand même difficile d'avoir à faire abstraction d'un événement si important dans leur vie.

Qu'il nous soit maintenant permis de revenir sur les réactions des ami-e-s à la nouvelle de l'arrestation et de l'incarcération. Les liens d'amitié semblent résister moins solidement aux pressions que les liens de sang. En effet, la famille peut avoir des réticences à accorder aide et support au temps de la vie carcérale mais rarement refuse-t-elle de réintégrer son membre déviant lorsque la peine est terminée. La pratique semble autre entre ami-e-s.

Pour Carole, Kathleen et Louise, cet événement dramatique qu'est l'emprisonnement a permis de faire le ménage dans leurs relations. Le problème survient du fait que l'incarcérée n'est nullement maîtresse de la situation. Cet épisode est très difficile. D'ailleurs, Kathleen ne croit pas qu'elle pourrait revivre une deuxième incarcération car elle a l'impression qu'elle serait détruite principalement parce qu'à la sortie,

> c'est vrai qu'y faut presque que tu partes à zéro pis y a des conséquences très négatives (...) toute ma vie, y a fallu que j'la r'parte à zéro... (kathleen)

Cette jeune femme a perdu la majorité de ses ami-e-s et pourtant, comme pour Laurence et Louise, elle n'avait aucune histoire préalable avec les milieux judiciaires. Les gens en général réagissent négativement à l'étiquette «détenue» ou «ex-détenue». Nous retrouvons là un des motifs qui pousse les personnes stigmatisées à se regrouper.

Françoise raconte comment la femme incarcérée, abandonnée par les siens, établit son réseau affectif à l'intérieur des murs. Après quelques incarcérations ou après une longue incarcération, inconsciemment, elle veut y retourner:

> C'est tellement un milieu affectif des fois que juste pour le côté affectif tu as le goût d'y retourner. Ça vient que tu as tellement envie du côté affectif que tu oublies toutes les conséquences — tribunal, juge, avocat, procureur et Tanguay à la fin (...) tu n'es pas capable d'établir d'autres liens parce que les gens qui n'ont pas de casier (...) qui ne sont pas dans le milieu sont toujours réticents envers ceux qui ont un casier judiciaire surtout si il est le moindrement gros. (Françoise)

Simone décrit sa sortie et le drame affectif qui s'y joue:

A fallu qu'ils me sortent de d'là de force. Mon temps y finissait à 10 h 30 et j'ai jamais voulu sortir de d'là avant l0 h 30, c'était à l0 h 30 que j'voulais sortir, pas à 9 h parce que de 9 h à l0 h 30, ils me volaient une heure et demie d'avec mes sœurs, mes mères, toutes les personnes avec qui j'avais vécu pendant 42 mois. Ça été dur, plus dur pour moé de r'prendre la liberté que de rester là parce que là, j'faisais face à la liberté et ça tu r'tombes tout seule dans la grand ville, a rien en arrière de toé, rien en avant de toé tandis que minque, quand j'ai tombé là-bas okay j'étais toute seule, j'avais rien mais au moins j'savais que j'avais un déjeuner demain matin tandis que quand j'suis sortie de là j'tais pas sûre d'avoir un déjeuner demain matin tsé et où j'tais pour me ramasser pour aller coucher tandis que là-bas, j'tais sûre que j'avais une place pour dormir que ça sèye dans le cachot oubedon dans ma cellule, j'avais une place pour dormir, j'avais des médicaments si j'tais malade mais là dehors j'tais pu sûre de ça faque j'avais peur aussi de r'tomber dans un milieu que j'voulais pu r'tomber... (Simone)

Lorsque la famille et les ami-e-s abandonnent la personne incarcérée, il ne reste que la recherche de la solidarité auprès des voisines de cellule pour ne pas se retrouver trop seule.

La solidarité entre ex-détenues a aussi son importance car personne d'autre qu'une ex-incarcérée ne peut comprendre les affres de la sortie. Kathleen, une bachelière, tout en étant consciente que les amitiés qui se sont développées durant la période d'enfermement sont sans lendemain, ne veut cependant pas diminuer l'importance de ces connivences de passage au temps de la liberté fraîchement retrouvée. Même si

la seule chose qu'on avait en commun, c'est qu'on était toutes là à un moment donné et je les ai pas entretenues [les amitiés] en dehors de là (...) en réalité on a rien en commun sauf l'expérience pis ça c'était très important au début parce que quelqu'un qui a jamais été en d'dans peut pas comprendre ce que c'est pis comment tu peux te sentir et c'était bon de pouvoir passer du temps avec quelqu'un d'autre qui vivait exactement la même chose et qui savait exactement de quoi tu parlais... (Kathleen)

Elle n'est pas la seule dans cette situation, Louise et Simone nous assurent avoir trouvé aide et réconfort auprès de personnes ex-détenues.

Il est une autre chose qui peut apporter un certain réconfort à la femme justiciable et c'est de pouvoir sortir de détention pour retourner dans le logement qu'elle occupait avant l'incarcération. Cette situation peut se produire si un compagnon attend la femme ou bien si un membre de la famille a pu assumer les frais inhérents au loyer de l'appartement qui a dû être abandonné. Le retour en société est d'autant facilité car la femme n'a pas à repartir à la chasse aux logements ni à assumer les coûts d'un réameublement. Si elle a des enfants, tous se retrouvent dans un décor connu. Quatre des femmes rencontrées ont parlé de cette chance qu'elles ont eue.

Retrouver ses enfants est d'autant facilité lorsque le mari ou la famille a pu prendre la relève de la mère. Les enfants ont connu un peu moins de stress parce qu'ils sont restés dans un milieu familier et la femme est assurée de les retrouver ou à tout le moins de pouvoir les visiter régulièrement.

Les ami-e-s aussi peuvent être un baume au cœur pour la femme qui subit une peine d'incarcération. Andrée et Elisabeth, entre autres, disaient à quel point il était réconfortant de savoir que quelqu'un les attend à l'extérieur, que quelqu'un pense à elles, que quelqu'un va téléphoner, que quelqu'un va écrire et qu'il y a des gens sur qui il est possible de déverser le trop plein. Malheureusement, tel n'est pas le cas de toutes les femmes qui subissent une peine de détention. Ainsi, Nicole n'avait aucun visiteur et Kathleen, qui recevait des visites hebdomadaires de sa famille, a quand même perdu, suite à son unique passage en détention, les trois quarts de ses ami-e-s.

La présence ou l'absence de la famille comme des ami-e-s a une grande importance et cela tant avant que durant ou après la détention.

Problèmes financiers

Lors de la discussion sur les intimes, il a été dit que certaines femmes retrouvaient leur logis avec la liberté. Toutes ne sont cependant pas dans cette situation.

Françoise raconte, non seulement la **contradiction** entre la pensée qui meublait le temps durant l'enfermement et l'agir alors que la liberté est là, présente à sa porte, mais élabore également sur le vide qui l'attend:

> Tu te dis tout le temps: «Quand je vais sortir ça va être le party» et quand tu sors, parce que tu te déshabitues vite de la liberté, que tu sors de là, tu te renfermes chez toi, tu es renfermée à Tanguay, tu prends un bus et tu te renfermes chez toi (...) c'est quand tu sors que tes problèmes commencent vraiment parce que quand tu es à Tanguay, tu dis: «je fais mon temps, minque je sorte, on verra», mais quand tu sors, tu sors de là avec pu d'argent, ton linge, un ticket d'autobus. Souvent, quand tu sors de là tes affaires sont disparues ou ta famille a pas su s'occuper de tes meubles ou de tes choses, ou tu n'as pas voulu leur dire que tu étais en d'dans, puis ton propriétaire a disposé de tes meubles, t'as pu d'appartement, tu as perdu toutes tes choses que tu aimais beaucoup. (Françoise)

Après trois ans d'incarcération, Nicole sort de l'institution avec 15,00 $ dans les poches:

> La fille quand a sort dehors, a l'a rien devant elle, rien en arrière d'elle, a pas de contact, tout le monde y s'méfie de elle, y savent, c'est quasiment écrit sur ton front qu't'es sortie d'prison, ben a r'tourne en d'dans... (Nicole)

Les femmes trouvent onéreux de prendre des *vacances* à Tanguay. En sortant, la liste des dépenses s'allongent encore. Il est des femmes, telle Elisabeth, qui préfèrent ne pas «jouir» de ces programmes de libération 4-3 car il est trop coûteux, pour elles, d'assumer les dépenses d'habitation à deux endroits différents: leur appartement quatre soirs et la maison de transition les trois autres. Cependant, si quelqu'un attend la personne détenue, ce programme est «formidable». C'était le cas d'Andrée. Remeubler un appartement représente aussi un investissement non négligeable; ainsi, Géraldine trouve que «c'est pas ben ben payant; tu sors de là puis zéro, tu sors de là et tu reprends encore une piaule.»

Nous ne pouvons éviter de parler des difficultés des justiciables qui doivent recourir au bien-être social. Cette catégorie de personnes connaîtra toutes sortes de tracasseries et cela indépendamment de l'âge.

Hélène et Louise, tout en ayant plus de 30 ans, ont essuyé une série de vexations par les préposés au bureau de ce système de contrôle social. L'une est chef de famille monoparentale et l'autre a des problèmes de santé.

> C'est dur quand tu sors d'en d'dans, tu te retrouves seule, tu te retrouves pas d'argent, tu as de la difficulté avec le bien-être social de ravoir un montant d'argent...(Louise)

Elle a dû lutter la journée de sa libération conditionnelle car

> ils ne voulaient pas me donner d'argent et j'leur ai dit «Écoutez, j'ai un enfant, faut qui mange; moi, je sors d'en d'dans vous êtes supposés m'aider.» — J'me suis pognée, j'ai resté dans le bureau jusqu'à temps que je voye le directeur (...) faut toujours que tu gueules quand tu sors d'en d'dans, tu te retrouves avec a rien, tu te retrouves avec pu d'ami-e-s, tu te retrouves seule, si j'avais pas eu mes nouveaux ami-e-s que je viens de me faire là, peut-être que j'aurais capoté toute seule dans mon coin mais mes ami-e-s m'ont aidée... (Louise)

Nous avons déjà fait allusion au manque d'aide pour les courtes sentences. Dans certains cas, tel celui d'Hélène, après 28 jours de détention, cela veut dire:

> j'pouvais pas r'travailler plus encore [incapacité temporaire suite à une opération] et là, je suis allée au bien-être y m'ont donné un dépannage parce que j'avais été un mois là-bas (...) entre-temps, le chèque que j'avais eu d'dépannage (...) y m'ont transferrée (...) là y m'ont fait r'mettre le chèque à 25 $ par mois, eux-autres, c'tait pas leur loi... (Hélène)

Hélène, dans la cinquantaine, avait travaillé toute sa vie dans un emploi légal, élevant ses deux enfants. Suite à des problèmes de santé, elle a dû quitter son travail et pour boucler son budget, elle a eu recours à des expédients, elle a fait du vol à l'étalage. Dans la même année, elle est sentencée à trois courts séjours en institution. On a vu, antérieurement, que le non-suivi médical au moment de l'incarcération laisse des séquelles. Lors de sa dernière sentence, cette femme doit demander qu'on lui assigne un agent ou une agente de libération conditionnelle qui l'aiderait à organiser sa vie.

Les femmes justiciables et la production de type marchande

Nous avons déjà dit que treize des quinze femmes rencontrées ont eu, à un moment où l'autre de leur vie, avant d'entrer en contact avec le système de justice pénale, un emploi légal rémunéré. Quant aux deux femmes qui n'ont jamais obtenu d'emploi légal rémunéré avant le passage dans le pénal, une a travaillé quelques mois lors d'un séjour en maison de transition et l'autre occupe le même emploi depuis sa sortie d'incarcération. Au moment de l'entrevue, deux années se sont écoulées depuis le début de son entrée sur le marché du travail.

Si nous examinons la situation juste avant la première incarcération, la seule expérience d'enfermement pour huit des justiciables, nous constatons que seulement cinq femmes ont un emploi légal rémunéré, deux autres sont malades et une reçoit des prestations du bien-être social. Pour les sept autres, les sources de revenus mentionnées ne sont pas légales.

Les circonstances précédant la dernière sentence de prison démontrent une certaine évolution. Nous retrouvons toujours cinq femmes qui s'insèrent dans un type de production marchande et trois autres qui sont dans l'incapacité de travailler pour raisons de santé. Cependant, six des femmes rencontrées disent avoir reçu des prestations sociales et une seule ne déclare aucun moyen légal de subsistance.

La situation au moment des rencontres continue d'évoluer. Ainsi, quatre détiennent un emploi et quatre autres sont en recherche active avec des perspectives sérieuses de travailler au plus tard dans la quinzaine suivant les interviews. Une seule de ces dernières avait obtenu un poste depuis sa dernière incarcération et se trouvait en congé de maladie suite à un accident de travail. Elle vivait des prestations de la CSST. Le travail au noir occupait une autre justiciable. Enfin, après avoir travaillé pendant quelques années, une jeune femme est retournée aux études et vit des prêts et bourses.

La conjoncture des cinq dernières est plus précaire. Trois sont dans l'incapacité de travailler à l'extérieur à cause de la maladie mais espèrent retourner sur le marché du travail dès que possible. Quant à savoir si ce désir peut être vu comme un projet réaliste, voilà une question difficile à trancher considérant les nombreux facteurs qui joueront. Lorsque surviennent de telles situations, il faut en effet tenir compte non seulement de la conjoncture économique — qui n'est présentement pas très favorable —, de l'expérience pénale — qui peut bloquer les possibilités d'accès aux meilleurs emplois —, de la formation — qui est souvent inexistante —, mais également ment des séquelles que peut laisser la maladie, rendant donc toute prédiction fort aléatoire.

Travail et libération de jour et/ou conditionnelle

Indépendamment des règles et/ou conditions qui peuvent être effectivement en vigueur à la Commission québécoise des libérations conditionnelles ou bien à la Commission nationale des libérations conditionnelles, plusieurs des ex-détenues nous racontent comment elles se sentent poussées vers la recherche d'emploi et cela même si elles ne se trouvent pas prêtes. On exercerait une espèce de chantage: si la détenue ne trouve pas d'emploi, elle ne pourra obtenir sa libération.

> Là, ils te demandent si tu veux avoir une libération de jour mais il faut que tu te trouves du travail mais pour te trouver du travail, tu ne peux pas sortir. (Andrée)

Le fait de prendre soin de ses enfants ne semble pas être une raison valable, selon l'expérience de quelques femmes. L'important reste l'emploi rémunéré, dût-il être au salaire minimum, ou que pour le temps de la demande de libération.

Laurence raconte qu'elle avait

> beau leur expliquer [aux commissaires] que j'me sentais très diminuée, très, très dévalorisée depuis que j'avais fait de la détention, j'm'étais jamais sentie comme ça parce que j'ai toujours eu une certaine assurance, une certaine conscience

de mes capacités mais là j'tais pu capable d'y croire en mes capacités puis j'avais beau essayer de leur exprimer ça, y comprenaient pas eux-autres. C'était, fallait que je travaille pour passer ma libération conditionnelle. [Un emploi comme bénévole n'était pas suffisant, on lui refusa sa libération conditionnelle.]

À Opex, un centre d'aide pour faciliter le retour sur le marché du travail des personnes ex-détenues, une responsable a dit à Laurence que sa situation n'est pas unique et que

> souvent la fille est même pas prête à travailler mais parce qu'elle est poussée pour sa libération conditionnelle... (Laurence)

Comme dit Géraldine, «t'arais besoin de pas mal plus que deux, trois jours» de décompression avant de partir à la recherche d'un emploi; «t'as besoin juste toi de te retrouver dehors.»

Lors d'une libération, les femmes racontent qu'en période de chômage ou bien en cas d'accident au travail, l'agent fera des pressions afin qu'elles se retrouvent du travail et cela même si, de fait, elles ont droit à des prestations pour plusieurs semaines encore. L'inactivité est très mal vue par les agents et les femmes trouvent difficiles qu'on leur demande plus qu'aux citoyens et citoyennes sans dossier.

Ainsi, plus ou moins forcées et plus ou moins prêtes, les femmes partent quand même à la recherche d'un emploi. Cependant, les complications s'additionnent car que dire au futur employeur, surtout si elles sont en libération de jour ou bien vivent en maison de transition.

Recherche d'emploi à la sortie

Géraldine résume bien la situation que vivent les femmes qui sont à la recherche d'un emploi après avoir connu une période d'incarcération:

> Tu sors (...) faut que tu te trouves une job (...) quand tu viens pour rentrer dans la porte tu recules ben raide, tu dis: «Ah, non», parce que tu sais pas quoi dire; parce que le bonhomme, la première question qu'il va te poser: «Où est-ce que t'as travaillé avant?» (Géraldine)

Ayant pris conscience du manque de crédibilité accordé aux ex-détenues, ne sachant trop comment négocier leur place dans le monde de la production marchande, les femmes sont craintives. De plus, lorsque les femmes ont peu d'expérience dans la production marchande, elles se sentent insécures quant aux us et coutumes qui y ont cours, sans parler de l'insécurité ressentie à cause de leur inexpérience du marché de l'emploi. Ainsi, Françoise trouve la situation stressante même si elle possède les qualifications requises, car les habitudes de travail seront fort différentes de ce qu'elle connaît dans le «milieu»:

> T'as peur quand t'arrives pour faire application pour une job même si tu sais que tu as des qualifications parce que t'es pas habituée à ce monde là, tu connais pas le code dans ce monde là. (Françoise)

Être en libération de jour ou être une ex-détenue au travail, cela peut conduire à vivre dans le mensonge. Plusieurs nous ont parlé de la nécessité de contrôler l'information qu'elles donnent d'elles-mêmes et d'avoir à recourir au mensonge pour ne pas se discréditer aux yeux des tiers. Cette situation amène beaucoup de stress tant lors de la recherche d'un emploi que dans les échanges quotidiens avec les collègues de travail. Les femmes ne peuvent contrôler l'accès au dossier criminel et il y a toujours un risque que quelqu'un fasse des allusions.

> Quand je fais application pour un emploi, y faut que je mente à propos de ce que je fais, où je reste pis des choses comme ça, surtout où tu restes? qu'est-ce que tu fais? tu travaillais où avant? j'veux dire, quand t'as fait trois ans pis que tu sors — tu travaillais où avant? Ah, à Tanguay (...) si tu deviens menteur, c'est pas parce que tu le veux, c'est parce que t'es obligé. (Diana)

> J'ai acheté le journal, il y avait un numéro de téléphone puis une demande d'emploi, j'ai appelé, le monsieur voulait me rencontrer mais ce n'était pas possible, il faut inventer, il faut toujours rester sur la défensive et toujours sortir des trucs, des mensonges parce qu'il voulait me rencontrer le samedi, je ne pouvais pas sortir, j'étais à Tanguay. Il voulait que je commence le lundi, le lundi je n'étais pas sûre de pouvoir commencer parce qu'il fallait que j'aie la permission... (Andrée)

Elisabeth, quant à elle, est certaine qu'elle n'aurait pu décrocher ce poste de gérante de boutique si elle avait raconté qu'elle se trouvait en maison de transition.

Pour Françoise,

> ça vient que tu crains tout le temps; tu vas faire application pour une job et si ils demandent: «Avez-vous un casier judiciaire?», tu es obligée selon la loi de répondre: «Oui». Parce que juste pour ça, ils pourraient encore revenir sur toi; puis si tu réponds «oui», ben quand le patron va voir, ben vol par effraction, hold-up, ta ta ta, il n'est pas trop trop intéressé à te prendre même si toi tu veux juste avoir une job. Ça finit que c'est un cercle vicieux.

Andrée, Diana et Elisabeth sont certaines que si leur patron respectif avait su, elles n'auraient pas eu leur emploi. Pauline et Françoise sont convaincues qu'une banque ou un magasin ne les engageront jamais à cause de leur dossier. D'ailleurs, Pauline croit que

> tu peux pu travailler, tu peux eh... faut toujours c'que tu marches croche, tu peux pas marcher droite après. (Pauline)

Les difficultés sont multiples pour les ex-détenues; si le casier n'est pas motif à discrimination, cela peut être le manque d'expérience, de dire Françoise:

> Moi, j'ai des diplômes, je suis une criminelle éduquée et ça m'a jamais rien donné parce qu'ils me demandent de l'expérience ou bien ils se rendent compte que j'ai un casier judiciaire — automatiquement, «on va te rappeler» mais ils te rappellent jamais... (Françoise)

Françoise parle par expérience, elle a déjà rempli quelques demandes d'emploi:

> Chez Steinberg, entre autres, j'ai essayé et ils demandent sur la formule d'emploi — et j'l'avais déjà fait une fois et j'pensais que peut-être qu'ils avaient retiré ça de leur demande d'emploi — ils demandent encore: «Avez-vous un casier judiciaire? Si oui, pourquoi?» (...) je l'ai rendue, j'ai dit: «On va laisser tomber, c'est tout à fait inutile.» Chez Provigo, même scénario: «Avez-vous déjà été condamnée? et pourquoi?» (...) j'ai ben vu que là non plus j'avais pas d'espoir d'emploi. (Françoise)

Louise, son expérience de recherche d'emploi lui a aussi montré que:

la minute que tu dis que t'as un dossier, «on n'a pas besoin de vous», c'est ce qu'ils te font répondre, faque c'est dur de trouver un travail.

Nicole quitte son emploi après deux ans car étudiant à temps plein, elle ne peut poursuivre les deux carrières de front. Elle passe une entrevue avec une agence afin d'obtenir de l'emploi à temps partiel. Cette dernière l'engage, lui fait faire un contrat mais ne la rappelle jamais. Au moment de l'embauche, il ne fut pas question d'antécédents judiciaires et quoique très satisfaite de ses services, l'agence ne communiquait plus avec elle pour lui offrir d'autres contrats. Ses appels pour parler à la personne en charge étaient toujours infructueux jusqu'au moment où elle menace de se rendre sur place. On invoque alors divers motifs pour expliquer qu'on n'aura plus besoin de ses services. Lorsque Nicole suggère que le motif pourrait avoir un rapport quelconque avec ce qu'elle était, il y a deux ans, on lui répond qu'on doit faire attention aux clients.

Suite à cette expérience, il est sans doute juste de présumer, comme Andrée, Diana et Elisabeth l'ont fait, qu'elles n'auraient pas eu la chance d'occuper l'emploi qu'elles occupent si leur casier judiciaire avait été connu. Comme dit Pires (1983), la barrière à l'emploi c'est le casier judiciaire et par la suite, dans certains cas, peut-être, l'inexpérience. Le silence sur le casier est une bonne tactique, mais les grosses compagnies ou agences gouvernementales offrant les emplois les plus intéressants, à des conditions avantageuses pour les travailleuses, poseront souvent des questions sur les condamnations antérieures. La règle est souvent le refus d'embaucher des personnes avec dossier. Ainsi, l'autocensure pratiquée par Françoise est une réponse adéquate à la situation.

Louise pense obtenir un emploi d'une journée à l'autre,

mais c'est encore une ex-détenue qui va me faire avoir mon travail, c'est pour un ex-détenu que je va travailler, faque tout de suite là tu te dis ben coup donc, qu'est-ce qui se passe, les gens normaux veulent pas m'engager et les gens qui ont fait du temps m'engagent...

Rôle de l'emploi

Ce sont les femmes elles-mêmes qui nous parlent du rôle de l'emploi en rapport avec l'implication dans le milieu:

> Si y a un moyen de retirer une personne du milieu, c'est ben de lui donner une «job» parce que n'importe qui qui travaille, ton travail ça devient une grosse partie de ton milieu affectif, tu passes 8 heures par jour 5 jours par semaine et y a pas question de ça. (Françoise)

Géraldine croit que

> c'est une chance que je travaille parce que ça tient tranquille... pas travailler, je suis sûre que je serais peut-être pas aussi pire qu'avant là, mais je ferais sûrement plus que je fais là.

L'employeur sait

Tel que décrit antérieurement, quelques-unes des femmes rencontrées nous ont fait part qu'il était essentiel, selon elles, que leur employeur respectif ne soit pas mis au courant de leur expérience antérieure avec le pénal. Une d'elle avait même perdu son emploi lorsque son séjour en prison fut connu.

Nous pouvons aussi nous interroger sur l'expérience des femmes dont le patron connaît la vérité. Lorsque cette vérité est connue, le mensonge n'est plus nécessaire, la crainte de voir le passé resurgir n'est plus présente, mais qu'y a-t-il à la place?

Lors de la première rencontre avec son futur employeur, Kathleen s'est fait dire:

> «Je vais juste le dire une fois, je pense que tout le monde a droit à une deuxième chance, toi comme n'importe qui d'autre, t'as fait ce que t'as fait, t'as payé pour, pis laisse-moi te dire que t'as pas besoin d'avoir peur de retourner en prison, parce que si jamais tu faisais ça ici, je te jette par la fenêtre.» Ça été la première pis la dernière fois qu'il en a parlé, il a jamais, comme je, certains clients payent en argent comptant, je reçois l'argent, j'y remets, y me donne l'argent

La rentrée sur le marché du travail peut aussi être autre.
Géraldine nous raconte:

Les réactions de la part de l'employeur ont été de deux
sortes: soit le passé est le passé et ce qui compte c'est le
présent, ou le passé reste le passé et le présent ne réussit pas
à effacer l'ombre du casier pénal, ce stigmate, cette marque
au fer de l'ère moderne. Dans la revue des travaux, nous avions
noté que les petites compagnies sont peut-être plus ouvertes
que les plus grandes firmes en matière d'embauche de personnes ex-détenues. Les deux situations ci-haut décrites abon-
dent dans le même sens. Géraldine est engagée par une grosse
compagnie mais se trouve encore en probation deux ans plus
tard. Kathleen s'insère dans un petit bureau et une fois la
décision prise par les patrons, il est plus simple d'oublier le cas,
en tout cas du côté patronal, car Kathleen, elle, n'oublie pas.
Excellant dans tout ce qu'elle entreprend et étant une travailleuse infatigable, elle reçoit de nombreuses offres d'emploi.
Pourtant, elle se dit:

Cette femme, tout en aimant son travail, se sent prisonnière
de son emploi parce que le discrédit jeté par la divulgation du
dossier pénal est trop grand. Il semble que la justiciable n'a

jamais fini de faire son temps, la déchéance post-pénale est toujours une menace.

Collègues de travail

Les collègues de travail peuvent aussi bien être des éléments qui facilitent, que des éléments porteurs de difficultés pour la personne qui cherche à s'intégrer à son nouveau milieu de travail, et cela indépendamment du fait que le passé pénal soit connu ou pas. Ainsi, le patron et les collègues de Géraldine «savaient» et ils ont réagi à l'étiquette «ex-détenue»:

Les premiers temps, j'avais de la misère avec ceux qui travaillaient avec moé parce qu'ils avaient peur de moé (...) les deux premiers mois, c'était crampant, je rentrais le matin, tout le monde avait la tête en dessous de leur bureau, c'était «Bonjour» mais ils me regardaient jamais dans les yeux, moé je regardais direct à bonne place (...) un moment donné, il y a un bonhomme qui travaille avec moé, lui il m'a fait «triper» cette fois là, il me donne un lift pendant la grève des autobus, là, il me dit «je te pensais pas si intelligente que ça». Aye j'dis, «té cave et c'est vrai toé», ça a sorti tout seul... fait que là j'ai compris comment, pourquoi ils me regardaient de même depuis le début... (Géraldine)

Lorsque le passé pénal n'est pas connu, les collègues peuvent être source de problèmes pour la femme, surtout si elle est en libération de jour avec l'obligation de rentrer en prison le soir. La situation n'est guère plus facile dans le cas de la maison de transition. Le mensonge doit faire partie de la vie; nous avions déjà souligné ce problème en rapport avec l'employeur au moment de la recherche d'un emploi. Diana raconte:

Y faut que j'le cache à ben du monde, comme à ceux avec qui je travaille...y en a beaucoup qui me posent des questions, ben, qu'est-ce que tu faisais avant? où tu restes?...je mens, y faut que je mente parce que je ne peux pas leur dire, ben, j'étais en prison pis j'ai fais ça pis là je sors pour travailler...ça fait que je garde ben des choses pour moi, pis rien que pour moi, pis des fois, il faut que je mente à des gens avec qui je travaille pis à des gens que je rencontre. Je rencontre quelqu'un pis euh, «Viens donc prendre un verre», tu sais, après le travail, pis je peux pas, il faut que je retourne

en d'dans ça fait que je peux pas dire ben «C'est correct, OK»,
il faut que j'invente une excuse... (Diana)

Elisabeth a aussi vécu ces situations difficiles:

Tu as une double vie parce que tu ne peux pas nécessairement avouer aux gens avec qui tu travailles, ils ne te connais-
sent pas, tu es une pure étrangère, que toi tu sors le jour pour
travailler et tu rentres en prison le soir, tu comprends? Ce
n'est pas facile... t'aimes autant pas en parler, on t'invite, tu
ne peux pas, il faut que tu rentres après ton travail... «Qu'est-
ce que tu as fait en fin de semaine?» «Ben, j'ai été en prison.»
Ce n'est pas facile ça. (Elisabeth)

Ainsi, règle générale, si les collègues de travail sont au
courant que la femme a un dossier criminel, ils peuvent avoir
peur d'elle; s'ils ne sont pas au fait de la situation, la femme
doit taire une partie importante de sa vie et même, le temps
que dure sa liberté surveillée, mener la double vie, soit le soir
l'incarcération et le jour le travail. Cette situation est presque
sans issue car lorsqu'une inconnue est présentée comme une
ex-détenue, ce n'est pas la personne mais l'étiquette accolée
à la personne qui structurera les réactions des interlocuteurs.

Double vie

Être une détenue le soir et une employée le jour demande
deux comportements radicalement opposés. Le milieu carcéral
ne laisse pas de liberté, pas de possibilités de décisions, la
personne doit se contenter d'obéir, d'attendre qu'on lui ouvre
la porte, d'attendre que le compte soit fait. Cette personne doit
accepter la fouille à nu, les changements de règlements au
retour de sa journée de travail à l'extérieur. Dans le milieu du
travail, la femme doit se montrer autonome, active, être
comme les autres autour d'elle, elle ne doit pas se montrer
différente pour ne pas susciter de rejet ou ajouter à ses problèmes, qui sont déjà nombreux. Vivre en «d'dans», vivre
«dehors», c'est:

toujours être sur la défensive, ça épuise mentalement; (...)
dans la libération de jour à Tanguay...il n'y en a pas beaucoup
qui tiennent le coup non plus... (Andrée)

Il n'y a pas qu'au travail où la situation est stressante, au retour en prison le même phénomène se passe:

Alors à l'extérieur tu fais quelque chose de positif et tu es plein d'énergie, parce que tu as toute cette énergie là et tu veux, tu es heureuse d'être dehors, tu rencontres de nouvelles gens, c'est intéressant; mais quand tu r'rentres dans le milieu carcéral, là c'est tout oublié le positif de la journée. (Elisabeth)

Tel que décrit antérieurement, lors du retour à l'établissement de détention, pour des raisons sécuritaires, mais surtout pour rappeler à la femme qu'elle est encore une détenue, il y a fouille à nu, douche et parfois fouille vaginale-rectale. Elisabeth ajoute qu'après peu de temps, elle ne pouvait plus accepter de telles humiliations:

Ah! moi, je l'ai fait pendant trois semaines et là j'ai appelé mon travailleur social et là j'ai faite une crise... (Elisabeth)

En maison de transition, les résidentes ne sont pas fouillées mais la femme rencontre d'autres problèmes qui découlent de la surveillance qui continue quand même de s'exercer. Pour certaines, c'est de la pure schizophrénie car trois fois par jour, elles changent de monde:

À un moment donné, j'étais pardue complètement, je m'en allais et il fallait que je m'adapte trois fois la même journée à trois affaires différentes, là, j'étais un peu pardue tsé, ma job, j'étais toute écartée, je parlais avec le monde et je les comprenais pas, eux-autres me comprenaient pas parce que t'as tes expressions (...) rester à la maison de transition parce que là c'était une vraie farce, ça sert à rien et le soir j'pouvais sortir, j'avais l'impression de faire trois vies, c'était dur pour la tête... (Géraldine)

On accorde à certaines détenues non seulement des libérations de jour mais également des programmes pré-libératoires tels le 4-3, le 5-2 et même le 6-1. Ici, la détenue ne rentrera à la prison qu'un, deux ou trois soirs sur sept, selon le cas. Pour les femmes, toute la vie tourne alors autour de ce retour à la prison:

Quand tu sors en libération de jour, tu vis dans deux mondes, pendant la journée on te traite en adulte pis au restaurant tu peux faire ce que tu veux avec tes ustensiles pis tout ça pis après tu retournes en dedans pis tu retombes à rien, comme pas pouvoir téléphoner quand tu veux (...) tu sais, tous les soirs tu reviens pis tu te fais fouiller pis t'endures toute l'affaire pis c'est affreux pis c'est affreux quand tu rentres à tous les soirs mais c'est encore plus affreux quand...y faut que tu retournes deux soirs par semaine parce que toute ta semaine tourne autour de ces deux soirs-là... et puis, même quand c'était un six-un, tout tourne juste autour de ce soir-là. (Kathleen)

Quel que soit le type d'emploi, quelle que soit la formation scolaire de ces femmes, quel que soit le milieu social d'origine, quel que soit leur milieu d'appartenance, vivre en «d'dans» et en «dehors» demande une force psychologique et une endurance physique qui est presque hors de portée de la majorité des gens. Et pourtant, après avoir gardé ces femmes dans la plus grande dépendance le temps de leur peine, on leur demande du jour au lendemain d'être fonctionnelle en société, au travail, et le soir venu, de redevenir un objet qui se laisse ballotter par le système et ses exigences. Quelques femmes dont Andrée, Elisabeth, Géraldine et Kathleen ont réussi l'expérience, mais des mois, des années plus tard, les difficultés de l'expérience sont encore très présentes à leur mémoire car elles en parlent longuement.

Conclusion

La sortie de détention, c'est le rêve qui devient réalité, mais une réalité possiblement cauchemardesque. Les femmes qui subissent l'enfermement sont coupées de la vie et les différentes pratiques qui meublent leur quotidien attaquent leur dignité humaine et les relations qu'elles essaient de maintenir avec leurs proches. Lorsqu'enfin arrive le moment de la liberté, toute la procédure pénale semble avoir réussi à leur faire intégrer la perte de statut qui leur était signifiée. En effet, elles ont peur des réactions de cette société qui les a mises au ban, elles se sentent marquées au fer rouge et quelques-unes s'enferment à nouveau entre les quatre murs d'un logis.

Quant aux femmes-mères-incarcérées, elles ne peuvent s'attarder très longtemps à la joie de retrouver leurs enfants car sans moyens financiers, la dure réalité de la vie commune frappe rapidement à la porte. L'enfant est-il jeune qu'il réagira, sans comprendre, à l'éloignement, à l'abandon dont il fut l'objet. Que cet abandon soit non voulu importe peu, sa réaction à la situation vécue est là. De plus, que les enfants soient jeunes ou vieux, la mère doit se réhabituer, rapidement, à leur dépendance envers elle et, après avoir été déresponsabilisée pendant toute la durée de la peine, il n'est pas simple de tout réassumer, souvent sans aide.

Plusieurs femmes cherchent à réintégrer le monde de la production marchande. Celles qui le feront en libération de jour, à partir de Tanguay, trouvent la situation particulièrement difficile car elles doivent dans une même journée se conduire comme tout être responsable de ses actes lorsqu'elles sont au travail et accepter la dépendance et l'arbitraire du régime carcéral, avec ses pratiques humiliantes à leur rentrée à l'établissement de détention.

Nous constatons que rien n'est simple dans cette question de l'emploi pour les ex-détenues et que les conséquences de ce passage dans le pénal n'en finissent plus de rebondir alors que les moyens pour les neutraliser sont peu nombreux.

Pourtant, cet emploi, il devient un lieu d'investissement affectif qui permet aux femmes de briser l'isolement qu'elles ressentent face aux gens sans casier; il permet de créer un sentiment d'identité et de changer certaines habitudes de vie, habitudes qui les conduisaient en opposition avec le système pénal.

Après avoir décrit les facteurs producteurs et neutralisateurs des coûts sociaux du système pénal pour les femmes justiciables, il nous reste, comme dernière étape de notre analyse, à examiner, dans son ensemble, les conséquences de chacune des différentes phases de la procédure pénale sur le devenir de ces femmes justiciables.

Chapitre VIII

La trajectoire sociale
des femmes justiciables

Il nous reste une dernière question à aborder avant de clore notre analyse des coûts sociaux du système pénal pour les femmes justiciables, et ce point concerne la trajectoire sociale de ces dernières. Nous tenterons donc de cerner l'impact du passage dans le pénal sur leur mobilité sociale et professionnelle.

Antérieurement, il a été dit que quoique la famille d'origine ait une grande influence sur le devenir social, lorsque nous traitons de la position des femmes dans la société, plusieurs autres facteurs doivent être pris en considération, dont celui de leur mode d'insertion. Les femmes sans enfant ayant une bonne santé s'inséreront habituellement dans une production de type marchande. Celles qui ont des enfants travailleront, soit à la simple, soit à la double tâche. Dans ce dernier cas, il sera question d'un travail à l'extérieur du foyer — une production de type marchande — tout en continuant d'assumer les charges de la maison — une production de type domestique. Certaines se consacreront exclusivement aux tâches familiales. Il nous faudra donc examiner les conséquences d'un passage dans le pénal en rapport avec ces deux modes d'insertion qui appartient en propre aux femmes.

Bien que peu d'hommes ont l'unique responsabilité des enfants, ils sont encore moins nombreux à se consacrer à la production domestique à plein temps.

Un des moyens pour acquérir certaines garanties contre l'indigence qui frappe la vieillesse des femmes seules ou le quotidien des femmes chefs de famille monoparentale — cette nouvelle majorité de pauvres — est l'acquisition d'une certaine autonomie financière.

La présence d'un conjoint peut aider à pallier la précarité de la condition économique des femmes seules et âgées ou chefs de famille monoparentale. Cependant, sa présence ne fait que dissimuler, sous une apparence spécieuse, cet état de fait. En effet, survient une séparation, un divorce ou un décès et voilà que resurgit avec acuité le problème financier.

L'«État-mari» empêche l'indigence totale, mais les prestations sociales permettent à peine de survivre. En outre, le nouveau pourvoyeur exerce un contrôle sur les agissements de ses «bénéficiaires», accentuant la dépendance des personnes prises dans cet étau.

L'insertion des femmes dans la production marchande est donc un moyen d'atténuer les besoins d'argent. Malheureusement, tout travail n'est pas libérateur car la majorité des emplois sont monotones et sous- payés. De plus, la majorité des travailleuses et des travailleurs n'ont aucun syndicat pour défendre leurs droits et leur assurer un minimum de sécurité en cas de maladie ou lorsque l'âge de la retraite sonne.

Il y a donc ces conditions de départ avec lesquelles toute femme doit composer pour lutter dans la vie. Avec l'arrivée des enfants, les options (qui n'en sont pas vraiment — mais ce débat sur la division sexuelle des tâches serait trop long et dépasserait le cadre de notre étude) qui s'offrent aux femmes complexifient à souhait les trajectoires sociale et professionnelle et, dans le cas des femmes justiciables, les conditions et mécanismes de production et de neutralisation des coûts sociaux suite à l'incarcération.

Trajectoires sociale et professionnelle

Règle générale, dans la société, le cycle des femmes sur le marché de la production marchande est en rapport direct avec le cycle de la production domestique. À quelques variantes près, les femmes d'aujourd'hui ont une trajectoire sociale et professionnelle qui pourrait se résumer ainsi:

Naissance → enfance → études → production → mariage → enfants → production marchande

           marchande   ou   production   +

        vie commune domestique production domestique

        +   ou

      production   enfants

      marchande production

          domestique

          +

         production

         marchande

Naissance et enfance

Il y a peu à dire sur la naissance et l'enfance sinon que les conditions de départ ne sont pas équivalentes pour toutes car, selon la classe sociale d'origine, la femme aura, en principe, plus ou moins de chances d'acquérir un diplôme, des habitus de classe ainsi que des biens économiques et professionnels.

La classe d'origine de la majeure partie des interviewées se situe nettement du côté des plus démunis. Ainsi, huit femmes faisaient partie du prolétariat et l'une d'elles a connu une chute de statut avec le décès du père.

Une autre des femmes rencontrées a vécu son enfance et son adolescence dans diverses institutions, ayant peu de contacts avec sa mère, une très jeune adolescente analphabète qui lui avait donné naissance suite à un viol.

Les six autres femmes proviennent de milieux plus aisés — c'est-à-dire la moyenne bourgeoisie (3), la petite bourgeoisie traditionnelle (1) et les auxiliaires à la bourgeoisie (2) — mais quatre ont connu des chutes marquées de statut lors de leur placement en institution, placements commandés parce que les parents ne pouvaient plus assumer leurs responsabilités au moment du divorce ou bien parce que placée en milieu fermé pour déficients et psychiatrisés.

Études

La période des études sera plus ou moins longue selon les femmes, mais rarement très longue. Selon Vandelac et al., (1985), «dès l'âge de 17 ans, 37 % des femmes n'étudient plus ni au secondaire ni au collégial et (...) à 19 ans, ce taux grimpe à 80 %» (p. 37). Parmi la population de 15 ans et plus du Québec, proportionnellement plus de femmes que d'hommes arrêtent leurs études ayant atteint au maximum leur certificat d'études secondaires (67 % contre 58 %). Le taux de féminité est légèrement inférieur à 50 % dès qu'il est question de certificat ou de diplôme d'école de métiers et d'études universitaires partielles. Ce taux baisse à un peu plus du tiers pour un grade universitaire (37 %) (Messier, 1984). Donc, de tous ceux et celles qui terminent leurs études avec au maximum un certificat d'études secondaires, les femmes sont proportionnellement plus nombreuses, mais plus d'hommes que de femmes poursuivent au-delà.

On se souviendra que parmi le groupe de femmes rencontrées, une seule est diplômée d'université alors qu'une autre y a étudié une technique professionnelle pendant deux ans. Deux autres femmes se sont rendues au CEGEP, une a déjà son diplôme et l'autre effectuait un retour aux études.

Six des sept femmes qui avaient commencé leurs études secondaires n'ont pas terminé celles-ci. Deux femmes ont mis un point final à l'apprentissage scolaire avec la fin du cycle primaire tandis que deux autres n'avaient pas mené à terme de telles études. Ainsi, globalement, nous pouvons dire que le groupe des femmes justiciables ne se démarquent pas des femmes en général dans la société sur la question de la scolarisation.

Avec une formation aussi restreinte dans la majorité des cas, l'accès aux postes intéressants est limité. Les emplois subalternes non qualifiés sont souvent monotones et peu payants et ne permettent pas d'accéder à des postes de responsabilités. Ainsi, lorsqu'arrivent les enfants, la motivation est nulle pour continuer la double tâche. Mais, avant de s'attaquer aux productions domestique et marchande, il nous faut examiner la situation de famille.

Célibat et mariage

Selon certaines données (Bertaux (1977) pour les Françaises et Therrien et Coulombe-Joly (1984) pour les Canadiennes) plus de 90 % des femmes se marient. Dans cette perspective, que seulement un tiers des femmes rencontrées aient contracté mariage alors que la grande majorité ont déjà plus de 24 ans, en fait un groupe un peu atypique quant à leur trajectoire sociale. Cependant, Messier (1984) montre l'évolution des mœurs en ce domaine en donnant une série chronologique. Pour le Québec, l'indice synthétique de nuptialité des célibataires indique que, si en 1961 85 % des femmes se mariaient avant 50 ans, en 1982 cet indice n'est plus que de 54 %. L'âge moyen au moment du mariage était de 23,64 ans en 1961 contre 24,12 ans vingt et un ans plus tard. Dans ces circonstances, la situation de famille de ce groupe de femmes ne semble plus présenter des caractéristiques aussi spéciales.

Production marchande et production domestique

Avec la fin des études, dix des quinze femmes rencontrées ont trouvé un emploi légal rémunéré tandis que deux autres passaient de la tutelle parentale à la dépendance maritale. Finalement, trois femmes avaient comme seul moyen de subsistance la pratique d'activités jugées illégales. Deux d'entre elles peuvent être incluses comme productrices de biens et services car la prostitution et la vente de drogue comptaient parmi leurs principales activités. À cause du côté illégal des activités, le débat reste ouvert quant à savoir si nous devons les inclure ou non dans la production sociale. Pour la troisième, la situation est tout à fait autre car elle s'adonnait surtout au vol. La grande majorité des femmes ont donc à la fin de leur vie étudiante une production sociale. Peu d'entre elles se confinent à la production domestique. Un autre petit groupe optera pour une espèce de «no man's land» quant à leur insertion sociale.

Dix des quinze femmes rencontrées ont eu des enfants. À la naissance de ces derniers, des cinq femmes mariées, quatre se consacrent entièrement à la production domestique. La cinquième, séparée de son mari moins d'un mois après son mariage, travaille à temps partiel tout en gardant son enfant.

Quant aux cinq célibataires qui ont eu des enfants, deux d'entre elles ne se consacraient visiblement qu'à la production domestique. Il reste en effet une zone d'ombre au regard des moyens financiers mis à leur disposition à cette époque. Nous pouvons exclure toute insertion dans une production de type marchande légale. Il ne nous est cependant pas possible de dire si ces femmes vivaient seules avec leurs enfants ou si un conjoint ou une conjointe assumait les dépenses familiales ou bien si l'«État-mari» s'en chargeait. De plus, l'implication — même de façon restreinte — dans certaines activités illégales n'est pas à exclure.

Deux autres femmes assumaient la double journée de travail, soit un emploi à plein temps à l'extérieur de la maison et la production domestique au foyer.

Finalement, la dernière de ce sous-groupe avait placé son enfant en pension alors qu'elle continuait ses activités illégales.

Une note de rappel est indiquée ici quant au moment de l'arrivée des enfants. Avant la première incarcération, sept femmes ont déjà donné naissance à leurs enfants. Lors de la dernière peine d'emprisonnement et encore au temps de nos rencontres avec elles, elles sont dix à avoir eu des enfants.

Au début de leur carrière dans la production marchande, si un grand nombre de femmes s'intègrent au marché du travail, la situation se modifie juste avant le premier enfermement en milieu carcéral. Le tiers a alors un travail légal; une reçoit des prestations du bien-être social et deux sont dans l'impossibilité de travailler pour raison de santé. Ni l'une ni l'autre ne parle d'être une «bénéficiaire» de l'aide sociale. Le fait le plus important demeure que neuf femmes, dont les deux qui ne peuvent travailler parce qu'elles sont malades, ne parlent pas de rentrées de fonds qui proviendraient d'activités légales. Cinq de ces justiciables ont eu des enfants, quatre en sont toujours les personnes responsables quoique dans un cas, ces derniers sont autonomes et vivent à l'extérieur du foyer familial. Parmi ces neuf femmes, une seule a de l'aide familiale directe pour elle et son enfant et ne participait à aucune activité illégale.

Objectivement, ce sous-groupe de femmes fait partie des déclassées mais, parmi ces femmes, il y a des écarts énormes non seulement quant au revenu qu'elles retirent de leurs activités mais également dans la manière de vivre. Si nous parlons de déclassées, cela a trait au fait que ces femmes ne peuvent négocier leur statut parmi les membres de la société. La nature de leurs activités, tant la prostitution que le vol, en fait des sujets contre qui la stigmatisation et la discrimination peuvent s'exercer.

Avant la dernière admission à l'établissement de détention, cinq femmes ont un emploi légal rémunéré, trois sont sans travail parce que leur santé est déficiente. Six femmes peuvent déclarer comme source de revenus leur dépendance envers l'État. Elles sont bénéficiaires de l'aide sociale. Une seule reste sans moyens légaux pour subvenir à ses besoins quotidiens.

La saisie de l'affaire par un système de contrôle social, en l'occurrence le pénal, permet aux professionnels d'un réseau de référer le cas aux professionnels des autres réseaux lorsqu'ils en ont terminé avec lui. Les femmes justiciables passent donc d'un contrôle pénal, qui brimait leur liberté de circuler, à un contrôle social qui continue de les garder dans un état de dépendance financière. L'aide sociale est aussi accompagnée de contrôles et les femmes qui sortent de détention doivent souvent subir l'artillerie des tracasseries des agents sociaux. Il semble qu'une fois prises sous la coupe de l'État, il soit difficile d'en sortir.

Au moment des rencontres, nous constatons un autre type d'évolution. Quatre femmes travaillent à temps plein et une femme est retournée aux études. Quatre autres sont en recherche active d'emploi ayant toutes un poste en perspective, deux d'entre elles sont entre temps «bénéficiaires» d'aide sociale et une troisième reçoit des prestations de la Commission de la santé et de la sécurité au travail.

En fait, huit femmes vivent sous la dépendance de l'État. Deux recherchent activement du travail, trois sont souffrantes, deux autres n'ont aucun projet de s'insérer dans un mode de production marchande, une s'occupe de ses enfants et l'autre allait accoucher dans quelques semaines. Finalement, la dernière faisait un peu de travail au noir. Parmi les femmes interviewées, les seules qui n'ont jamais eu à vivre des prestations sociales sont la célibataire sans enfant, la femme qui demeure toujours avec son conjoint ou celle dont la famille assume les coûts financiers de la mère et de l'enfant en cas de besoin. Toutes les autres situations font que les femmes ont connu l'«État-mari».

Ici, trois phénomènes peuvent être observés qui nous semblent d'importance quant à la trajectoire sociale et professionnelle des interviewées. Premièrement, l'omniprésence de l'«État-mari» dans la vie des femmes comme substitut à un conjoint. Cependant, la présence de l'un comme de l'autre n'offrent aucune vraie sécurité contre des conditions économiques difficiles. L'État-pourvoyeur distribue parcimonieusement les prestations d'aide sociale, et même si la présence d'un conjoint peut aider à prémunir contre la pauvreté, la séparation, le divorce ou la mort peuvent ramener rapidement l'état de dépendance envers l'État avec les conditions difficiles de survie qui y sont rattachées.

Deuxièmement, même si au moment des interviews, il nous faut noter la très grande visibilité de l'État dans la vie des femmes, il semble aussi se dessiner un retour à la situation qui prévalait à la fin des études. En effet, une femme est aux études, quatre sont déjà entrées sur le marché du travail, quatre sont en recherche active d'emploi, les trois femmes ayant des problèmes de santé veulent, à la fin de leur convalescence, rejoindre la population active et une des femmes, «bénéficiaire» des prestations de l'État, fait aussi du travail au noir. Deux femmes seulement ont comme seul projet leur insertion dans la production domestique.

Troisièmement, le réseau des diverses agences de contrôle social a établi un système de renvois où les professionnels des divers services se nourrissent les uns les autres en se référant les cas. Passer du pénal à l'aide sociale peut dépanner mais l'aide est assujettie à diverses formes de contrôle et d'arbitraire. On se souviendra d'Hélène et de Louise qui au moment de la sortie ont dû lutter pour obtenir un peu d'argent et l'une d'elles s'est vue dans l'obligation de rembourser le chèque de dépannage. Ces règlements qui changent au fil des intervenants, et les sommes minimes versées aux «bénéficiaires» contribuent à maintenir les femmes dans un état de tension, d'insécurité et de dépendance dont il leur faut se sortir. Vivre de l'aide sociale pendant quelques mois peut permettre de reprendre pied dans la société; mais les sommes versées sont insuffisantes, poussant la majorité des femmes à vouloir mettre des distances entre elles et l'«État-mari». Qui sont les femmes qui réussissent le mieux? C'est la question à l'étude dans une prochaine section.

Femmes sans enfants

Nous basant sur le cheminement des justiciables, nous pouvons dire que les meilleures chances d'une reprise en main de l'autonomie financière sont du côté des femmes sans enfants ou bien de celles qui ont un conjoint ou une famille qui accepte de les aider. Nous avons vu qu'avec l'évolution dans les mœurs et les changements dans la structure familiale, moins de femmes convoleront en «justes noces». Cela ne veut pas dire qu'il n'y a pas d'unions de fait, mais les données manquent quant au nombre et à la durée de ces dernières. Chose certaine, de plus en plus de femmes se retrouvent chefs de famille monoparentale et elles sont dans le besoin. Les femmes justiciables n'échappent pas à ce portrait.

L'accès à l'éducation est théoriquement ouvert aux femmes et aux hommes mais, dans les faits, comme le notait Vanderhaeghe (1975), la définition du rôle des femmes ne le permet pas nécessairement. Avec cet accès inégal à l'éducation, le choix des postes intéressants est restreint tout comme les possibilités d'avancement. Le nombre de femmes justiciables ayant au moins un diplôme d'études collégiales est aussi restreint que chez les femmes dans la population en général.

Une seule des femmes a choisi le retour aux études après son passage dans le pénal. N'ayant encore aucune responsabilité familiale, à sa sortie de Tanguay, elle travaille plusieurs mois avant de se remettre à étudier. Cette femme est issue d'un milieu très précaire. De sa naissance à sa majorité, elle n'a pas vécu plus de trois ans avec sa mère. Cette femme a donc été élevée en institution et un peu avant ses 18 ans, on lui a demandé de cesser ses études (secondaire III) et de se trouver un emploi, car à partir de sa majorité elle devait s'assumer financièrement. Après Tanguay, «j'ai décidé qu'il fallait que je fasse de quoi», dit-elle, et «c't'en faisant de quoi qui a fait que j'm'en ai sortie.» Elle termine son secondaire et se rend au CEGEP pour y obtenir un diplôme dans une technique. Elle vit des prêts et bourses, donc elle est toujours sous la coupe de l'État-pourvoyeur, mais son diplôme lui ouvrira des portes lui permettant non seulement une autonomie financière certaine mais un métier qu'elle aime. Tant avant que durant et après l'incarcération, la famille d'origine ne pouvait aider et les professionnels du réseau étatique ne sont pas intervenus. Par ce retour aux études, cette femme essaie de neutraliser l'arrêt forcé de ses études au seuil de la vie adulte et son séjour en milieu carcéral.

Quatre femmes sont des membres actives dans le milieu du travail. Parmi ces femmes, trois sont célibataires et sans enfant, et deux sont passées par l'université. L'une d'elles est mariée, a des enfants, aujourd'hui des adultes et vivant pour la plupart à l'extérieur du foyer familial.

L'activité professionnelle de ces femmes peut laisser croire que l'impact du pénal a été minime, mais l'examen de la situation montre autre chose. Côté professionnel, trois avaient un emploi avant leur passage dans le pénal et les trois ont rapidement trouvé du travail à la sortie. Deux ont adopté la tactique du faux-semblant pour se trouver un poste. Dans un cas, il est toujours aussi nécessaire de faire le silence sur le passé pénal car elle se dit assurée de perdre son emploi si son patron découvrait ce qui en est. Le premier employeur de l'autre femme n'aurait pas accepté d'engager ou de garder une ex-détenue, mais aujourd'hui, recyclée dans un autre genre de travail, son passé pénal n'a plus autant d'importance. La troisième femme a été engagée en toute connaissance de cause. Elle a pu reprendre son ancien métier mais, comme son délit est en rapport avec son travail, aujourd'hui, elle est un peu prisonnière de ce patron qui «sait», car qui d'autre, se demande-t-elle, lui ferait confiance sachant qu'elle a déjà été condamnée?

La dernière est célibataire, sans enfant et n'avait jamais travaillé dans un emploi légal avant son incarcération. Elle a maintenant un travail, ses employeurs sont au courant de son passé pénal et, deux ans plus tard, elle attend toujours sa permanence. Un emploi, oui, mais beaucoup plus de surveillance est exercée à son égard que dans le cas d'une autre employée et la promotion se fait attendre. Pour ne plus retourner en détention, cette femme a décidé de s'insérer dans la production marchande, acquérant son autonomie financière sans avoir à craindre de se faire arrêter. Pour certains, de tels résultats sont positifs et justifient l'utilisation du pénal. Nous croyons plutôt que très souvent la rentrée sur le marché de la production marchande pourrait être obtenu, mais en utilisant des méthodes dont les coûts afférents seraient moindres pour les personnes qui les subissent.

Des quatre femmes qui sont en recherche active de travail, une seule a la charge d'un jeune enfant. Si ses démarches débouchent tel que prévu, elle utilisera les services d'une garderie pour l'enfant. Cette femme n'avait pas travaillé à l'extérieur du foyer depuis la naissance de l'enfant, il y a près de cinq ans, et elle cherche à reprendre son ancien métier. Qu'une femme se retire pour quelques années de la production marchande au moment de la naissance d'un enfant est un modèle assez courant; les employeurs sont très au fait de ces pratiques. Cependant, ce n'est pas tant ce long «trou» dans l'histoire de travail à l'extérieur de la maison qui pose problème mais plutôt le fait qu'il y a maintenant une «feuille de route» qui porte son nom. D'ailleurs, aucune des femmes rencontrées n'a dit avoir utilisé, auprès d'un employeur, l'excuse d'un arrêt pour une maternité pour expliquer une absence plus ou moins prolongée du travail, absence qui résulterait, en fait, d'un séjour en milieu carcéral.

Si, à la fin de la sentence d'incarcération, la famille d'une justiciable continue d'assumer la garde de son enfant, celle-ci peut alors taire son expérience pénale et se mettre à la recherche d'un emploi.

La famille refuse-t-elle de s'impliquer au moment où la femme aurait besoin d'elle qu'un placement de l'enfant peut être ordonné, placement qui en certaines occasions se continuera longtemps après la sortie de détention ou bien longtemps après que la situation de crise soit passée. Cette femme a alors plus de liberté pour se trouver un emploi, mais souhaite-t-elle faire application auprès de grandes compagnies qui offrent de meilleures conditions salariales, plus de protection pour leurs employés et d'excellentes chances d'avancement, qu'elle doit pratiquer l'auto-exclusion car ce type d'employeurs pose des questions sur les antécédents judiciaires des applicants et des applicantes.

Même si une femme est célibataire et n'a jamais eu d'enfant, elle peut éprouver quelques petites difficultés à se retrouver un emploi si le délit reproché est relié au travail qu'elle faisait avant son passage dans le pénal.

Mères sans conjoint

Le statut de mère sans conjoint est un statut fort précaire. À l'exception d'une femme dont la famille a accepté d'assumer le support moral et financier qu'un conjoint ne donnait pas, toutes ont eu, à un moment ou un autre, à recourir à l'«État-mari» pour subvenir à leurs besoins. Cette dépendance envers le réseau des affaires sociales est encore le lot de huit femmes au temps des entrevues. Chacune d'elles a eu ou a encore responsabilité d'enfants. Trois sont dans l'incapacité de travailler en raison d'une santé déficiente; d'ailleurs, nous reviendrons sur ces problèmes de santé et leurs conséquences pour les femmes seules. Nous avons déjà discuté des deux cas de personnes qui étaient en recherche active d'emploi. Une autre personne retire des prestations de l'aide sociale tout en effectuant du travail au noir. Cette femme considère que ses passages dans le système pénal et la marque qui en reste — ce stigmate moderne: le casier pénal — l'empêche même d'espérer trouver un emploi ailleurs qu'au noir. Une manufacture l'engagerait peut-être à 160 $ par semaine mais elle ne tient pas plus que cela à se faire exploiter par un patron qui ferait de l'argent sur son dos. Le salaire gagné donne une fausse sécurité à ces femmes qui font du travail au noir, car arrivent les situations d'urgence et elles se retrouvent sans ressources. Il est vrai qu'un dossier bloque la porte à plusieurs endroits où leurs talents pourraient s'exercer.

Il ne reste plus qu'à parler des deux femmes qui désirent se consacrer entièrement à la production domestique en gardant une dépendance financière envers l'«État-mari». La situation d'une «bénéficiaire» peut prendre un nouveau tournant si un conjoint ou une conjointe s'insère dans la cellule familiale. Cependant, même si cette personne partage certaines dépenses, la femme doit prioritairement compter sur les maigres prestations sociales pour s'acheter le nécessaire vital. De plus, les services sociaux voudront souvent couper les prestations si un homme se joint à la maisonnée. La femme est alors forcée de compter sur ce conjoint pour la nourrir, elle et ses enfants. L'État force la femme à échanger une dépendance plus impersonnelle pour une autre plus près d'elle. Cette dernière situation est souvent une garantie contre une trop grande pauvreté, mais sa durée n'est nullement assurée. La femme n'aura plus qu'à retrouver la tutelle de l'«État-mari». Pour ces femmes, l'impact du passage dans le pénal se sera surtout fait sentir au moment de la séparation d'avec les enfants, durant l'incarcération et à la sortie lorsqu'elles reprennent les enfants. De plus, ce sont surtout ces femmes sans ressources qui se verront imposer une adoption plutôt qu'un placement, ou un refus de placement dans le milieu choisi par elle. Ces personnes sont sans moyens pour s'insurger contre les décisions des professionnels de la chose pénale.

Les femmes qui optent pour la production domestique à plein temps retrouvent leurs enfants après le passage dans le pénal, mais leur plus grand problème demeure l'insécurité financière du temps présent et la quasi-assurance qu'elles feront encore partie, la vieillesse venue, de cette nouvelle majorité de pauvres.

Problèmes de santé

La santé est un bien qu'on oublie jusqu'au moment où elle fait défaut. Toute personne qui se retrouve avec des problèmes physiques ou psychologiques sérieux doit, si elle fait partie de la population active, prendre un congé de maladie. Lorsque cet emploi n'offre aucune sécurité pour ces situations d'urgence et que la femme vit seule, elle doit trouver des sources de revenus autres pour vivre.

L'État a développé une série de programmes pour venir en aide aux personnes dans le besoin. Encore faut-il que ces personnes sachent que de tels services existent et qu'elles acceptent cette dépendance. De plus, ces prestations sociales sont suffisantes pour survivre, mais non pour vivre.

Les femmes qui sont dans l'incapacité physique de travailler doivent abandonner un emploi généralement non qualifié et qui n'offrait aucune assurance contre ces situations d'urgence. De plus, même si le salaire n'était pas nécessairement très élevé, les dépenses fixes dépassent souvent les sommes fournies par l'État-pourvoyeur.

De plus, il arrive que les séquelles de la maladie empêchent de reprendre le même métier, et si on ajoute le handicap du dossier pénal, il ne sera pas simple pour ces femmes de se trouver non seulement un nouvel emploi mais souvent un nouveau métier. Faisant déjà partie des travailleuses et des travailleurs exploités, l'avenir n'est pas plus prometteur et les perspectives de se retouver parmi les déclassés, les laissés-pour-compte s'amplifient. Considérant que «la moitié des femmes seules vivent sous le seuil de la pauvreté, alors que la proportion est d'un tiers pour les hommes» (McKenzie, 1985: 9), il devient évident que les femmes justiciables qui vivent seules et qui sont malades ont de fortes chances d'aider à grossir les rangs des plus démunis.

Si la maladie survient suite à un accident au travail, les travailleuses et les travailleurs sont alors mieux protégés, les prestations étant plus substantielles que celles accordées par le bien-être social. Les personnes peuvent alors avoir un train de vie qui n'est pas trop différent de celui d'avant la crise. Ainsi, Diana a beaucoup moins de problèmes financiers qu'Hélène.

Un autre facteur qui peut contribuer à neutraliser les conséquences d'un arrêt de travail par la maladie est l'implication des proches d'une personne ainsi atteinte. Apporter aide et secours tant en prenant charge des enfants, lorsque la situation l'exige, qu'en contribuant financièrement aux frais qu'elle doit encourir est une bonne stratégie pour contrer les coûts financiers et sociaux de la maladie. À la limite, on pourrait même dire qu'en certaines occasions, leur intervention prompte au moment de la crise pourrait éviter que le pénal n'ait à entrer en action.

La famille de Jocelyne s'occupe de ses enfants, l'ami et la sœur d'Hélène lui donnent un support moral et financier, la sœur de Diana continue d'assumer la garde de son enfant et Simone partage pour quelques mois les dépenses courantes de l'habitation avec son frère.

Handicapées par la maladie, les femmes du prolétariat, les ouvrières exploitées, sont alors confinées dans cette catégorie des laissés-pour-compte. Elles sont dépendantes des subsides de l'État pour survivre et du support des proches pour neutraliser l'impact de l'arrêt de travail.

Conclusion

Considérant que le mode d'insertion des femmes dans la société — surtout après la venue des enfants — se distingue du modèle que suivent les hommes, nous avons cru qu'il était plus productif d'analyser la situation en terme de type d'insertion dans les productions marchande et domestique.

Règle générale, les femmes sans enfant ou qui n'ont plus la responsabilité de ces derniers sont celles qui retrouvent le plus rapidement leur autonomie financière au sortir de la détention.

La présence des enfants en l'absence d'un conjoint et une santé déficiente conduiront quasi inexorablement les femmes à recourir à l'«État-mari» pour survivre.

Les données citées dans diverses études (voir au deuxième chapitre, la section *Femmes, mères et incarcérées*) s'accordent pour dire que de 50 à 70 % des femmes justiciables ont eu des enfants et que la plupart en assument toujours la garde. Dans la société, les mères sans conjoint éprouvent de grandes difficultés financières et la situation est la même pour les femmes qui ont dû subir une période d'incarcération. En plus des problèmes financiers qui les assaillent, les justiciables incarcérées doivent vivre séparées de leurs enfants, accepter, lorsque la famille immédiate est absente ou ne veut pas s'en mêler, des placements qui ne sont pas toujours de leur choix, et reprendre, au moment de la sortie, la responsabilité des enfants blessés par la séparation. Les professionnels d'un système de contrôle les réfèrent alors à d'autres professionnels afin que la survie quotidienne soit assurée. Les prestations d'aide sociale permettent de survivre, de reprendre pied dans la société, mais cette nouvelle dépendance ne laisse pas entrevoir des conditions de vie meilleures.

L'insertion dans la production marchande peut apporter un élément de solution, mais souvent la qualification est inadéquate parce que la formation n'a pas été suffisamment longue.

Considérant que de plus en plus de femmes chefs de famille monoparentale ont besoin des prestations sociales pour survivre, considérant que la grande majorité des femmes justiciables sont des mères sans conjoint et considérant qu'au moment de la sortie, elles passeront du réseau pénal au réseau des affaires sociales parce qu'au plan de la formation elles ne sont pas outillées pour subvenir financièrement à leurs besoins, nous pensons que l'État, au moment de la détention, a des responsabilités envers ces femmes et ces enfants qu'il sépare, que cet État devrait donc offrir aux femmes justiciables la possibilité de poursuivre une formation réellement monnayable sur le marché du travail afin que la liberté retrouvée ne signifie plus indigence et dépendance d'une autre sorte.

Conclusion

Le système pénal, par l'utilisation qu'il fait entre autres du casier judiciaire et de la prison, est producteur de coûts sociaux pour les femmes et les hommes justiciables. L'étude des conséquences négatives tant d'ordre social, psychologique, que juridique entraînées par un passage dans le pénal est une sphère assez peu explorée du domaine pénal et peut-être encore plus méconnue au regard de la situation des femmes justiciables.

Notre intérêt se portait justement sur les femmes qui avaient subi une peine d'incarcération et qui avaient retrouvé leur liberté depuis au moins trois mois. Plus spécifiquement, nous voulions identifier à partir de leur discours, non seulement les effets négatifs qu'entraîne un passage dans le système de justice, mais également, les conditions et mécanismes producteurs et neutralisateurs de coûts sociaux. De plus, considérant que la distribution de biens négatifs par le pénal ne sera pas la même pour toutes les femmes justiciables et considérant que les conséquences d'une condamnation ne se limitent pas au temps de l'incarcération, notre analyse se devait de rendre compte de l'impact différentiel d'une condamnation sur le devenir des femmes justiciables, c'est-à-dire, l'histoire post-pénale.

Invitées à parler de leur expérience depuis leur contact avec la justice, les femmes justiciables ont fait, en maintes occasions, un long préambule sur leur vision de ce système de justice. L'expérience pratique qu'elles en avaient permettait de donner un contenu, une matérialité à ce qui fait habituellement l'objet d'une théorisation. D'ailleurs, certaines mentionnaient que leurs contacts avec les policiers, l'avocat, tout comme le déroulement du procès, avaient contribué à remettre en cause leur conception de ce qu'elles imaginaient être la justice. Il serait intéressant de poursuivre l'analyse de l'impact d'un passage dans le pénal sur la perception qu'ont les justiciables des intervenants, comme du processus et de l'idée de justice elle-même. Compte tenu des données recueillies, nous croyons qu'il y a plus derrière ces redéfinitions offertes par les justiciables qu'une simple tentative d'effacer la distinction créée par la procédure pénale entre les citoyennes et les citoyens «honnêtes», souvent celles et ceux qui n'ont jamais été criminalisés, mais qui auraient pu l'être, et les autres. De nombreuses études, recherches et même de nombreux sondages ont été faits sur le sujet des représentations sociales de la justice avec des répondants de divers groupes cibles. Indépendamment de tout cela, nous croyons que le sujet mériterait qu'on s'y arrête à nouveau pour essayer de voir l'impact de l'expérience des personnes accusées sur la vision qu'elles ont de la justice et de ses intervenants.

C'est tout au long de la procédure pénale que les justiciables et leurs proches doivent intervenir pour contrer la trop grande vulnérabilité dans laquelle sont plongées les personnes accusées. L'importance accordée par le système à l'encadrement familial de son membre déviant ressort particulièrement en deux occasions. D'abord, au moment de l'enquête préliminaire, il arrive que l'inculpée ne puisse obtenir sa libération sous cautionnement si la famille — plus spécialement le père, le mari ou le conjoint — n'est là pour garantir sa présence au procès. L'implication du clan familial est aussi primordiale lorsque des enfants sont présents. Si les proches d'une personne accusée acceptent de garder les enfants de cette dernière, ceux-ci ne feront pas l'objet d'un placement ou d'une mesure d'adoption.

Certains événements — telle la brutalité policière — n'ont pas toujours un impact sur l'après-pénal, mais comme ils font partie de ces biens négatifs distribués par le système, nous nous y attarderons quelque peu.

Les relations policiers-justiciables sont des échanges structurellement antagoniques. Lors de ces contacts, la brutalité policière est trop souvent présente et cela même envers les femmes. Il ne semble pas que les abus physiques soient exclusivement le fruit de la provocation verbale par les inculpées, ni qu'ils soient reliés à certains types de délits, ni à des femmes de certaines classes sociales. En effet, des femmes dont la classe d'origine variait grandement ont rapporté des incidents violents avec les agents de la force constabulaire. Landreville et al. (1981) disaient retrouver ces pratiques abusives «surtout et probablement presque exclusivement envers les gens de classe prolétarienne» (p. 78). Concernant la situation des femmes, nous miserions beaucoup plus sur le degré présumé d'implication dans le «milieu» et la nécessité de soutirer des informations supplémentaires comme étant les facteurs pouvant pousser des policiers à adopter un comportement violent envers les prévenues.

Quant à celles qui ont eu à subir et qui craignent d'avoir à endurer de nouveau les sévices des forces policières, elles essaient de court-circuiter ces pratiques en communiquant rapidement avec leur avocat. La difficulté vient du fait que certains policiers interrogent certaines inculpées avant de leur permettre ce coup de téléphone qui les sauve de leurs griffes.

Le comportement de quelques policiers pose problème sur deux points principaux: les abus physiques envers certaines inculpées et le harcèlement dont seraient victimes des justiciables qui obtiennent, grâce aux compétences de leur avocat, des sentences trop réduites selon eux. Une partie du mandat des policiers est de faire respecter l'ordre et de prévenir la criminalité. La fin à atteindre ne justifie pas, selon nous, l'utilisation de tous les moyens.

Pour les femmes interviewées, l'avocat de la défense, ce «coussin» entre la police et les justiciables, peut non seulement aider à neutraliser la brutalité policière lors de l'arrestation mais surtout il peut assurer que l'application régulière de la loi (i.e. le *due process*) soit respectée. Cependant, une bonne défense demande beaucoup de temps et le temps c'est de l'argent. Selon les femmes rencontrées, si les moyens financiers d'une inculpée sont réduits, l'avocat verra à ce que le procès respecte l'application régulière de la loi, mais la défense de la femme aurait été autre si elle avait pu ajouter des zéros à son chèque. La justice des riches n'est pas la même que la justice des pauvres. Avocats du secteur privé ou avocats du secteur privé avec un mandat de l'aide juridique, le temps se paye en surplus; pour elles, le manque d'argent signifie trop souvent que l'accusée sera défendue d'une «manière plutôt tiède». Cette question d'argent disponible, primordiale sous certains aspects, n'est pas une garantie contre tout. En effet, la néophyte dans le système ne connaît pas tous les rouages et, très souvent, même si l'accusée est l'employeure, elle a peu de prise sur le système de défense que choisit le professionnel de la chose pénale. En certaines occasions, l'avocat optera pour une défense très risquée pour la cliente: s'il réussit, il se fait une réputation; s'il perd, elle perd de longues années de liberté.

Ainsi, l'avocat peut avoir un effet neutralisateur comme un effet producteur de coûts. Il peut réussir à obtenir la plus courte peine possible, mais cela dépend de l'épaisseur du portefeuille de la cliente et de ses connaissances des nombreux dédales de la procédure judiciaire.

Le rôle de l'avocat de la défense est intéressant par ce double jeu qu'il peut jouer et pour le type de relation que certains développent avec leurs clientes. La gamme des relations va du rendez-vous d'affaire aux relations amicales et parfois intimes. Nous basant sur les données recueillies, nous croyons qu'il serait intéressant de pouvoir approfondir cette question de la dynamique des relations entre les avocats et les habituées du système.

La personne accusée ou jugée coupable d'un délit sent immédiatement qu'elle perd toute crédibilité et qu'elle se retrouve aussi dans une position de grande vulnérabilité. C'est ainsi que toute personne fichée par les services policiers pour un certain type de délit peut être accusée pour des infractions semblables qu'elle n'a pas commises et contre lesquelles il lui sera difficile de se défendre. Les habituées du système, comme la femme qui n'aura pas eu une assez longue sentence aux yeux des policiers, peuvent se retrouver dans cette position.

Les personnes condamnées qui se retrouvent victimes de quelque délit que ce soit sont sans aucune crédibilité. Leur plainte sera rarement prise au sérieux tant par les policiers que par les magistrats.

Peut-être influencée par Martin et Webster (1971) qui, lors de leur étude sur les conséquences de l'incarcération, ne s'étaient pas arrêtés à la vie carcérale elle-même, il nous semblait que, pareillement pour notre étude sur les femmes, peu d'éléments vraiment pertinents toucheraient ce point précis. Les aléas de la recherche nous réservaient une surprise de taille car les femmes avaient un long discours sur leur vécu quotidien entre les murs.

La répétition, dans le discours des interviewées, du thème des fouilles — tant lors de l'entrée qu'au fil de la vie quotidienne ou au temps d'une libération de jour — fit apparaître le fait que souvent ces pratiques laissaient leurs marques longtemps après le passage dans le pénal.

L'entrée en prison est marquée par une procédure, un rituel même, où la personne condamnée doit se dévêtir devant témoins et passer aux douches pour se laver avec des produits désinfectants. Garfinkel (1956) nous offrait un cadre théorique pour expliquer le sens de ce rite. En fait, ce qu'il continue de signifier aux justiciables, c'est la perte de statut qui commence dès la mise en accusation par la police. Cette cérémonie de dégradation ainsi que les différentes fouilles qui sillonnent le vécu carcéral, et particulièrement les fouilles vaginales-rectales pratiquées sur une assez grande échelle à la prison Tanguay, nous sont apparues comme non seulement humiliantes et dégradantes pour la personne qui les subit mais également comme une agression à caractère sexuel. Ces fouilles sont non voulues, subies sous la force d'un pouvoir autoritaire. Elles s'apparentent — sans être identiques — au viol et aux pratiques de mutilations corporelles infligées aux femmes chez diverses populations. Comme le soldat en terre ennemie qui s'approprie les femmes des vaincus, le système pénal, un instrument du pouvoir en place, un pouvoir patriarcal, s'approprie sous prétexte de la nécessité pour raisons sécuritaires ou pour la lutte contre la drogue, le droit à son corps, à son intimité qu'a toute femme. Certains voudraient objecter que notre analyse ne tient pas, compte tenu du fait que ce sont des femmes qui pratiquent ces fouilles sur d'autres femmes. Nous répondons à cela ce qu'Ellenberger (1980) disait des pratiques de mutilations corporelles, que ce n'est pas parce qu'elles se passent entre femmes qu'elles ne représentent pas «un extrême degré d'agression collective de l'homme contre la femme» (p. 90).

Considérant que ce sont surtout les néophytes dans le système de justice qui nous ont longuement parlé de l'humiliation ressentie devant des pratiques qui inlassablement se répètent, nous croyons que l'impact possible sur une longue échelle en est la perte de pudeur. Cette observation semble aussi se confirmer par le témoignage d'une femme malade qui doit se déshabiller sur commande pour suivre des traitements thérapeutiques. Cette personne en est arrivée à ce constat devant le sans-gêne qui a fini par l'habiter.

Devant de tels résultats, nous pensons, qu'à moins de motifs sérieux, les fouilles à nu, des pratiques qui portent atteinte à la dignité et au respect de la vie privée, devraient être réduites au minimum et, à moins de circonstances extrêmes, tels les doutes sérieux à l'effet que la sécurité d'autrui est en danger, les fouilles vaginales-rectales devraient être interdites.

L'incarcération d'une femme qui est mère fait ressortir avec acuité la question des enfants. Dans notre régime pénitentiaire, l'enfermement de la mère signifie une séparation de l'enfant. Plusieurs scénarios s'offrent alors à la «gardée» pour résoudre son problème de garderie. L'impact de la séparation est minimisé si le conjoint assume la garde des enfants. Cette situation est plutôt rare, car peu de femmes incarcérées sont mariées ou vivent avec un conjoint. Plus souvent qu'autrement, les femmes sont chefs de famille monoparentale. Ce sont donc les proches d'une justiciable qui doivent s'impliquer s'ils veulent éviter que les services sociaux n'ordonnent un placement ou même une adoption. Il arrive parfois qu'une femme soit sans famille ou que cette dernière ne veuille s'impliquer; alors, la femme perd la direction de la situation et les professionnels du système gèrent le cas en procédant à un placement.

Pour contrer de tels effets, certains proposent la cohabitation mère-enfant à l'intérieur des murs; d'autres, un projet de garderie en prison. L'enfant viendrait rendre visite et jouer avec la mère, soit quotidiennement, soit un nombre de jours déterminé au préalable. Le sous-entendu de ces expériences est un désir que la femme apprenne, sous surveillance, comment élever son enfant, comment le nourrir, comment le soigner.

Considérant que les travaux recensés (voir p. 256) indiquent que de 50 à 70 % des femmes incarcérées ont de jeunes enfants et que ces derniers sont sous leur unique responsabilité, nous pensons que ce problème mérite qu'on s'y arrête. Cependant, plusieurs de ces propositions nous laissent songeuse et nous amènent à poser certaines questions.

Considérant que la prison est un milieu de privation et advenant que les enfants soient admis sur une base quotidienne, la distribution de biens négatifs se fera alors autant sur l'enfant que sur la mère. Dans ces circonstances, les liens mère-enfant qui seront maintenus ne souffriront-ils pas du climat de tension, de privation et d'arbitraire qui caractérise l'environnement carcéral? Quel peut être sur un jeune enfant l'impact d'être élevé dans de telles conditions? Questions sans réponse pour le moment mais qu'il nous faut poser, espérant, par le fait même, susciter un débat.

De plus, une des critiques faites à la suggestion de bâtir des colonies pénitentiaires est à l'effet que l'on étend à la famille les restrictions dont un seul des membres devrait faire l'objet. En fait, ces colonies nécessitent de grands ensembles et il faut souvent les construire dans des régions éloignées, augmentant l'isolement des gens gardés. Concernant la politique de faire entrer les enfants en prison, nous devons nous demander si cette pratique n'est pas le pied dans la porte qui permettrait d'instaurer des colonies pénitentiaires. En effet, si les mères ont leurs enfants, pourquoi refuserait-on aux pères justiciables qui en feraient la demande le droit d'être incarcérés avec leurs enfants?

Enfin, considérant 1) qu'un très petit nombre de mères interviewées travaillaient juste avant leur entrée dans le pénal, 2) que leur formation ne leur permettait pas de négocier un emploi ni un salaire intéressants, 3) qu'au moment de la sortie de détention, ces mêmes femmes chefs de famille monoparentale se retrouveront «bénéficiaires» de l'aide sociale, nous croyons que faire du «temps» avec son enfant se ferait, possiblement, au détriment de l'acquisition d'une formation qui permettrait à la femme de monnayer sa force de travail sur le marché de la production marchande, emploi qui assurerait à elle et à son enfant une indépendance financière de l'«État-mari».

Il faut aussi se demander si cette attention donnée aux relations mère-enfant n'est pas la répétition, sous une nouvelle forme, de l'idéologie de la «resocialisation» qui avait cours dans les années soixante et soixante-dix, entre autres, et dont Groman et Faugeron (1970) parlaient. La resocialisation de la femme passait alors par l'inculcation de standards de moralité (surtout sexuelle) et l'apprentissage du rôle de mère. Aujourd'hui, ne plus vouloir séparer la mère de l'enfant est certes fort louable, mais la question reste à savoir quelle est la meilleure façon d'agir pour l'enfant. Faut-il favoriser les relations mère-enfant ou l'autonomie financière de la femme et de ses enfants?

Une des difficultés de la dépendance envers l'aide sociale est que, en même temps qu'elle permet à la femme de survivre, cette aide continue de la maintenir dans un état précaire. Étant donné que les femmes seules âgées ou chefs de famille monoparentale forment la majorité des pauvres d'aujourd'hui, adopter une politique qui étende le statu quo à ce domaine nous semble «suicidaire» pour la classe des femmes elles-mêmes.

Cependant, d'aucuns répondraient à de telles interrogations que le pénal a une responsabilité à assumer envers les enfants et que cet emphase sur l'apprentissage du rôle de mère est nécessaire car les femmes incarcérées n'ont trop souvent jamais connu de modèle familial qui pourrait leur servir d'exemple. Donc, profiter de l'enfermement de la femme pour lui inculquer quelques principes de base quant à son rôle de mère est une nécessité afin d'éviter la répétition d'une situation déplorable.

Nous croyons que la meilleure façon pour le pénal d'assumer ses responsabilités envers les enfants de parents incarcérés

La roulotte — deux types d'utilisation: des femmes emprisonnées seront admissibles à un programme spécial et y recevront leurs jeunes enfants; alors que dans l'autre cas, des femmes pourront y recevoir leurs proches; i.e. mari, conjoint de fait, parents, enfants.

demeure une question ouverte et la réponse ne peut être unidimentionnelle. Avant de promouvoir à tous crins un programme ou l'autre, *le débat devrait être engagé* beaucoup plus ouvertement et sereinement qu'il ne l'est présentement. *Les femmes concernées ont à faire valoir leur point de vue et l'administration doit être ouverte à des solutions novatrices.*

Martin et Webster (1971) et Pires (1983) avaient noté l'importance de la femme qui attend son mari à la sortie de détention de celui-ci. Il y a rarement un conjoint qui attend la femme à sa sortie de prison. Cependant, les enfants rempliront souvent cette fonction. Après les retrouvailles, directement et indirectement, les enfants exercent des pressions sur la mère afin qu'elle ne retourne plus en prison. D'autre part, les quelques femmes qui, pour toutes sortes de raisons, ont perdu la garde de leurs enfants, racontent avec force détails la différence de comportement qu'elles ont observé chez elles suite à la perte de leurs droits parentaux. Sans responsabilités familiales, elles ont repris une implication dans le «milieu» qui était sans commune mesure avec le temps où elles avaient charge de famille. Indépendamment de la qualité de la relation mère-enfant, par leur simple présence, les enfants ont un effet stabilisateur pour leur mère.

Les femmes incarcérées rêvent à la sortie néanmoins; lorsque cette réalité approche, des sentiments ambivalents les gagnent. Toute la procédure pénale qui visait à leur faire intégrer une perte de statut semble avoir réussi car, à la sortie, ces femmes se sentent marquées au fer rouge, elles ont l'impression qu'on peut lire sur leur figure qu'elles sont d'«ex-détenues» et elles craignent les réactions de la société à leur égard. Malheureusement, cette société leur donne quelquefois raison.

Martin et Webster (1971) notaient que la famille d'origine ne retirera son support au détenu que si l'histoire des comportements problématiques est très longue. Selon nos observations, un modèle différent se dégagerait chez les femmes.

En maintes occasions et même pour un premier délit, certaines personnes de la famille d'origine refuseront de visiter leur parente en détention. L'abandon ne peut s'expliquer en terme de classe d'origine ni selon la catégorie du délit reproché. Les motifs invoqués varient: cela peut être les circonstances entourant le délit, le délit lui-même, les pratiques sexuelles de la femme depuis son emprisonnement; plus souvent, il s'agit pour ce parent d'éviter le déchirement que produirait une visite à leur fille en prison. Cependant, même si au moment de la détention les contacts sont peu fréquents, avec la sortie, nous notons que les liens du sang résistent mieux que les liens de l'amitié à l'épreuve du temps et de l'étiquetage. Une explication plus globale pourrait se trouver du côté des stéréotypes que les gens entretiennent à l'égard des femmes et de la prison. Au mot prison est associé la violence, comportement tout à fait à l'opposé de ce que l'on attend d'une femme, et surtout de sa fille. Ainsi, même si la condamnation n'est pas pour une affaire impliquant de la violence, dès qu'il y a arrestation, accusation, comdamnation et surtout incarcération, les proches refusent de s'impliquer. La définition qui est offerte, i.e. l'étiquette «criminelle» apposée à une des leurs, n'est pas entièrement acceptée car les contacts reprennent avec le retour à la liberté. Cependant, visiter une fille, une mère en prison briserait trop de stéréotypes et, dans le contexte carcéral, les gens ne réussissent pas à garder ou maintenir une image d'elle acceptable.

L'aide et l'information quant aux ressources disponibles — surtout pour les femmes qui purgeront de courtes peines — sont rares. Certaines interviewées déploraient d'être si mal renseignées et d'avoir si peu de lieux où aller coucher en sortant. Considérant que de tels services existent et que le problème en est plutôt un de coordination et de centralisation de l'information pour qu'elle soit disponible aux femmes en difficulté, il faut qu'une solution soit trouvée rapidement.

En libération de jour, en libération conditionnelle ou même après la fin de toute mesure de surveillance, les problèmes rencontrés lors du retour sur le marché de la production marchande sont multiples. Pires (1983) a démontré que le casier pénal est une marque indélébile et la personne condamnée continue ainsi de purger sa peine même après avoir terminé sa sentence. Ce stigmate n'est cependant pas visible. C'est Goffman (1963), dans son analyse de la stigmatisation, qui le premier a fait la différence entre les stigmates visibles et ceux qui ne le sont pas. Les personnes stigmatisées par le système pénal ne sont pas nécessairement discréditées en partant. Les femmes, comme groupe, peuvent être discréditées au départ, mais les personnes détentrices d'un casier judiciaire sont sujettes au discrédit seulement si leur situation devient connue. Ainsi, lors de la recherche d'emploi, même si les femmes justiciables peuvent rencontrer certaines difficultés comme femmes, il reste que si leur passé pénal demeure inconnu, il ne soulèvera évidemment pas de problèmes. Cependant, les personnes condamnées ne contrôlent pas cette information et le discrédit attaché à l'étiquette «ex-détenue» fait des femmes justiciables une minorité doublement vulnérable.

Pour contrer de tels effets, certaines adoptent, lors de la recherche d'emploi, la tactique du faux-semblant. Les femmes doivent à ce moment-là s'habituer à vivre avec une certaine tension car l'information peut devenir publique et, suite à cela, elles risquent de perdre leur emploi. De plus, tant dans les échanges avec le futur que l'actuel employeur, que dans leurs relations avec leurs collègues, les femmes qui adoptent la tactique du silence doivent continuellement être sur la défensive. Surtout si les femmes sont en libération de jour, à partir de la prison ou de la maison de transition, une simple question sur le dernier emploi, les événements au cours du précédent week-end, même une invitation pour sortir, faite en toute innocence, et qui se veut pleine d'intérêt pour la personne, peut appeler une réponse mensongère pour préserver la crédibilité nouvellement acquise.

De plus, vivre en liberté le jour et en prison le soir exige des capacités exceptionnelles d'adaptation. Les femmes doivent passer de l'état de sujétion le plus complet à l'indépendance la plus grande à l'intérieur d'une même journée. Peu de femmes sont effectivement capables d'accepter de retrouver l'arbitraire qui caractérise la vie carcérale après avoir connu l'autonomie la journée durant. Compte tenu de nos données, nous pensons que les conditions de vie des femmes qui «jouissent» d'une libération de jour, à partir de l'établissement de détention, devraient tenir compte du fait que ces dernières sont insérées dans la société une grande partie de la journée.

D'aucuns penseraient que les problèmes des justiciables seraient tous réglés advenant le cas où l'employeur connaîtrait le passé pénal de la femme. Effectivement, dans un pareil cas, la peur et le mensonge ne font plus partie de sa vie, mais il arrive que les collègues peuvent avoir peur d'elle et, pendant quelques mois, la femme sera observée de loin. De plus, la période probatoire peut subitement s'allonger et les promotions se feront attendre. D'ailleurs, des circonstances très spéciales ont pu permettre que la personne décroche un emploi et elle se trouvera alors prisonnière de son poste. Comme Pires (1983) le soulignait, l'emploi n'annihile pas les effets du casier, la peine continue longtemps après.

Le système pénal, en instaurant le casier judiciaire, voulait faciliter ses opérations internes. Cependant, un des effets pervers d'être ainsi fiché est l'exclusion quasi systématique des emplois les plus intéressants et même des autres lorsque le dossier est connu. Pourtant, comme le disaient certaines des interviewées, s'il est une façon de sortir quelqu'un du «milieu», c'est bien d'avoir un emploi qui occupe huit heures par jour, qui fournit un nouveau lieu où développer des relations affectives et qui récompense l'effort par un salaire décent. Autrement dit: « une job, ça tient tranquille».

Pour contrer de tels effets, nous croyons, comme Hattem et Parent (1982), que le casier judiciaire devrait être détruit, et pas seulement mis à part des autres dès qu'un pardon a été accordé. De plus, il nous semble que ce pardon devrait être automatique, au plus tard, trois ans après l'expiration de la peine pour toute personne reconnue coupable d'une infraction punissable par voie de mise en accusation ou d'un acte criminel.

La procédure pénale commence sa distribution de biens négatifs dès l'arrestation par la police et continue, on l'a vu, longtemps après la sortie. Des événements, des situations précises ont été identifiées, certaines ayant un impact momentané — telle la brutalité policière — mais nécessitant parfois des stratégies élaborées pour bloquer leur répétition. En d'autres circonstances, l'effet est diffus et se prolonge longtemps après, comme pour les fouilles et le casier judiciaire. Il nous reste maintenant à évaluer l'impact de ce passage sur la trajectoire sociale et professionnelle de ces femmes.

Landreville et al. (1981) ont démontré qu'en ce qui concerne les justiciables de sexe masculin, l'impact du passage dans le système pénal est fonction des conditions et mécanismes de production et de neutralisation qui peuvent être élaborés par les justiciables. La place dans la structure de classes est alors déterminante. Pour évaluer plus à fond les effets de cette distribution de biens négatifs, ces auteurs ont eu recours à la notion de trajectoire sociale et la base de la typologie présentée était la classe sociale d'origine.

La situation des femmes présente, selon nous, des caractéristiques différentes qui ne permettent pas la même élaboration. Même si les conditions sociales et économiques ont changé et que de plus en plus les femmes restent sur le marché de la production marchande durant toute leur vie active, elles sont encore nombreuses à croire que le mariage leur apportera la sécurité financière jusqu'à la fin de leur vie. Les attentes envers les femmes, comme les projets d'avenir des femmes elles-mêmes, ne sont pas nécessairement axés sur la production marchande; plusieurs ne miseront pas sur leur autonomie financière pour vivre et ne poursuivront pas leur formation même si la situation familiale le permet. Étant donné que la vie de couple n'a plus la stabilité des temps jadis, les femmes se retrouvent, au moment d'une séparation ou d'un divorce, chefs de famille et elles n'ont pas la formation de base, ni l'expérience du monde du travail qui leur permettraient de garder le même niveau de vie.

Par exemple, les femmes dont la classe d'origine était la bourgeoisie n'ont pas nécessairement à leur disposition les moyens de neutralisation pouvant être mis de l'avant par cette classe parce que:

1) elles n'ont pas de formation qui ouvre des postes intéressants;

2) le père ne conçoit pas que sa fille travaille dans son entreprise ou bien qu'elle prenne la relève;

3) les parents ont divorcé et la mère qui accédait à cette classe sous la dominance du mari, et non de par sa propre pratique, dans la production marchande se voit soudain dépendante envers l'«État-mari», ce qui amène une chute de statut pour la famille;

4) il peut y avoir eu de longs placements laissant la femme sans les habitus propres à cette classe;

5) les femmes justiciables ont pu se marier avec des hommes de classes moins favorisées et, suite à une séparation ou un divorce, elles se retrouvent avec peu de moyens pour lutter.

Cela ne veut pas dire que la famille d'origine ne peut jouer un rôle pour un de ses membres pris dans l'engrenage du pénal; cette famille prendra souvent charge des enfants durant l'enfermement de la mère, ou bien elle aura permis l'acquisition de certains habitus de classe, mais il n'y a rien, selon nous, qui puisse servir de base à une typologie comme dans le cas des hommes.

Le divorce du couple, comme la mort du conjoint mâle, amène toujours des chutes appréciables de statut, quand ce n'est pas un placement des enfants en foyer ou en institution, parce que ni l'un ni l'autre des parents ne veut ou ne peut assumer ses responsabilités. Les femmes justiciables n'échappent pas à ce portrait et lorsqu'il y a eu placement suite à un divorce ou une séparation, advenant que les liens avec la famille ne soient pas complètement coupés, le support sera bien mince lorsque ces femmes auront besoin d'aide. Étant donné l'importance accordée par le pénal à l'encadrement familial, on voit ce que son absence signifie pour le membre, surtout que ce ne sont pas nécessairement des personnes des classes les plus défavorisées qui agissent ainsi. Par exemple, dans le cas qui nous occupe, ce sont des auxiliaires à la bourgeoisie, donc des personnes qui, en principe, pouvaient aider à neutraliser la distribution de biens négatifs.

Les femmes qui ont obtenu un diplôme d'études collégiales ou un baccalauréat n'ont souvent pas un emploi en relation avec leur formation scolaire, celle-ci étant trop générale. Le diplôme ouvrait certaines portes, mais ne donnait pas de compétences particulières. C'est donc avec la pratique que les femmes ont acquis le champ de spécialisation qui leur est propre. Advenant le cas où le délit est en rapport avec le milieu du travail, les difficultés peuvent surgir dans la recherche d'un nouvel emploi ou en ayant trouvé un, ces femmes en seront un peu prisonnières.

Après les études, la majorité des femmes prenaient le chemin de la production sociale, quelques-unes entraient immédiatement dans la production domestique tandis que quelques autres semblaient se plaire dans une espèce de «no man's land» quant à ces différentes productions: ni dans l'une, ni dans l'autre, elles vivaient dans la marginalité.

Pour les femmes justiciables, deux facteurs semblent particulièrement discriminants quant aux possibilités de neutraliser les effets d'un passage dans le système de justice: l'absence d'enfants ou la présence d'un conjoint.

Le groupe des femmes n'ayant jamais eu d'enfant se caractérise par leur autonomie face à l'«État-mari». Aucune d'entre elles n'a eu à vivre des prestations de l'aide sociale. Déjà, au moment des rencontres, elles sont majoritairement sur le marché de la production marchande; les autres sont en recherche active d'emploi ou aux études. Les diplômées se retrouvent dans ce groupe. Comparativement à leur classe sociale d'origine, il y a chez ces femmes une nette tendance à expérimenter un changement ascendant quant à leur position dans la structure de classes.

Les femmes avec enfants se divisent en trois sous-groupes: celles qui ont un conjoint, les mères sans conjoint et les femmes qui ont eu mais qui n'ont plus la responsabilité des enfants.

La femme qui retrouve un conjoint à la sortie reprend ses enfants dans un décor familier et n'a pas de soucis économiques pressants. Ses enfants ont connu moins de perturbations que s'ils avaient été l'objet d'un placement et elle aussi peut réintégrer le marché de la production marchande. Son statut est semblable à celles qui sont sans enfant sauf qu'au moment de l'enfermement, comme à la sortie — même si elle a l'aide d'un conjoint — une grosse partie de ses énergies est prise par les problèmes occasionnés par la séparation mère-enfants.

Les mères sans conjoint sont sûrement les femmes dont la situation est la plus précaire et qui sont le plus vulnérables face aux biens négatifs distribués par le pénal. Certaines, sans famille et sans moyens réels pour lutter, verront les professionnels des divers réseaux s'approprier la direction de leur vie, ordonnant le placement et même l'adoption de leurs enfants. Au sortir de la détention, sans support financier et n'ayant souvent pas la formation pour se trouver un emploi intéressant, elles doivent compter sur l'État pour survivre. En même temps que le minimum pour survivre leur est fourni, elles sont maintenues dans un état précaire et leurs chances de s'en sortir sont bien minces. Elles font partie de cette nouvelle majorité de pauvres. Certaines opteront pour le travail au noir, mais ces ouvrières sont souvent exploitées et il n'y a aucune sécurité pour celles dont la santé sera défaillante. D'autres, malgré les difficultés d'être chefs de famille monoparentale, voudront cumuler la double tâche pour se sortir de la précarité de la situation des «bénéficiaires» d'aide sociale.

Finalement, il y a les femmes qui ont eu des enfants mais qui, pour toutes sortes de motifs allant de l'autonomie nouvellement acquise des enfants devenus adultes aux causes reliées à l'enfermement, n'ont plus la responsabilité de ces derniers. Dans les situations les plus heureuses, les proches de la femme auront accepté de prendre la charge des enfants au temps de l'enfermement. Lorsque la sentence est d'assez longue durée, il arrive, même avec la sortie, qu'ils continuent d'assumer les soins quotidiens. Les contacts ne sont pas coupés et certains liens unissent encore la mère biologique et l'enfant. Ces femmes sont beaucoup plus libres que les mères sans conjoint pour retourner sur le marché du travail et, effectivement, lors de nos rencontres, elles ont déjà un emploi ou sont en recherche active de travail. Il y a cependant un autre groupe de femmes qui, soit n'avaient pas de famille, soit en avaient une, mais qui refusaient de s'impliquer et qui, même s'il y avait (ou bien peut-être est-ce parce qu'il y avait) *une conjointe* dans leur vie, se sont vu retirer leurs droits parentaux. C'était il y a une dizaine d'années; aujourd'hui, l'orientation sexuelle des femmes ne pose plus autant problème et si un ensemble de circonstances commande la séparation mère-enfant, une mesure moins radicale est adoptée: ces femmes verront leurs enfants placés, gardant des droits de visites et la possibilité de les reprendre.

C'est aussi parmi ces femmes qui ont eu charge d'enfant-s que nous retrouvons celles qui sont malades et ne peuvent continuer, pour le moment du moins, leur insertion dans le monde de la production sociale. Ces femmes doivent compter sur les prestations d'aide sociale pour survivre. D'autre part, la précarité de leur situation leur fait souhaiter un retour rapide sur le marché du travail. Dans certains cas, les séquelles de la maladie ne permettront pas un retour à l'ancien métier. Maintenant plus âgées — sans être très vieilles — acquérir de nouvelles compétences n'est pas une simple tâche et il y a le casier pénal qui peut causer des problèmes lors de la recherche d'emploi.

Lorsque la procédure pénale est engagée contre une femme, elle est punie pour une action donnée et se retrouve dans l'incapacité de circuler. Rien dans les services offerts au moment où la femme purge sa sentence ne permet de dire que l'objectif de réhabilitation que le système souhaite poursuivre puisse effectivement être accompli. La distribution de biens négatifs domine toute la procédure et les femmes qui réussissent à changer leur comportement le font sans aucune aide ou support, disent-elles. La présence des enfants augmente sensiblement les conséquences négatives d'un passage dans le pénal. Les enfants, comme la mère, sont punis par cette séparation. Le principe de pénologie qui veut que seule la personne trouvée coupable d'un délit paie sa dette à la société ne tient plus dans les circonstances. Schneller (1978), dans son étude sur les hommes mariés incarcérés ayant femme et enfants, en était arrivé à la même conclusion. Pour pallier à cette situation, il suggérait diverses mesures pour augmenter le nombre de contacts entre le mari et sa femme. Ces mesures sont intéressantes mais nous sommes beaucoup plus intéressée par les questions: *À quoi peut servir l'incarcération? Qui est effectivement puni? et À qui cela peut-il servir?*

À quoi peut servir l'incarcération?

Il faut bien garder en tête que l'incarcération est la peine la plus sévère que notre société se donne et que non seulement est-elle beaucoup trop utilisée, mais en plus, elle l'est souvent pour des motifs pas assez sérieux.

Dans la logique juridique, une peine d'incarcération peut être infligée comme punition à quiconque plaide coupable ou est reconnu coupable d'un certain délit. À cette peine d'emprisonnement, on associe aussi un objectif de réhabilitation, de réinsertion sociale. Une interrogation demeure: qu'y a-t-il au moment de l'emprisonnement qui pourrait avoir un impact positif pour ces femmes à la sortie?

> Ils parlent de réinsertion sociale, ça me fait chier et ça fait chier ben du monde qui ont fait du temps parce que tu ne peux pas faire une réinsertion sociale tant que tu n'as pas digéré ce que tu as vécu à Tanguay. Il y a rien pour te faire digérer, tu n'as pas d'aide. Moi, je suis chanceuse, j'ai un travailleur social qui est extraordinaire [celui de sa fille qui est placée]. (Françoise)

Dans les discours entendus, il était question de cette absence d'aide et si l'incarcération permettait a une des femmes de mettre de l'ordre dans sa vie, le crédit en était donné à leur motivation et non à ce qui est offert à Tanguay.

> À part quelqu'un comme moi, elles sont pas là parce qu'elles étaient employables (...) ils avaient pas l'air de prévoir quoi que ce soit pour améliorer ou éliminer le problème qui avait fait que le monde s'était ramassé là, d'un point de vue personnel, ça s'appliquait pas à moi, j'suis rentrée avec des qualifications négociables sur le marché du travail, pis j'suis sortie avec mais y a personne qui est rentré sans ces choses là qui est sorti avec (...) y a rien là qui va les aider à repartir du bon pied, rien, au contraire, y vont juste rencontrer plus de monde pis apprendre des meilleurs trucs comme: «Ah! c'est ça que j'aurais dû faire!» pis des affaires de même. (Kathleen)

Le système ne fait rien et l'administration est fort réticente à toutes propositions de changement ou de nouveaux programmes qui peuvent venir des détenues.

Elisabeth trouve «aberrant» le choix des activités car pour

> une maison de détention où ils sont supposés réhabiliter les
> gens, il n'y a aucun moyen pour le faire à part des trucs
> aberrants comme des salles de hobbies où tu as le choix de
> faire soit de la couture, soit des émaux sur cuivre, tu n'as pas
> le choix, tu n'as pas de cours. (Elisabeth)

Le manque de diversité dans les options, tant au plan travail, que de l'apprentissage ou des loisirs, et le caractère stéréotypé des activités proposées n'aident aucunement ces femmes à acquérir des expertises qui seraient négociables sur le marché du travail.

Pour Diana, l'incarcération l'aurait aidée à changer son comportement; mais tout cela s'est fait malgré la structure institutionnelle. Réagissant agressivement à tout ce qui pouvait contrecarrer ses plans, elle a appris en faisant son temps à négocier autrement.

> Mais je l'ai appris par moi-même, c'est pas les «screws» qui
> me l'ont montré, j'me suis calmée par moi-même (...) C'est
> pas eux-autres qui l'ont fait. J'me suis réhabilitée moi-même,
> y m'ont surtout pas aidée. (Diana)

Donc, en principe, la peine servirait à réhabiliter l'individu puni, mais dans les faits, nous retrouvons seulement la punition et l'incapacité de circuler. La peine d'incarcération n'offre alors aucune possibilité pour faciliter le retour à la liberté.

Qui est effectivement puni? et à qui cela peut-il servir?

Les pratiques pénales, on l'a vu, permettent une distribution de biens négatifs sur toutes les femmes et tous les hommes justiciables. Outre cela, les «largesses» du système pénal ne s'arrêtent pas qu'aux personnes condamnées. En effet, elles s'étendent au réseau familial et cela à l'encontre d'un principe de pénologie qui veut que seule la personne trouvée coupable d'un délit soit punie.

Au regard de la situation des femmes justiciables, principalement celles qui ont subi une incarcération, sans vouloir minimiser l'impact du casier pénal ou de toutes autres expériences qui découlent de ce passage sur la trajectoire sociale des femmes sans enfant, nous dirions que ce sont les mères sans conjoint qui sont possiblement les plus touchées parce que les moins outillées pour lutter contre les conséquences négatives d'un passage dans le pénal, et principalement celles qui sont sans famille ou dont les proches parents refusent de s'impliquer.

Ainsi, le rôle de la famille est complexe. Si d'un côté sa présence auprès de la personne condamnée permet de neutraliser certaines des conséquences d'un passage dans le pénal; d'un autre côté, cette présence même est l'occasion d'une distribution de biens négatifs pour la famille élargie. Cependant, l'importance accordée par le système pénal à l'encadrement familial démontre, selon nous, toute la visée idéologico-politique de ce pouvoir, un pouvoir patriarcal, ne l'oublions pas.

Le but visé est beaucoup plus le contrôle de la famille, soit indirectement lorsque celle-ci entreprend de fournir un cadre à son membre déviant ou aux enfants de cette dernière, soit directement en prenant charge non seulement de la femme incarcérée mais de ses enfants si personne d'autre ne peut le faire. Ce faisant, le système pénal s'assure qu'un encadrement serré est donné et garde la minorité qu'il fabrique dans un état précaire exacerbant, ce que Guillaumin (1981) appelle, leur «état de moindre pouvoir».

La classe des femmes dans la société ne représente pas numériquement un groupe minoritaire, mais de fait, elles sont en situation de minoritaires. Certains des facteurs de minorisation sont encore très présents, tels l'accès inégal à l'éducation et la formation inadéquate qui empêchent ces dernières de postuler à des emplois intéressants, alors que d'autres facteurs sont disparus depuis un passé encore tout récent. Par exemple, ce n'est qu'en 1990, qu'au Québec, les femmes pourront fêter le 50e anniversaire du droit de vote.

De plus, cet «état de moindre pouvoir» devient encore plus lourd à porter au moment de l'incarcération et à la sortie de prison.

Durant l'enfermement, les femmes, surtout celles dont la sentence est de courte durée, sont maintenues dans un état de dépendance financière car les possibilités pour les femmes d'obtenir un travail sont rares à Tanguay. Cette dépendance financière est maintenue pour toutes celles qui deviennent «bénéficiaires» de l'aide sociale lorsque le moment de la sortie arrive enfin. Le pénal continue de reproduire, en son sein, à l'endroit des femmes, les stéréotypes en cours dans la société, augmentant même les facteurs possibles de discrimination contre elles.

Enfin, dernier point à souligner, la filiation entre le système pénal et le pouvoir patriarcal. D'abord, le pénal utilise un ensemble de lois faites par des hommes pour gérer des actes commis majoritairement par d'autres hommes. Cependant, que les femmes soient en nombre moindre n'a pas empêché ce système d'adapter sa pratique de contrôle aux femmes qu'il juge déviantes.

Au moment de l'incarcération, le pénal s'approprie le corps des femmes, abusant de pratiques qui les agressent et qui portent atteinte à l'intimité et à la condition humaine de celles qui les subissent (c'est-à-dire les fouilles vaginales-rectales). De plus, il s'approprie leurs enfants — une production directe d'énergie humaine — lorsqu'il juge que les contrôles extérieurs (conjoint, famille) sont insuffisants.

Cette recherche nous a permis de constater qu'en ce qui concerne les femmes justiciables, l'impact différentiel d'un passage dans le pénal sera surtout fonction des lieux d'insertion dans la société. Les femmes qui n'ont pas une production marchande, parce que prises par la production domestique, ne s'insèrent pas dans la structure de classes sinon comme des laissées-pour-compte. Leur capacité propre de neutralisation des conséquences négatives est alors fort réduite ou inexistante, mais la présence de leurs enfants agit comme un effet stabilisateur.

Si, au départ, les femmes justiciables sont en état de «moindre pouvoir» (Guillaumin, 1981), c'est à cause des inégalités liées à leur sexe. Lorsque criminalisées, une double minorisation s'opère: les femmes deviennent plus sujettes aux pratiques discriminatoires tant lors de l'embauche qu'au moment d'une contestation des droits parentaux. Finalement, leur petit nombre, à l'intérieur même du système, en fait une minorité numérique sans moyens réels de pression pour le respect de leurs droits.

Les femmes justiciables sont donc triplement sujettes à la discrimination. Dans cette perspective, le pénal est un outil de plus dans les mains du pouvoir patriarcal pour garder les femmes en position de «moindre pouvoir».

Le chemin parcouru afin de déterminer quels sont les coûts sociaux de l'emprisonnement pour les femmes justiciables a été fort long. Il a été nécessaire de revenir sur les différentes étapes de ce processus — comme l'arrestation, les rapports avec la police, la relation avocat-cliente, le procès, l'entrée en prison, les fouilles subies par les femmes, les difficultés des relations entre gardées et famille et, pour celles qui ont des enfants, les relations mère-enfant. Nous avons aussi été confrontée au fait qu'avec la sortie, les épreuves ne s'arrêtent pas. Le stigmate pénal continue de poursuivre les justiciables et leur retour sur le marché du travail n'est pas une sinécure.

Quant à l'analyse des mécanismes de neutralisation et de production des coûts sociaux du système pénal, c'est à l'aide d'une grille féministe que nous avons cherché à comprendre ce qui arrivait effectivement aux femmes rencontrées. Il semble que même si dans les luttes contre l'agression sexuelle, la violence conjugale et la pornographie des femmes ont cherché à utiliser le pénal pour faire avancer ces dossiers, dans le cas qui nous préoccupe, le pénal est un outil de plus dans la panoplie au service du pouvoir patriarcal.

Pour atténuer les effets de cette domination nous proposons:

1° que les pratiques de détention préventive ne s'appliquent qu'aux femmes accusées d'une infraction contre la personne *et* qui constituent un danger imminent pour la vie d'autrui;

2° que l'emprisonnement soit une mesure de dernier ressort ne s'appliquant qu'aux femmes ayant commis une infraction grave contre la personne et qui constituent un danger imminent pour la vie d'autrui;

3° que les fouilles vaginales-rectales soient exceptionnelles et autorisées dans chaque cas *par un tribunal*. De plus, le seul motif autorisant de telles fouilles serait l'existence de dangers réels à la sécurité d'autrui;

4° que le pardon soit *automatiquement* accordé a toute personne déclarée coupable d'une infraction punissable par voie de mise en accusation ou d'un acte criminel, trois ans après l'expiration de la peine. De plus, ce pardon doit être suivi de la *destruction* de tout dossier relatif à la condamnation à l'égard de laquelle il a été accordé;

5° que soit déclarée illicite toute discrimination basée sur une condamnation pénale ou criminelle et cela en accord avec la *Charte canadienne des droits et libertés* et la *Charte des droits et libertés de la personne* au Québec.

RÉFÉRENCES

BAUNACH, P.J. (1977). Women's offenders: a commentary – current conceptions on women in crime. *Quarterly journal of corrections*, Vol. 1, 4, 14-18.

BAUNACH, P.J. (1985). *Mothers in prison*. New Brunswick, N.J.: Transaction Inc.

BERGERON, M. (1982). La déchéance post-pénale: une étude sur les conséquences légales de la condamnation et sur les moyens d'en atténuer les effets sur le statut de la personne. *Revue du Barreau*, 42, 5, 715-812.

BERTAUX, D. (1977). *Destins personnels et structure de classe*. Paris: Presses Universitaires de France.

BERTRAND, M.-A. (1979). *La femme et le crime*. Montréal: L'Aurore/ Éditions l'Univers.

BERZINS, L., COLLETTE-CARRIÈRE, R. (1979). La femme en prison: un inconvénient social! *Santé mentale au Québec*, 4, 2, 87-103.

BERZINS, L., COOPER, S. (1972). The political economy of correctional planning for women: the case of the bankrupt bureaucracy. *Revue canadienne de criminologie*, 24, 4, 399-416.

BLANKEVOORT,V., LANDREVILLE, P., PIRES, A.P. (1980). Les coûts sociaux du système pénal. Notes méthodologiques. *Crime et/and Justice*, 7/8, (3/4), 180-189.

BOUILLAQUET-BERNARD, P., GAUVIN-AYEL, A., OUTIN, J.L. (1981). *Femmes au travail, prospérité et crise*. Paris: Economica.

BOYLE, C.L.M., BERTRAND, M.-A., LACERTE-LAMON-TAGNE, C., SHAMAI, R. (1985). *Un examen féministe du droit criminel*. Canada: Ministère des Approvisionnements et services.

CANADA (1983, 1984, 1985, 1986, 1987). Service correctionnel. *Rapport du profil de la population féminine. Population au registre*.

CANADA (1986). Statistique Canada. *Services correctionnels pour adultes au Canada 1985-86*. Approvisionnements et services.

COLLETTE-CARRIÈRE, R., LANGELIER-BIRON, L. (1983). Du côté des filles et des femmes, leur délinquance, leur crimi-nalité. *Criminologie*, vol. XVI, 2, 27-45.

COMMISSION DES DROITS DE LA PERSONNE DU QUEBEC (1985). *Enquête de la Commission des droits de la personne à la prison Tanguay*. Montréal.

COUSINEAU, M.-M., LABERGE, D., THÉORÊT, B. (1986). *Prisons et prisonniers. Une analyse de la détention provin-ciale québécoise durant la dernière décennie*. Montréal: Université du Québec à Montréal.

CRITES, L. (Ed.) (1976). *The female offender. Toronto: Lexing-ton Books*.

DEMERS, C. (1985). *Les gardiens de prison: problèmes et représentations d'un métier*. Mémoire de maîtrise inédit. Université de Montréal: École de criminologie.

DUCHÉ, N., GRANSAC, A. (1982). *Prisons de femmes*. Paris: Denoël.

ELLENBERGER, H.F. (1980). Mutilations corporelles infligées aux femmes: étude victimologique. *Criminologie*, XIII, I, 80-93.

FOUCAULT, M. (1980). *in* M. Perrot, *L'impossible prison*. Paris: Éditions du Seuil.

GARFINKEL, H. (1956). Conditions of successful degradation ceremonies. *The american journal of sociology*, vol. LXI, 5, 420-424.

GIALLOMBARDO, R. (1966). *Society of women: a study of a women's prison*. New York: John Wiley & Sons Inc.

GLASER, B.G., STRAUSS, L. (1967). *The discovery of grounded theory: strategies for qualitative research*. Chicago: Aldine Publishing Company.

GOFFMAN, E. (1963). *Stigmate*. Paris: Les Éditions de Minuit, 1975.

GRANSAC, A., DUCHÉ, N. (1982). *Prisons de femmes*. Paris: Denoël.

GROMAN, D., FAUGERON, C. (1979). Actualités bibliographiques: la criminalité féminine libérée: de quoi? *Déviance et société*, vol. 3, 4, 363-376.

GUILLAUMIN, C. (1981). Femmes et théories de la société: remarques sur les effets théoriques de la colère des opprimées. *Sociologie et sociétés*, XIII, 2, 19-31.

HAMELIN, M. (1985). *Les Québécois et Québécoises pénalisés*. Cahier no 18, Montréal: École de criminologie, Université de Montréal.

HAMELIN, M., LANDREVILLE, P. (à paraître). Les détenu-e-s se prononcent sur la négotiation de plaidoyer, les libérations, les policiers, la délation et le 25 ans minimum. *Revue canadienne de criminologie*.

HATTEM, T., PARENT, C. (1982). *Les effets négatifs d'un casier judiciaire au niveau de l'emploi*. Montréal: Les Cahiers de l'École de criminologie, Université de Montréal.

JOHNSON, H. (1987). Getting the facts straight: a statistical overview *in* E. Adelburg, C. Currie, *Too few to count, Canadian women in conflict with the law*. Vancouver: Press Gang Publishers.

KLEIN, D. (1976). The etiology of female crime: a review of the literature, *in* Crites, L. (Ed.). *The female offender*. Toronto: Lexington Books.

LACROIX, L. (1986). Tenir tête au cancer: «c'est dur mais c'est possible» – Mme Gabrielle Lévesque-Gaal. *La Presse*, 7 mai 1986.

LANCTÔT, L. (1981). *Une sorcière comme les autres*. Montréal: Québec/Amérique.

LANDREVILLE, P., BLANKEVOORT, V., PIRES, A.P. (1981). *Les coûts sociaux du système pénal*. Rapport de recherche, École de criminologie, Université de Montréal.

LANDREVILLE, P., HAMELIN, M., GAGNIER, S. (1985). *Points de vue de détenu-e-s du Québec sur quelques questions soulevées par le mandat de la Commission canadienne sur la détermination de la peine*. Rapport inédit. Montréal: École de criminologie, Université de Montréal.

LAURIN-FRENETTE, N. (1981). Féminisme et anarchisme: quelques éléments théoriques et historiques pour une analyse de la relation entre le Mouvement des femmes et l'État, *in* Y. Cohen (Ed.), *Femmes et politique*, (147-191). Montréal: Le Jour éditeur.

LÉGARÉ, A. (1977). *Les classes sociales au Québec*. Montréal: Les Presses de l'Université du Québec.

LEGRAS, D. (1971). Quelques contributions à la méthodologie de l'entretien non directif d'enquête. *Bulletin du C.E.R.P.*, XX, 2, 131-141.

LEHTINEN, M.W. (1977). Women's corrections: problems and future prospects. *Quarterly journal of corrections*, Vol. 1, 4, 34-39.

LOMBROSO, C., FERRERO, G. (1893). *The female offender*. London: Fisher Unwin.

MARTIN, J.P., WEBSTER, D. (1971). *The social consequences of conviction*. London: Heinemann Educational Books Ltd.

McGOWAN, B.G., BLUMENTHAL, K.L. (1978). Children of women prisoners: a forgotten minority in Crites, L. (ed.) *The female offender*, Toronto: Lexington Books

McGOWAN, B.G., BLUMENTHAL, K.L. (1978). *Why punish the children? a study of children of women prisoners*. Hackensack, N.J.: National council on crime and delinquency.

McKENZIE, F.C. (1986). Le visage changeant de la pauvreté. *Le Devoir*, 20 juin 1986.

MESSIER, S. (1984). *Les femmes, ça compte*. Québec: ministère des Communications.

MICHELAT, G. (1975). Sur l'utilisation de l'entretien non directif en sociologie. *Revue française de sociologie*, XVI, 229-247.

MORRIER, B. (1986). Quand la culpabilité s'avère moins onéreuse que l'innocence. *Le Devoir*, 10 juin 1986.

PARENT, C. (1986). La protection chevaleresque ou les représentations masculines du traitement des femmes au niveau de la justice pénale. *Déviance et société*, X, 2, 147-175.

PARTISANS (1972). *Libération des femmes*. Paris: Maspero.

PERROT, M. (1980). *L'impossible prison*. Paris: Éditions du Seuil.

PIRES, A.P., LANDREVILLE, P., BLANKEVOORT, V. (1981). Système pénal et trajectoire sociale. *Déviance et société*, vol. 5, 4, 319-345.

PIRES, A.P. (1982). La méthode qualitative en Amérique du Nord: un débat manqué (1918-1960). *Sociologie et sociétés*, l4, l, 15-29.

PIRES, A.P. (1983). *Stigmate pénal et trajectoire sociale*. Thèse de doctorat inédite, Université de Montréal.

POISSON, M. (1987). *Les ex-détenues et le casier judiciaire*. Mémoire de maîtrise inédit, Université d'Ottawa.

POUPART, J. (1979/80). La méthodologie qualitative: une source de débats en criminologie. *Crime et/and Justice*, 7/8, (3/4), 167-174.

PROTECTEUR DU CITOYEN (1985). *Le respect des droits des personnes incarcérées*. Québec.

QUÉBEC (1983). Ministère de la justice, Direction de la probation, (données non publiées), *in* M. Hamelin (1985), *Les Québécois et Québécoises pénalisés*. Cahier no 18. Montréal: École de criminologie, Université de Montréal.

QUÉBEC (1985-86). *Statistiques correctionnelles du Québec 1985-86*.

ROBERT, P., FAUGERON, C. (1978). *La justice et son public, les représentations sociales du système pénal*. Genève: Masson-Médecine et Hygiène.

SAINT-PIERRE, C. (1973). De l'analyse marxiste des classes sociales dans le mode de production capitaliste. *Socialisme québécois*, 24, 9-33.

SCHNELLER, D.P. (1978). *The prisoner's family: a study of the effects of imprisonment on the families of prisoners*. San Francisco: R and E Research Associates.

SŒUR MARIE-DE-SAINT-BENOÎT, r.b.p. (1953). *Maison Ste-Darie ou La prison des femmes catholiques à Montréal, 1876-1952*. Dissertation inédite. Université de Montréal: département de Service Social.

THERRIEN, R., COULOMBE-JOLY, R. (1984). *Rapport de l'A-FEAS sur la situation des femmes au foyer*. Montréal: Les Éditions du Boréal Express.

VANDELAC, L., BÉLISLE, D., GAUTHIER, A., PINARD, Y. (1985). *Du travail et de l'amour*. Montréal: Éditions Saint-Martin.

VANDERHAEGHE, A. (1975). *Travail féminin et minorisation*. Bruxelles: Contradictions.

WATSON, C.M. (1980). *Women prisoners and modern methods of prison control: a comparative study of two Canadian women's prisons*. Thèse de doctorat inédite, Université McGill.

BIBLIOGRAPHIE
FEMMES ET PRISONS

Jacqueline De Plaen

Plutôt qu'une liste exhaustive de publications, nous avons tenté de faire des pages qui suivent un guide de lecture à l'intention de toute personne qui s'intéresse aux problèmes de l'incarcération des femmes. Sauf pour les ouvrages de «pionniers» considérés comme des classiques du genre dans l'ensemble de la littérature ou au Québec et que nous avons signalés par un point précédant le nom de l'auteur, nous nous en sommes tenus aux textes publiés depuis dix ans, en langues française ou anglaise, consacrés aux femmes adultes.

Nous avons délibérément laissé de côté les publications traitant de la délinquance féminine en général, à moins qu'elles n'abordent directement le sujet de la détention. La lectrice ou le lecteur qui désire élargir son champ à la criminalité ou replacer l'incarcération dans son contexte en la situant par rapport aux avant et après, trouvera facilement des points de repère dans les auteurs cités sous la rubrique *Généralités*.

Pour faciliter la consultation, nous avons regroupé les textes par thèmes plutôt que selon un ordre alphabétique, leur pays d'origine ou leur nature. Une telle classification posait certains problèmes pour les ouvrages abordant des réalités aussi proches que la grossesse, la santé et l'abus de drogue, par exemple. Aussi avons-nous dû trancher, parfois arbitrairement, mais en respectant, le plus possible, croyons-nous, l'intention principale des textes. Malgré ces inconvénients, le découpement par thèmes présente le grand avantage de mettre en évidence les thématiques privilégiées et les aspects plus ou moins négligés par les chercheurs dans le domaine de la détention des femmes.

GÉNÉRALITÉS

ABELL, J., GELLER, G. (1986). Les femmes et la justice criminelle. *Documentation sur la recherche féministe*, 13 (4), 94 p., 1985-86.

ADELBERG, E.A., CURRIE, C. (1987). *Too few to count. Canadian women in conflict with the law.* Vancouver: Press Gang Publishers, 1987.

ALPERT, G.P. (1982). Women prisoners and the law: which way will the pendulum swing? *Journal of criminal justice*, 10 (1): 37-44, 1982.

ASSOCIATION CANADIENNE DES SOCIÉTÉS ELIZABETH FRY (1985). *Les femmes qui ont des démêlés avec la justice. Une minorité oubliée.* Ottawa: l' Association, 1985.

BERTRAND, M.-A. (1979). *La femme et le crime.* Montréal: Éditions l'Aurore, 1979.

BERZINS, L., COLLETTE-CARRIÈRE, R. (1979). La femme en prison, un inconvénient social. *Santé mentale au Québec*, IV (2): 87-103, 1979.

BOWKER, L. H. (1981). *Women and crime in America.* New York: Macmillan Pub., 1981, pp. 378-431.

CANADA, Conseil consultatif canadien de la situation de la femme (1980). *Les femmes en prison: élargissement de leurs options.* (Mémoire présenté devant le Comité de planification stratégique sur l'avenir du service correctionnel du Canada). Ottawa: C.C.C.S.F., septembre 1980.

CANADA, Solliciteur général (1986). *Women in conflict with the law: a selected bibliography.* Rapport pour spécialiste 1986-36. Ottawa: Solliciteur général, 1986.

CARLEN, P. (1983). *Women's imprisonment. A study in social control*. Londre, Routledge & Kegan Paul, 1983.

CARLEN, P. (ed) (1985). *Criminal women*. Cambridge: Polity Press, 1985.

CHAPMAN, J.R. (1980). *Economic realities and the female offender*. Toronto: Lexington Books, 1980.

CHESNEY-LIND, M. (1978). Chivalry re-examined: women and the criminal justice system *in Women, crime and the criminal justice system*. Toronto: Lexington Books, 1978.

COUSINEAU, M.-M., LABERGE, D., THÉORÊT, B. (1986). *Prisons et prisonniers: une analyse de la détention provinciale québécoise durant la dernière décennie*. Montréal: Université du Québec à Montréal, Département de sociologie, 1986.

DOBASH, R.P., DOBASH, E., GUTTERIDGE, S. (1986). *The imprisonment of women*. New York: B. Blackwell, 1986.

DUCHÉ, N., GRANSAC, A. (1982). *Prisons de femmes*. Paris: Denoël, 1982.

EKHEL, C., LEGUAY, C. (1977). *Prisonnières*. Paris: Stock, 1977.

ÉTATS-UNIS – National Institute of Justice. NCJRS. (1984). *Adult female offender*. Rockville, Md.: National Criminal Justice Reference Service, 1984.

EVANS, P. (1980). *Prison crisis*. London: George Allen & Unwin, 1980, chap. 6.

FEINMAN, C. (1980). *Women in the criminal justice system*. New York: Praeger, 1980.

*GIALLOMBARDO, R. (1966). *Society of woman: a study of a women's prison*. New York: John Wiley & Sons, 1966.

GOETTING, A., HOWSEN, R.M. (1983). Women in prison: a profile. *Prison journal* 63 (2): 27-46.

GRIFFITHS, C.T., NANCE, M. (1980). *The female offender*. Selected papers from an International symposium, Vancouver, Canada, January 29 – February 2, 1979. Vancouver,

Simon Fraser University, Criminology Research Centre, 1980.

HATTY, S. (Ed.) (1984). *Women in the prison system*. Proceedings no 3 of the A.I.C. Seminar, 12-14 June, 1984. Canberra, Australian Institute of Criminology, 1984.

HEIDENSOHN, F.M. (1985). *Women and crime*. New York, N.Y.: New York University Press, 1985.

HOYLE-HOWIESON, S., REGEHR, A. (1984). *Toronto E. Fry society needs assessment of pre-trial women at the Metro Toronto West detention centre*. Toronto: The E. Fry Society, 1984.

HUNTER, S. (1984). Women's prisons: where are we today? *in Proceeding of the 104th annual congress of corrections*. San Antonio, Texas: American correctional association, 1984, pp. 79-84.

JAYEWARDENE, C.H.S., McWATT, F.E. (1984). Les délinquantes face à la loi. *Journal du collège canadien de police*, vol. 8, (3), 219-235.

JOHNSON, H. (1986). *Les femmes et la criminalité au Canada*. Rapport technique no 9. Ottawa: Solliciteur général du Canada, Direction des programmes, 1986.

*LOMBROSO, C., FERRERO, E. (1893). *The female offender*. Littleton, Neb.: Rothman, 1980.

MAWBY, R.I. (1982). Women in prison: a British study. *Crime and delinquency* 28 (1): 24-39, 1982.

OLSSON, B.H. (1981). *Women in corrections*. College Park, Md.: American correctional association.

PRICE, B.R., SOKOLOFF, N.J. (1982). *The criminal justice system and women*. New York: Clark Boardman, 1982.

THE PRISON JOURNAL LXIII, LXIV, 1983, 1984 (numéros thématiques) – Women in prison I, II.

RAFTER, N.H., STANKS, E.A. (1982). *Judge, lawyer, victim, thief: women, gender roles, and criminal justice*. Boston: Northeastern University Press, 1982.

RAFFEL PRICE, B., SOKOLOFF, N.J. (1982). *The criminal justice system and women*. New York: Clark Boardman, 1982.

TREMBLAY, M. (1986). *Les femmes contrevenantes*. Montréal: Solliciteur général du Canada, Centre de consultation, s.d. p.m.

WILLIAMS, V.L., FISH, M. (1985). Women's prisons *in Correctional Institutions*, 1985, pp. 215-227.

ADMINISTRATION, POLITIQUES ET STATISTIQUES

BERZINS, L., COOPER, S. (1982). The political economy of correctional planning for women: the case of the bankrupt bureaucracy. *Revue canadienne de criminologie* 24 (4): 399-416, 1982.

BILES, D. (1982). *Women prisoners in Victoria: a review of the nature and size of facilities needed*. Phillips A.C.T.: Australian institute of criminology, 1982.

CANADA – Service correctionnel, Direction de la politique, de la planification et de l'administration (1984). *Prévisions de 1983-84 de la population délinquante*. Ottawa: le Service correctionnel, 1984.

CANADA – Solliciteur général (1985). *L'infractrice au Canada: un profil statistique*. Ottawa: Solliciteur général, direction des programmes, 1985.

CANADA – Statistique (1985). *Les femmes au Canada. Rapport statistique*. Ottawa: Approvisionnement et service (rapport pour spécialiste 89-503E), 1985.

COLES, F.S. (1980). Women in corrections: issues and concerns, *in Improving management in criminal justice*. Beverly Hills, Ca.: Sage, 1980, pp. 105-146.

COLOMBIE-BRITANNIQUE – Royal commission on the incarceration of female offenders (1978). *Report of the British Columbia royal commission on the incarceration of the female offenders*. Vancouver: The Commission, 1978.

GRIFFITH, J.E., PENNINGTON-AVERETT, A., BRYAN, I. (1981). Women prisoners. Multidimensional locus of control. *Criminal justice and behavior 8 (3): 375-389.*

HAMELIN, M. (1985). *Les Québécois et Québécoises pénalisés.* Cahier de l'École de criminologie, no 18. Montréal: Université de Montréal, École de criminologie, 1985.

LAMBERT, L.R., MADDEN, P.G. (1975). *The adult female offender before, during and after incarceration.* Research report no 3. Summary, conclusions and recommandations. Toronto: Ministry of correctional services, 1975.

LAMBERT, L.R., MADDEN, P.G. (1974). *The Vanier centre for women.* Research report no 1. An examination of the social milieu. Toronto: Ministry of correctional services, 1974.

MISCH, C. et al (1982). *National survey concerning female inmates in provincial and territorial institutions.* Ottawa: Canadian association of Elizabeth Fry Societies, 1982.

NATIONS UNIES – Congrès sur la prévention du crime et le traitement des délinquants, 7e, Milan, 26 août – 6 septembre 1985. The fair treatment of woman by the criminal justice system: report of the Secretary general. New York: Nations Unies, 1986, pp. 71-73.

PITCHER-La PRAIRIE, C. (1984). Selected criminal justice and socio-demographic data on native women. *Revue canadienne de criminologie,* 26 (2): 161-170, 1984.

WATSON, C.M. (1980). *Women prisoners and modern methods of prison control: a comparative study of two Canadian women's prisons.* Thèse de doctorat. Montréal: McGill University, 1980.

WEISHEIT, R.A. (1985). Trends in programs for female offenders: the use of private agencies as service providers. *International journal of offender therapy and comparative criminology,* 29 (1): 35-41, 1985.

WIDOM, C.S. (1978). An empirical classification of female offenders. *Criminal justice and behavior,* 6: 365-382, 1978.

PROGRAMMES ET TRAITEMENT

ADELBERG, E., La PRAIRIE, C. (1985). *Programmes et services d'associations destinés aux femmes ayant des démêlés avec la justice: répertoire*. Ottawa: Solliciteur général du Canada (rapport pour spécialistes 1985-10), 1985.

BERZINS, L., DUNN, S. (1978). *Federal female offender program: progress report*. Ottawa: Service correctionnel du Canada, 1978.

HEILBRUN, B. jr. (1982). Female criminals: behavior and treatment within the criminal justice system. *Criminal justice and behavior, 9 (3): 341-351*.

HOFFMAN, K.S. (1983). Women offender and social work practice, *in Social work in juvenile and criminal justice settings*. Springfield, Ill.: Charles C. Thomas, pp. 329-348.

LOWE, P., STEWART, C. (1983). Women in prison, *in Developments in social skills training*. New York, Academic Press, 1983.

McCARTHY RODGERS, B. (1979). *Easy time: female inmates on temporary release*. Toronto: Lexington Books, 1979.

RODGERS, B.E. (1979). *Inmate response to home furlough program: the reaction of female offenders to temporary release from incarceration*. Ann Arbor, Mich.: University Microfilms, 1979.

ROSS, B.R., FABIANO, E.A. (1986). *Female offender. Correctional afterthoughts*. Jefferson, N.C.: Mc Farland & Co., 1986.

ROSS, R., CURRIE, C. et KRUG-McKAY, B. (1980). *The female offender: treatment and training*. Toronto: Ministry of correctional services of Ontario, 1980.

INCARCÉRATION MIXTE

ANDERSON, C.D. (1978). Co-corrections. *Corrections magazine, 7: 31-41, 1978*.

ANDERSON, E.R. (1981). A new maximum-security prison for young men and women in Denmark, *in Confinement in maximum custody*. Toronto: D.C. Heath, 1981, pp. 159-173.

ARRIGHI, C. (1978). La prison d'état mixte de Ringe (Danemark) ou l'apprentissage d'une vie normale. *Bulletin de criminologie du Groupe suisse de travail de criminologie*, 4 (1) : 69-73, 1978.

CAMPBELL, C. (1980). *Serving time together: men and women in prison*. Texas: The Texas Christian University Press, 1980.

SACKS, B.K. (1978). Case for coeducational institutions. *Offender rehabilitation* 2 (3): 255-259, 1978.

SchWEBER, C. (1984). Beauty marks and blemishes. The coed prison as a microcosm of integrated society. *The prison journal, 64 (1), 1984*.

SMYKLA, J.O. (1980). *Co-ed prison*. New York: Human Sciences Press, 1980.

SWINNEN, E. (1982). La sexualité en prison. La visite conjugale et la prison mixte dans les pays américains. *Bulletin de l'administration pénitentiaire*. Janvier, février, mars 1982, pp. 15-41.

SWINNEN, E. (1982). La sexualité en prison. La visite conjugale et la prison mixte dans les pays européens. *Bulletin de l'administration pénitentiaire*, avril 1982, pp. 129-150.

WILSON, N.K. (1978). Styles of doing time in a co-ed prison: masculine and feminine alternatives, *in Offenders and corrections* sous la direction de D. Szabo et S. Katzenelson. New York: Praeger 1978, pp. 53-71.

ÉTUDES HISTORIQUES ET ÉTUDES DE CAS

COOPER, S.D. (1987). The evolution of the federal women's prison, *in Too few to count*, sous la direction de E. Adelberg et C. Currie. Vancouver: Press Gang Publishers, 1987, pp. 127-144.

DECONSTANZO, E.T., VALENTE, J. (1984). Designing a correction continuum for female offenders: one state's experience. *Prison journal*, 64 (1).

EPPESON, D.L., HANNUM, T.E., DATWYLER, M.L. (1982). Women incarcerated in 1960, 1970 and 1980: implications of demographic, educational and personality characteristics for earlier research. *Criminal justice and behavior*, 9 (3): 352-363, 1982.

FOX, J.G. (1982). Women in prison: a case study in the social reality of stress, *in The Pains of imprisonment*. Beverly Hills, Cal.: Sage, 1982.

FREEDMAN, E. (1981). *Their sister's keepers: women's prison reform in America, 1830-1930*. Ann Arbor: University of Michigan Press, 1981.

GENDERS, E., PLAYER, E. (1986). Women's imprisonment: the effects of youth custody. *British Journal of criminology* 26 (4): 357-371, 1986.

*GLUECK, S., GLUECK, E. (1934). *Five hundred delinquent women*. New York: Knopf, 1934.

*HERNANDEZ, N. H. (1970). *La femme incarcérée à Montréal: typologie psycho-sociale*. Mémoire de maîtrise es sciences (criminologie). Montréal: Université de Montréal, École de criminologie, 1970.

KORBIN, J.E. (1986). Childhood histories of women imprisonned for fatal child maltreatment. *Child abuse & neglect*, 10 (3): 331-338, 1986.

MAHAN, S. (1982). *Unfit mothers*. Palo Alto, Cal.: R & E Research Associates, 1982.

*MARIE-DE-SAINT-BENOÎT, Sœur (1953). *La prison des femmes catholiques à Montréal 1876-1952*. Dissertation inédite. Montréal: Université de Montréal, École de service social, 1953.

RAFTER, N.H. (1983). Prison for women 1790-1980. *Crime and justice. An annual review of research*, 5, 1983, pp. 129-181.

RAFTER, N.H. (1985). *Partial justice: women in state prisons 1800-1935*. Boston, Mass.: Northeastern University Press, 1985.

ROUNDTREE, G.A. *et al* (1982). A survey of the types of crimes committed by incarcerated females in two states who reported being battered. *Corrective and social psychiatry and journal of behavior technology methods and therapy*, 28 (1): 23-27, 1982.

SchWEBER, C. (1980). Pioneers in prison. Inmates and administrators at Alderson, the Federal reformatory for women: 1925-1930, the founding years. *Federal probation*, september, 1980, pp. 30-36.

WALFORD, B. (1987). *Lifers: the stories of eleven women serving life sentences for murder*. Montréal: Eden Press, 1987.

SANTÉ

COMITÉ POUR LE PLANNING DES NAISSANCES (1983). La santé des femmes en prison: une réalité peu connue. *Vot'santé*, 1 (2): 11-14.

HODGINS, S. *et al* (1984). *Etude d'une cohorte de femmes ayant été jugées aliénées au Québec*. Montréal, Institut Philippe Pinel, Service de la recherche, 1984.

RESNIK, J., SHAW, N. (1980). Prisoners of their sex: health problems of incarcerated women *in Prisoner's rights sourcebook: theory, litigation and practice*, vol. 2, sous la direction de Ira P. Robbins, New York: Clark Boardman, 1980.

RIZKALLA, S., VALLÉE, J. (1986). *Les femmes contrevenantes: une exploration de leurs besoins en matière de famille, santé et travail*. Rapport final d'une journée d'étude organisée avec l'association des Services de réhabilitation sociale du Québec, le 5 février 1986. Montréal: Société de criminologie du Québec, 1986.

SCOTT, E.M. (1982). Delinquent females: in-depth therapy and some theoretical opinions. *International journal of offender therapy and comparative criminology*, vol. 26 (3), pp. 215-222.

SHAW, N. (1982). Female patients and the medical profession in jails and prisons: a case of quintuple jeopardy *in Judge, lawyer, victim, thief: women, gender roles and criminal justice*. Sous la direction de N. H. Rafter et E. A. Stanko. Boston: Northeastern University Press, 1982.

SMITH, R. (1984). *Prison health care*. Londres: The British medical association, 1984, pp. 128-135.

VELIMESIS, M.L. (1981). Sex-roles and mental health of women in prison. *Professional psychology*, 12 (1): 128-135.

WISHART, M.D. (1984). Meeting the health care needs of incarcerated women. *American correctional association*, 1984, pp. 85-92.

ABUS DE DROGUES ET D'ALCOOL

BISHOP, N., OSBORNE, A., PETTERSSON, T. (1987). *The drug free programme at the Hinseberg prison for women*. Norrkoping, Sweden: National prison and probation administration research and development group, 1987.

BOWKER, L.H. (1978). *Women, crime and the criminal justice system*. Toronto: Lexington Books, 1978.

COVINGTON, J. (1985). Gender differences in criminal among heroïn users. *Journal of research in crime and delinquency*, 22 (4): 329-353, 1985.

FAITH, K. (1981). *Drug addiction. From a study of women and criminal justice*. Doctoral dissertation, University of California, 1981.

JAMES, J., GOSHO, C., WOHL, R.W. (1979). The relationship between female criminality and drugs use. *The international journal of the addictions*, 14 (2): 215-229, 1979.

MANDEL, L., SCHULMAN, J., MONTEIRO, R. (1979). A feminist approach for the treatment of drug-abusing women in a coed therapeutic community. *The international journal of the addictions*, 14 (5): 589-597, 1979.

MILLER, B. (1980). Drug use and criminality among women in detention *in The female offender*, sous la direction de C.T. Griffiths et M. Nance. Vancouver: Simon Fraser University, Criminology research centre, 1980, pp. 271-288.

PAGE, R.C., KUBIAK, L. (1978). Marathon groups facilitating the personal growth of imprisoned, black female heroïn abusers. *Small group behavior*, 9 (3): 409-416.

RAMSEY, M.L. (1980). Special features and treatment needs of female drug offenders. *Journal of offender counseling, services and rehabilitation,4 (4): 357-368, 1980.*

ROSS, R.R., LIGHTFOOT, L.O. (1985). *Treatment of the alcohol-abusing offender*. Springfield, Ill.: C.C. Thomas, 1985.

WEITZEL, S.L., BLOUNT, W.R. (1982). Incarcerated female felons and substance abuse. *Journal of drugs issues*, 12 (3): 259-273, 1982.

FAMILLE DES DÉTENUES

BAUNACH, P.J. (1985). *Mothers in prison*. New Brunswick, N.J.: Transaction Books, 1985.

BOUDOURIS, J. (1985). *Prisons and kids*. Programs for inmates parents. College Park, Md.: *American correctional association*, 1985.

BRODIE, D.L. (1982). Babies behind bars: should incarcerated mothers be allowed to keep their newborns with them in prison? *University of Richmond law review, 16*: 677 et ss., 1982.

DATESMAN, S.K., CALES, G.L. (1983). I'm still the same Mommy: maintaining the mother-child relationship in prison. *Prison journal*, 65 (2): 142-154, 1983.

HARTZ-KARP, J. (1983). The impact of infants in prison on institutional life: a study of the mother-infant programme in Western Australia. *Australian & New Zealand journal of criminology, 16* : 172-183, 1983.

HENRIQUES, Z.W. (1982). *Imprisoned mothers and their children: a descriptive and analytical study*. Washington, D.C.: University Press of America, 1982.

HOLT, K.E. (1981). Nine months to life: the law and the pregnant inmate. *Journal of family law*, 20, 523 et ss., 1981.

JACKSON, M.G. (1979). The female offender and her children. *American correctional association*, pp. 245-246.

La POINT, V., RADKE-YARROW, M. (1979). *Imprisoned mothers and their children: affective and social dimensions of their relationships*. Paper presented at the Conference of Incarcerated parents and their children, Bethesda, Md.: National institute of mental health, 1979.

McCARTHY, B.R. (1980). Inmate mothers. The problem of separation and reintegration. *Journal of offender counselling, services & rehabilitation*, 4: 199-212, 1980.

McGOWAN, B.G., BLUMENTHAL, K.L. (1978). Children of women prisoners: a forgotten minority *in The female offender*, sous la direction de L. Crites, Toronto: Lexington Books, 1978.

Mac LEOD, L. (1986). *Condamnés à la séparation: une étude des besoins et des problèmes des délinquantes et de leurs enfants*. Ottawa, Solliciteur général (rapport pour spécialistes 1986-25), 1986.

MUGFORD, J. (Ed.) (1986). *Corrections in Asia and the Pacific*. Proceedings of the sixth Asian and Pacific conference of correctional administrators. Fiji, 13-17 May 1985. Phillip, ACT, Australia institute of criminology, 1986, pp. 14-22.

NATIONAL ASSOCIATION FOR CARE AND RESETTLEMENT OF OFFENDER (1985). *Mothers and babies in prison*. London: NACRE, 1985.

ROGERS, S., CAREY, C. (1979). *Child-care needs of female offenders*. Toronto: Ministry of correctional services of Ontario, 1979.

STANTON, A.M. (1980). *When mothers go to jail*. Toronto: Lexington Books, 1980.

ÉDUCATION ET PRÉPARATION AU TRAVAIL

BROWN, R. (1981). The education of women in prison *in Prison education in England and Wales*, sous la direction de W. Forster. Leicester: National institute of adult education, 1981.

CHAPMAN, J.R. (1979). Employment preparation for female offenders, an overview *in Proceedings of the 108th Annual congress of corrections*. College Park, Md.: American correctional association, 1979.

ÉTATS-UNIS – Department of labor, women's bureau (1980). *The women offender apprenticeship program: from inmate to skilled craft worker*. Washington, D.C.: U.S. Department of labor, women's bureau, 1980.

HARGROVE, A.H., FAUCETT, J.E. (1978). *Women offenders in non-traditional work*. Washington, D.C.: Wider opportunities for women, 1978.

NETO, V.V. (1981). Expanding horizons. Work & training for female offenders. *Corrections today, 43*: 66-72, 1981.

POTER, J. (1979). Women's work? The assault on sex barriers in prison job training. *Corrections magazine, 5 (3)*: 43-49, 1979.

SANDEMAN, G. (1981). Programs for women, *in Proceeding of the National conference on prison education*. Victoria: I. Douglas Ayers, ed., pp. 387-392, 1981.

THOMAS, R.G. (1981). De-institutionalization. Managing independant living. An adult educational prognosis for incarcerated women. *Journal of correctional education, 32*: 11-14, 1981.

VOLPE, R., KEARNEY, C. (sous presse). *Educational needs in the Kingston Prison for women*. University of Toronto, 1988.

DISCIPLINE

FAILY, A, ROUNDTREE, G.A. (1979). A study of agressions and rule violations in a female prison population. *Journal of offender counseling, services and rehabilitation*, 4 (1): 81-87, 1979.

LINDQUIST, C.A. (1980). Prison discipline and the female offender. *Journal of offender counseling, services and rehabilitation*, 4 (4): 305-319, 1980.

MANDARAKA-SHEPPARD, A. (1986). *The dynamics of aggression in women's prisons in England*. Brookfield, Vt.: Gower, 1986.

ROUNDTREE, G.A., FAILY, A. (1980). The impact of educational programs on acts of aggression and rule violations in a female prison population. *Corrective and social psychiatry & journal of behavior technology, methods & therapy*, 26 (3): 114-145, 1980.

ROUNDTREE, G.A., BRIJMOHAN, A., MAHAFFEY, L.W. (1980). Determinants of female aggression: a study of a prison population. *International journal of offender therapy and comparative criminology*, 24 (3): 260-269, 1980.

WRIGHT, C., MAGID, J.E. (1983). Litigation in women's prisons: avoiding the inevitable. *American correctional association*, 1983, pp. 53-56.

PSYCHOSOCIOLOGIE DU MILIEU CARCÉRAL

CULBERTSON, R.G., FORTUNE, E.P. (1986). Incarcerated women: self concept and argot roles. *Journal of offender counseling, services and rehabilitation*, 10 (3): 25-50, 1986.

FAITH, K. (1982). Love between women in prison *in Lesbian studies: present and future*, sous la direction de M. Cruikshank, Old Westbury, N.Y.: The Feminist Press, 1982.

GELFAND, D. (1983). *Imagination in confinement: women's writings from French prisons*. Ithaca: Cornell University Press, 1983.

GOLDEN, K.M. (1982). Women on criminal justice: occupational interests. *Journal of criminal justice* , 10 (2): 147-152, 1982.

HANNUM, E., BORGEN, F., ANDERSON, R. (1978). Self-concept changes associated with incarceration in female prisoners. *Criminal justice and behavior*, 5 (3): 271-279.

HEFFERNAN, E. (1985) (3e ed). Making it in a women's prison: the square, the cool, and the life *in Correctional Institutions*. New York: Harper & Row, pp. 228-233.

KRUTTSCHNITT, C. (1983). Race relations and the female inmate. *Crime & delinquency*, 29 (4), pp. 577-592, 1983.

LARSON, J., NELSON, J. (1984). Women, friendship, and adaptation to prison. *Journal of criminal justice*, 12: 601-615, 1984.

LEVY, B. (1978). Art therapy in a women's correctional facility. *Art psychotherapy* 5 (3): 157-166, 1978.

POTTER, J. (1978). In prison, women are different. *Corrections magazine*, December 1978, pp. 14-24.

PROPPER, A.M. (1981). *Prison homosexuality: myths and reality*. Toronto: Lexington Books, 1981.

PROPPER, A.M. (1982). Make-believe families and homosexuality among imprisoned girls. *Criminology*, 20 (1): 127-138, 1982.

SIEVERDES, C.M., BARTOLLAS, C. (1980). Institutional adjustment among female delinquents *in Improving management in criminal justice*, sous la direction de A.W. Cohn et B. Ward, Beverly Hills, Cal.: Sage Publications, 1980, pp. 91-104.

WILSON, T. W. (1986). Gender differences in the inmate code. *Revue canadienne de criminologie*, 28 (4): 397-405, 1986.

WORNER, K.S. van (1978). *Sex role behavior in a women's prison, an ethological analyses*. Palo Alto, Cal.: R & E Research Associates, 1978.

DROITS DE LA PERSONNE, DISCRIMINATION, MYTHES

BOWKER, L.H. (1981). Gender differences in prisoner subcultures *in Women and crime in America*, New York: Macmillan Pub., 1981, pp. 409-418.

CANADA – Service correctionnel (1985). *Les droits et les responsabilités des détenus et des détenues: guide d'information à l'intention des personnes incarcérées dans un établissement fédéral*. Ottawa: Direction des communications, Service correctionnel du Canada, 1985.

CANADA – Solliciteur général (1982). Les femmes incarcérées: décision de la Commission canadienne des droits de la personne. *Liaison*, 8 (3): 16-21, 1982.

ELLIOT, L., MORRIS, R. (1987). Behind prison doors *in Too few to count*, sous la dir. de E. Adelberg et C. Currie, Vancouver: Press Gang Publishers, 1987, pp. 145-162.

ÉTATS-UNIS – Comptroller general (1980). *Women in prison: inequitable treatment requires action*. Washington, D.C.: Government printing office, 1980.

FAITH, K. (1987). Media, myths and masculinization: images of women in prison *in Too few to count*, sous la direction de E. Adelberg et C. Currie, Vancouver: Press Gang Publishers, 1987, pp. 181-219.

FEINMAN, C. (1979). Sex role stereotypes and justice for women. *Crime and delinquency*, 25 (l): 87-94, 1979.

HAMELIN, M. (1987). *Les fouilles à nu et les fouilles vaginales-rectales, le cas de la prison Tanguay ou un exemple de pouvoir discrétionnaire en milieu carcéral*. Toronto: Yull Publications, 1987 (microforme).

HAMELIN, M., LANDREVILLE, P. (sous presse). Les détenu-e-s se prononcent sur la négociation de plaidoyer, les libérations, les policiers, la délation et le 25 ans minimum. *Revue canadienne de criminologie*, à paraître.

HENRIGUES, Z.W. (1981). Human rights of incarcerated mothers and their children. *International child welfare review*, June 1981, *49*: 18-27.

McHUGH, G.A. (1979). Protection of the rights of pregnant women in prison and detention facilities. *New England journal on prison law*, 6 (1): 231-263, 1979.

OFFICE DES DROITS DES DÉTENU-E-S (1981). Femmes en détention. *Face à la justice*, IV, 2-3, 1981.

OFFICE DES DROITS DES DÉTENU-E-S (1983). Tanguay: maison ou prison...? *Face à la justice*, VI, 2, 1983.

OFFICE DES DROITS DES DÉTENU-E-S (1984). Femmes détenues... femmes démolies. *Face à la justice*, VII, 1, 1984.

QUÉBEC – Commission des droits de la personne (1985). *Enquête de la Commission des droits de la personne à la prison Tanguay.* Montréal: la Commission, 1985.

REID, S.A. (1985). The reproduction of women's dependance as a factor in treating the female offender. *Le forum canadien de criminologie*, 7 (2): 129-143.

SCUTT, J.A. (1978). Toward the liberation of the female offender. *International journal of criminology and penology*, 6 (1): 5-18, 1978.

SOBEL, S.E. (1980). Women in prison – sexism behind bars. *Professional psychology*, April, 1980, pp. 331-338.

Appendice

Question de méthode

L'analyse qualitative – un choix

La méthode privilégiée pour étudier l'impact différentiel d'un passage dans le système pénal pour les femmes justiciables est la méthode qualitative. Nous croyons que la compréhension de la situation sera d'autant facilitée par cette approche qui a comme point de départ le discours des femmes sur leur vécu, ce qu'elles en pensent et ressentent.

Pendant plus d'un quart de siècle, soit du milieu des années cinquante jusqu'aux années quatre-vingt, les chercheuses et les chercheurs qui optaient pour l'analyse qualitative sentaient généralement le besoin de débattre du statut scientifique de leur choix de méthode.

Nous croyons inutile, quant à nous, de présenter à nouveau le pour et le contre des méthodes qualitatives et quantitatives car nous retrouvons cet exercice dans de nombreux écrits, dont ceux de Robert et Faugeron (1978), Poupart (1979/80) et Pires (1982). Ces différents textes situent historiquement le débat et/ou posent les limites de chaque méthode d'analyse. De plus, considérant que:

1 - le débat n'a pas été résolu de façon définitive par aucun des tenants de chaque camp,

2 - chaque approche a ses points forts et ses limites et surtout

3 - les assises théoriques de chaque méthode sont solidement établies,

nous pensons qu'il est plus utile de s'attarder à décrire les principes qui sous-tendent l'analyse qualitative, notre choix pour cette recherche, et cela sans vouloir comparer celle-ci à l'autre analyse.

L'entretien, notre démarche, utilise comme matériau le discours d'une personne qui a un statut d'informateur clé. Afin de recueillir ce discours, le chercheur ou la chercheuse utilise l'entretien rétrospectif basé sur la technique de l'entretien non directif, c'est-à-dire cette technique où l'informateur a le rôle clé, explorant à fond, une fois mis sur une piste de départ, les différents aspects d'un thème. La personne qui interviewe a un rôle restreint, elle doit faciliter l'exploration, mais sans structurer le discours de la personne ressource.

Plusieurs auteurs dont Glaser et Strauss (1967), Legras (1971), Michelat (1975), Robert et Faugeron (1978), Blankevoort, Landreville et Pires (1979/80), Poupart (1979/80), et Pires (1983) ont contribué par leur utilisation, leur analyse et leur critique à définir non seulement la procédure à suivre lors d'entretiens rétrospectifs mais également les principes de base sur lesquels repose cette analyse et la portée des données ainsi recueillies.

Afin que la théorie réponde vraiment aux données, Glaser et Strauss (1967) élaborent une méthode d'analyse des données qualitatives qui facilitera l'élaboration de théories nouvelles. Dans leur ouvrage, il est proposé que, d'une façon très systématique, les chercheurs et les chercheuses procèdent à des comparaisons constantes. De cette façon, la théorie avance au fur et à mesure que les liens se font entre les éléments et que la collecte des données avance.

Cependant, comme le souligne Legras (1971), cette manière de procéder n'est pas sans présenter un certain danger pour les chercheurs et les chercheuses. En effet, lorsque l'analyse se fait concurremment à la collecte des entrevues, l'analyste doit être particulièrement attentif ou attentive à la réduction du champ des hypothèses. Cette situation se produirait particulièrement lorsque la saturation gagne les catégories précédemment établies et que cet analyste ignore le nouveau matériau pertinent pour le sujet, mais non pour celui ou celle qui a déjà assis ses hypothèses. Donc, au lieu que la théorie réponde aux données, comme le mentionnaient Glaser et Strauss (1967), le chercheur ou la chercheuse veut que les données répondent à sa théorie.

L'article de Michelat (1975) s'attaque à une autre facette de l'analyse qualitative, soit le passage du cas particulier au général. L'histoire d'un être, d'un individu, quoique unique en son genre, ne surgit pas détachée du milieu, du groupe social auquel appartient cet individu. C'est ainsi qu'à partir du vécu d'une personne, il est possible de dépasser le particulier pour parler du général.

Toujours dans cet article, Michelat, comme Robert et Faugeron (1978) et Pires (1983), soulèvent l'importance dans ce type de recherche de contraster et de diversifier au maximum le petit groupe de personnes interviewées. Il est aussi nécessaire au moment de l'analyse, de s'assurer que les catégories sont bien saturées avant d'arrêter la collecte des données. Quant à la question de validité, elle est résolue par la cohérence et l'exhaustivité du traitement du matériau.

Liste des tableaux

Table des matières

Achevé d'imprimer
en février 1989 sur les presses
des Ateliers Graphiques Marc Veilleux Inc.
Cap-Saint-Ignace, Qué.

3 1970 00743 8093

APR 09 1990